大展好書　好書大展

品嘗好書　冠群可期

大展好書　好書大展

品嘗好書　冠群可期

武學釋典 30

二師兄論拳

蘇峰珍 著

大展出版社有限公司

作者簡介

蘇峰珍，1948年生於臺灣，高雄鳳山。自幼喜愛武術，苦無機緣學習。1980年與林師昌立先生，學習形意、八卦、太極，歷二十餘年之久，為入室弟子，排行第二，人稱「二師兄」。

同門中，練拳最為精勤，從無間斷，為林師所賞識，而盡得其傳。1982年至1992年參加高雄縣市、臺灣省，及中華民國推手比賽，常名列冠、亞軍，為師門爭光。

1994年取得省市級太極拳教練證及中華民國國家級太極拳教練證，經林師認可，開始授拳。2008年參加美國「新唐人電視台」舉辦第一屆「全世界華人武術大賽」，榮獲第三名。

其著作有《太極拳行功心解詳解》、《內家拳武術探微》、《太極拳經論透視》、《內家拳引玉》、《拳理說與識者聽》、《二師兄論拳》等，均由大展出版社有限公司出版。

其中《太極拳行功心解詳解》簡體版，已在中國大陸出版發行；另《內家拳武術探微》簡體版亦由中國體育報業總社（人民體育出版社）籌劃出版，為台灣武術文化在中國大陸佔得一個席位，也為台灣在武術界、文藝界、及出版界取到一份創作的榮譽。

序言

本書為何定名為「二師兄論拳」？緣由筆者入門拜師時，排名第二，大家都稱我為「二師兄」。這已是三十幾年前的往事，時光飛逝，一晃，師兄弟都已垂垂老矣，也都各自分散，感慨時光的不饒人與世事的無常。

我們拜師是遵循古禮，在鳳山的龍山寺，舉香三叩九拜，儀式可謂簡單而隆重。老師收錄的入門弟子計有五、六十餘人，而真正學練有成，可傳承師門武術者，只有幾位而已。有的入門不久就離開了，有些人是為了某些目的而入門的，林林總總，潮來潮往，人來人去，緣聚緣散。

我們這一門，到我們這一代，也不知是第幾代，我對這些輩分及門派，不是很重視的，一向都認為把功夫練好才是最重要的。

我的大師兄前幾年也收錄了一批入門弟子，我恭喜他替師門盡了一份薪傳的事兒，也希望這些下一代能為本門爭光。

而我，到現在還沒有一個入門弟子，也沒期望會有一個入門弟子，我對這些虛名，一點也不看重的。

我對入門弟子的條件是較嚴格的，這個弟子不僅要尊師重道，武品操守高尚，最重要的是他要把本門功夫學好，要有傳承的能力與超拔的企圖心，也就是說，他要有一份傳承功夫的使命感，具備了這些條件，才能成為我的入門弟子，否則就寧缺勿濫，自然隨緣耳。

學功夫，入不入門並不是挺重要的，並不是說你入了門，就能得到這門的功夫，得到老師的傾囊相授，而盡得其傳；也不是說你沒入門，就學不成這個功夫。功夫的成就與不成就，端看你的學習態度，你有沒有用心努力，有沒有堅持不懈；若能盡心盡力，則沒有不能成就的功夫；若自己不修行思悟，即使入門，也只是虛得一個假的名份而已。

時值本書出版之際，聊表數語，是以為序。

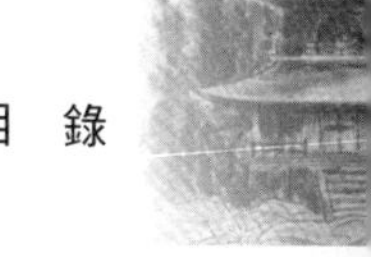

目錄

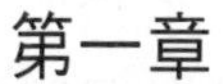

第一章 伸筋與掤勁之關係

筋的修煉與掤勁的養成，是息息相關的，但是知道練筋的人並不是很多，也很少有人論述到筋要如何修煉，才能成就掤勁。

某師說：「我講『筋』講了一二十年，未獲重視，回應不多，其中一個原因是多數人不知道『筋』為何物了。」

我特別的去拜讀他的網站文章，是有幾篇談到筋的論述，但多為現身說法，因為播放的語音，聽起來不是很清楚，不能全然的明白其論說的內容，實在可惜，他若能將語音改為文字敘述，則更能獲益讀者。

個人一向重視筋的修煉，認為練筋是為成就掤勁的要件之一，在我的著作當中《內家拳引玉》第18章「伸筋拔骨與內勁」及第26章「一條根與一條筋」裡，都有提到練筋的論述。還有在《拳理說與識者聽》書中第45章「伸筋拔骨與縮筋藏骨」及第61章「筋領骨而行」兩篇文章當中，都有論述到筋的運作與修煉。

筋是有彈性，就像彈簧及橡皮筋一樣，可伸可縮；但是如果不常常去使用它們，那麼，彈簧也會生鏽，橡皮筋也會變成一條死筋。

吹童玩氣球之前，要先拉一拉，使它的彈力活絡起來，才好吹開。我們的筋，如果不常去鍛鍊，也有可能變成死筋，稍一活動，就會扭傷，或者引生其他病變。

一般運動的拉筋，是可讓筋較為鬆軟，但是不能讓真氣注入筋內，不能活化筋的機能，而且也無法成就武功。若是懂得內家拳的運筋、伸筋、開筋等方法，則能成就內勁功夫，這是一般運動家以及硬拳系統較少去深入探索與理解的。

練內家拳，是筋帶著骨、領著骨而行、而運的，不是堅硬的骨頭，自己在那邊橫行直闖。筋提領著骨而運行時，就會有氣沉的感覺，譬如，我們把手臂捧提起來，要有筋在上骨在下的意識覺感，筋在上拖帶著下面的骨肉往上提，這樣就會感覺到筋因被骨肉重量的往下墜落的牽扯。也就是說，我筋是要往上提的，而你骨肉卻有一股往下墜落的重量之牽扯，而形成一種互相對抗的二爭力，這時候手臂的整條筋，有被撐開、拉開、牽開、扯開之感。在這種牽扯、撐拉的動力下，手臂的各個關節就會慢慢被拉開，包括肩、胛、肘、腕等等，這些關節被拉開，體內的真氣就會挹注到裡面去，有了氣的輸入、滋潤，這條筋就充滿了生機，也會增加彈性活力，這也就是我們要修煉的掤勁。

掤勁是處處都有的，不是侷限於手臂，譬如，虛領頂勁就是頸項的掤勁，譬如涵胸拔背，就是背脊的掤勁，譬如腰胯的撐裹、開襠與合襠，就是腰胯的掤勁。這邊要特別一提的是腿、胯、腰三者的筋的開拔。譬如，做本門基本功單練中的翻蓋掌，或太極的下捋，當手往下捋時，腿、胯、腰三者是先行的，然後拖曳著手臂而走，在後腳往下、往後坐落時，前腳要往外撐勁，不可隨著腰轉動或呈塌腿現象，如果塌了或隨腰轉動，那麼，從胯到腳之間的內側整條筋，就不會被拉扯到，也就是說沒有運到筋，這筋是沒有透過兩腳的二爭力之互相撐持，這筋是沒有被牽扯而拉拔的，這就是沒有「運筋」，這樣，腰胯就不能達到真鬆的境地。

所謂真鬆，是說這個鬆，是靈活而富有彈性的，不是鬆垮垮的頑鬆。當這腿、胯、腰三者的筋被拉開，注入了真氣，它就彈活了，在真正應用時，才會有摺疊、螺旋及蒼龍抖甲的抖勁呈現，這時候的出拳，因為透過快速的摺疊，才能疾快而充滿爆發力，如果再加上形意的蹬勁，向前崩去，被打到，不倒也難，這樣的出拳，這樣的發勁，才是真正的「唯快」，才是真正的爆破內勁。

筋，就好像弓箭的弓把與弓弦，它是有彈性而機動的，骨就像箭身，直直硬硬的。箭身若沒有弓把與弓弦，是發生不了作用的，用骨頭出拳，是硬拙而剛蹣的，只有以筋領拳，因為有彈力的關係，才能機動、靈活、快速而有整勁效果。

怎麼才能達到自己感覺筋有被拉開？筋被拉開、被牽扯的感覺是怎樣呢？練拳首重感覺，感覺到了，練拳才有作用，才有效果，沒有感覺的練習，都是空練，都是「練空拳」，都是白練，都是體操運動模式罷了。

以簡單而易於明白的動作來作例，譬如太極的右斜飛式，從「其根在腳」的腳引領，左後腳根以暗勁向前微微使勁，經腿胯腰，而至手，左右兩邊所連結貫串的「一條筋」要有互為撐蹬的暗勁相對抗，也就是我常說的「二爭力」，在下盤的腳腿與中盤胯腰的互抗互爭之下，連帶的上盤整隻手臂也會被牽扯到了，當手臂往右上方斜行出去時，會有阻力產生，這個阻力會使得手臂的整條筋，因受到阻壓而有被牽扯的感覺，這種感覺，就是筋的緊緻性，筋會有氣脹、氣滿及氣沉的現象產生。

你若跟我學拳，在聽講及示範之後，如果還得不到這個感覺，那我就會運用我的「特殊感覺教學法」讓你去感覺，讓你去心領神受，直到你點頭為止，直到你全然明白為止，這是我的教拳方式，因為如果沒有體會出學拳的「眉角」，就得不到學拳的效果，那麼練拳就白練了，金錢就白花了。

又譬如，做太極的下勢或仆步練習，彎的那一隻腳要往外撐持著，直的那一隻腳不能癱塌或太直，而是要隨曲就伸，要直中有曲，這顯然也是一種矛盾勁，在微曲不全直當中，腳內側及底下的筋才有被伸開拉扯的可能。一般人做這個動作，都是用蹲下去的方式在練，成為體操把式，對於筋的伸拔，是沒有作用的。

還有，一般說到鬆腰鬆胯，都是落於頑鬆把式，沒有緊緻作用，因為腰胯如果沒有透過擰裹的緊緻左右互相的拉拔，那麼彈抖勁是無法成就的，蒼龍抖甲的震身功夫也將無法練成。

開筋、拉筋關聯到樁法的運樁、運勁，以及摺疊與矛盾勁，這些在我已出版的書中均有述及，請讀者及拳友們自行去讀閱。讀我的書要反覆的看，然後去實做；實練以

後再看，多看幾次，多練幾次，定然會有所領悟。我的書，文體都很白話，不會看不懂，只怕你忽略看過，走馬看花看過，就束之高閣，這樣就不能有所獲益。

這開筋、拉筋的教學，與我的「特殊感覺教學法」因為牽涉到餵勁的相關連鎖問題，沒有辦法用文字敘述明白，也沒有辦法在這邊教給大家，最簡單的方法，就是來我這邊學拳，這不是自我搞文宣、搞招徠，我是直白的人，想要得功夫，不會怕花那麼一點錢吧？

筋在實戰用法當中，佔著極為重要的角色。譬如，形意崩拳的崩擊，全是由筋領骨而形擊的。它在出拳時，先由腳樁的蹬勁，打下暗樁，借地之反彈摺疊，上傳於腿腰而手，這是一線的筋所牽引的，這一條筋引至肩膀時，這個肩胛是呈緊緻狀態的，也是一種裹勁束身的狀態，手臂出拳，是由肩膀至手的一條筋的整勁，一貫而出的，不是拳頭局部在出力，而是整條筋在出勁，配合著腰腿的連接一條完整的筋來發勁的，這樣的發勁才有彈簧的伸縮摺疊，才有爆破威力，才是真正的完整一氣的整勁。

所以說，筋的一致性，是整勁的要件。所以說，不是由筋所引領的出勁，都是屬於蠻力的範圍，不是內家拳的領域。

筋，包括肌肉、韌帶及附著在骨頭周圍的軟組織，筋的學名叫經筋，是縱向分佈的。我們練開筋、拉筋，似乎不需要去深究這些經絡學，把它搞複雜化了。有些人練拳，喜歡談經絡、穴道之類的，甚至說運氣要通過哪些穴道、筋絡的，這就難免鑽進了牛角尖了。太極拳十三勢歌云：「氣遍身軀不少滯」，這是說當你練到氣遍周身時，氣就沒有絲毫的滯礙了，就如水銀瀉地，無孔不入了，所以，當「氣遍身軀不少滯」時，還需要去管體內的氣，行到哪個穴位嗎？氣是自然會通遍的。練筋也是一樣，拉到筋，牽動到筋，筋開了，你的筋就有緊緻的感覺；筋鬆了，自然會有沉墜的感覺，如果沒有感覺的話，就要靠老師的餵勁，應用各種觸身感覺法，讓學生去感覺，能夠這樣教學，才堪稱是好老師，堪稱是明師。

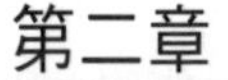

格鬥戰略—探路

探路，就是探察、探勘路徑之意。

在三國演義裏面，我們常常會看到「探子回報」的字眼。探子，就是斥侯。斥，度也，侯即侯望，斥侯就是勘察觀望測度，表示偵察敵情之意。

不管古時或現代，在作戰策略中，都有探子、斥侯做為前哨，先到前方探察敵情，譬如敵軍人數的多寡，以及領兵者是誰，還有路況、地形、地勢、風向、氣候等等，以為戰略之參考。三國演義是一部作戰及兵法的詮釋，在裡面，兩軍作戰時，一定先派遣探子去探察敵情，所以「探子回報」這個字眼，是常常會看到的。

在武術的格鬥當中，「探路」是必要的戰略，而且攸關勝負。

形意拳大師尚雲祥，之前學的是功力拳，大概類屬硬拳系統，他去拜會李存義。李存義說：「你的功力拳打的如何呢？」尚雲祥就打了一趟功力拳，虎虎生風的，但是腳下無根，李存義說：「你練的是挨打的拳。」尚雲祥不信，拳頭直擊過來，李存義沒有出拳，也沒有格擋，一個跨步就把尚雲祥跨倒了，尚雲祥心服，拜李存義為師。

從這個典故裡面，我們得到一個啟發，李存義功夫固然了得，然而，他也應用了格鬥中「探路」的策略，先探一下尚雲祥的功底，尚雲祥演示之後，李存義顯然已察覺他下盤無根，中盤丹田無氣，上盤手臂揮的是局部拙力，這拳是沒有威力的，所以李存義才會說，你練的是挨打的拳，也由此而探知尚雲祥的底路，所以尚雲祥一拳打過來，他也不躲，也不擋，一個跨步就把尚雲祥跨倒了。李存義不只功夫好，他更應用了格鬥戰略中的「探路」決策兵法。

我之前的一個學生楊君，他是篤信一貫道的，他有一個道親，很年輕，二十出頭，這道親練的是硬鶴拳。有一天，楊君說這道親想來拜訪我。

我請這道親表演了一趟硬鶴拳，確實是虎虎生風，真的會嚇死外行人的。但是他出拳發勁，沒有用到丹田氣，也沒有打樁，也就是說他的腳是沒有樁基的，出拳純是手的蠻拙局部力。我們也試了一下推手，摸清了他的底，偶而也讓他推一把，讓他沒有輸的感覺。

隔沒多久，楊君到練習場練拳時突然對我說，這道親等一下會到場來請老師指導一下，切磋一下。上課中，這道親就來了，我讓他在那邊等，等到下課時間，做了一場切磋。

這道親一拳打過來，我一個蹬步截上去，連續打中他腹部兩拳，因為是切磋性質，所以都是點到為止。我大部分都是讓他先出拳，一沾黏，他就沒輒了，力量一點也使不出來。

之後，他心服口服的說：「老師，我出拳總是慢半拍。」不只出拳慢半拍，在近身時，他的力道是被封鎖

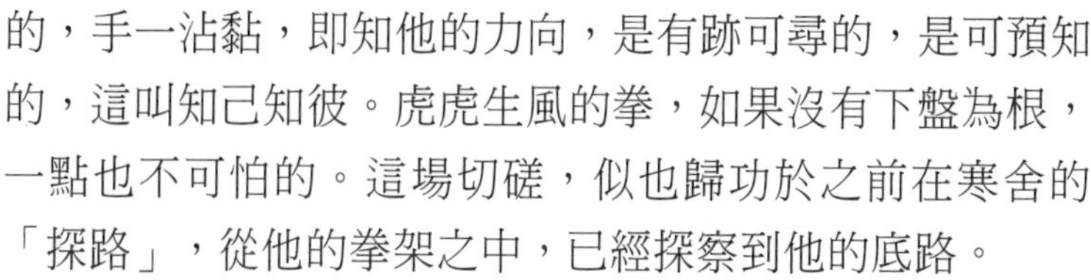

的，手一沾黏，即知他的力向，是有跡可尋的，是可預知的，這叫知己知彼。虎虎生風的拳，如果沒有下盤為根，一點也不可怕的。這場切磋，似也歸功於之前在寒舍的「探路」，從他的拳架之中，已經探察到他的底路。

2016年9月29日，之前跟我學拳數月的鐘君傳了一個簡訊給我，表示要來拜訪我，順便要帶一位朋友來向我請益，他是今（2016）年高雄市港都盃八極拳武術冠軍，每天練拳4至6小時，但一直無法體悟出，「勁」為何物，想來請益。

鐘君曾跟我學過拳，後來因故就去學八極拳。隔日，鐘君帶了他的冠軍朋友來到，他比賽得冠軍，我讚嘆了他一番，然後請他表演比賽的拳架，他演示了一套小八極。打完時氣喘吁吁的，喘了約十分鐘才平息下來。我看他打拳雖擲地有聲，蠻彪悍的，但是膝蓋塌陷，絲毫無撐持力，腳無樁根，也是挨打的拳。從他的演練當中，他的底，我已了然，他的拳實際上是沒勁的，而且腳根不實，沒有根盤的拳，是沒什麼威力的。

他很客氣的說，我練八極猶不知內勁是什麼，內勁要怎麼打。我就請他朝我身上打一拳看看，他不會發勁，握著拳頭用推的打過來，我輕輕地一盪，他的根盤就浮起來，他重複試了幾次，越用力根盤浮得越高，他承認自己沒有練到根樁。

練拳切磋，靠的是智慧，靠的是戰略，不是蠻幹。所以作戰切磋之前，「探路」作略是必要的。

可是在對方如果不想被你「探路」時，他會掩藏功架、功體等等，那要怎麼辦？也就是說，他也不想表演拳路讓你看，也不想展露他的拳風及特色讓你瞧見，那該怎麼辦？

從談話中，從氣勢儀容中，可以看出一些端倪，他的表情是否內斂？談吐是否鎮定？氣焰是否傲慢、囂張等等，要從這一方面去「探路」。

在實際戰鬥中，要有虛實變化，不必拳拳到位，有時虛晃一招，試探他的反應，有時實拳打一招，觀察他的接化如何，這也是「探路」的舉作。

在短兵相接時，也就是身體或手腳有互相接觸時，不必急著搶攻，運用觸感先探探他的手有無掤勁，觀察他的下盤腳根有無基樁，他發勁時，會不會打樁等等，這些都可以透過沾黏的聽勁功夫而感知。

一般硬拳系統，比較沒有聽勁的練習，兩手被沾黏後，往往就不會出拳，也可以說，他出拳的力向被控制，被牽制，造成有力出不得的狀況。而且，他們比較不重視樁功，無形中，在腳步的移換，是比較不敏捷的，縱使步法移動可以使快，也是缺乏蹬勁的，所以在進步攻擊時，因為根盤的不實，致令根浮。根浮則影響出拳力道；根浮則容易被拔根，落入敗勢。

在短兵相接時，推手的聽勁派上了用場，可從兩手的觸覺而察探到對方的根盤，他的根是沉是浮？一觸可知；還有他發勁會不會打樁，也可探知。沒有樁功基礎，就不會打樁，不會打樁，則出拳力道是不會驚人的，從這些林林總總的「探路」過程，而掌握勝機。

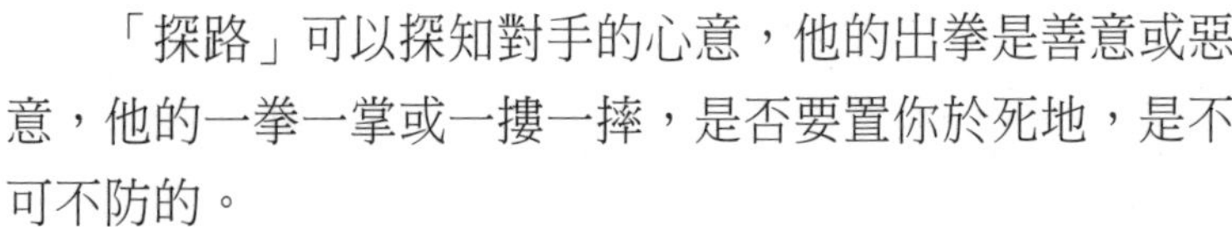

「探路」可以探知對手的心意，他的出拳是善意或惡意，他的一拳一掌或一摟一摔，是否要置你於死地，是不可不防的。

在上列的拜訪請益中，鐘君與我的學員莊同學有過些微的切磋，鐘君雙腳在那邊跳呀跳，表現了他雙腳的靈活，但有些輕浮，鐘君近身摟抱，盡了全力欲將莊同學摔倒，但沒摔成，莊同學反摔一下，沒盡全力，都是點到為止。

學員莊君，心地善良，他是有練出內勁的，但怕出拳傷害到對方，所以有時會遲疑不決，而讓對手有機可乘來摟抱欲摔。

所以「探路」除了探察對手的外在形勢、功體等等之外，你要能探察到對手內在的心機，他的心機是善是惡？他是來挑釁踢館或是誠意的討教請益？自己要知所「探路」，而能在格鬥藝術當中，展現武術的智慧與高尚的格調，不至淪落於武夫鬥毆式的低劣戰鬥框架之中。

撞擊靠聽勁

兩個人如果互相對撞，或出拳互相對碰，是否身體魁梧有力者佔優勢？

在一般的觀念當中，都會認為身體魁梧有力者會佔優勢，事實不然。

如果兩個人都沒有練過功夫，當然是有力者會佔優勢，但是如果受過武術訓練，那麼情況就會有所變化，身材瘦弱者，可以憑著聽勁、懂勁功夫，在不成比例，外表看起來處於不利的劣勢中，而有逆轉勝的可能。

太極拳論云：「斯技旁門甚多，雖勢有區別，概不外乎壯欺弱，慢讓快耳。有力打無力，手慢讓手快，此皆先天自然之能，非關學力而有為也。察四兩撥千斤之句，顯非力勝；耄耋能禦眾之形，快何能焉？」

七、八十歲的老者，行動也不快了，力量也沒有了，為什麼還能抵禦眾多的彪形大漢呢？因為七、八十歲的老者有練功夫，他有內勁功夫，他有聽勁、懂勁功夫，靠這些功夫才能取勝，才能禦眾之形。

形意拳大師唐維祿先生，被架著一輛大馬車的蠻漢攔住，蠻漢是練硬拳的，車欄杆有一個鐵環，蠻漢用胳膊把鐵環打歪了，他問唐維祿：「你能將鐵環再撞回去嗎？」唐維祿說：「你的胳膊比鐵環硬，這樣好了，我不撞鐵

環，我們就來個撞胳膊如何？」唐維祿舉起胳膊一撞，車夫就叫苦連天。

唐師後來跟徒弟們講：「馬車夫胳膊撞過來的時候，我的胳膊擰了一下，外表看起來是兩人胳膊互撞，其實是我打他的胳膊。」這裡面就暗藏著聽勁、懂勁功夫。

兩人對撞，不管是身體對撞，或胳膊對撞，或拳頭對撞拳，不是比力氣，不是比蠻力，而是靠著靈敏的聽勁，在對撞的剎那間，做出化勁、截勁或接勁等等的走化應對技巧；對方的來勢比較快時，我方就要放鬆，讓他沒有著力點可打，無形中就化去了強勢來力；對方的來勢如果比我緩慢或勢力比我弱時，我就要加速加力搶進，成為主動局勢，搶得先機。

懂勁的拳家，會善用接勁的方式，在對方之勢力行進中於中途截斷，削減他的勢力，也就是我們常說的「截勁」。功夫好的拳家，可以「後發先到」，也就是說，在形勢上是對手的來勢較先、較快，我方雖然出手時機較慢，但我方的勁道卻能伺機而先入、先到，但這得有相當的層次水準，才能有這個功夫。

兩軍短兵相接時，不是硬碰硬，不是靠逞強，而是應用太極的聽勁懂勁智慧功夫取勝。太極功夫真正練上手，是可以以小搏大，以弱勝強，以無力打有力，以柔克剛的，這些都得依靠「人不知我，我獨知人」的懂勁功夫，而所向無敵。

第四章

力由脊發如何做到？

太極拳行功心解云：「力由脊發」，意思是說發勁時，力量是由脊背發出去的。但是這個「力由脊發」只是一個概說，是純指上盤的發勁情況而言的。

大家都知道，發勁是「其根在腳」的，要先蹬腳打樁，藉這個打樁入地，由地底所產生的反作用力，摺疊反彈而回射經由腿、腰、手而出勁。利用腳的蹬勁打樁，通過大腿傳到髖胯，經腰傳到脊背肩肘而至手，是故，發勁是一個完整一氣的整勁，不是局部的出力，所以「力由脊發」之說，是一種方便說，是一種分布說，是一種分開、分門的別說，這一點是需要辨識清楚的。

太極有一身備五弓的說法，兩手、兩腳及軀幹合為五弓。

手弓：以肘為弓把，肩腕為弓梢。

足弓：以膝為弓把，胯、足為弓梢。

身弓：以腰為弓把，頸椎、尾閭為弓梢。

這是一種通說、統說，事實上，要引喻的話，全身每一個互相對立的關節處，都可以構成一個弓把與弓梢的。

力由脊發中的脊背、肩胛、雙手，就是一個弓箭的型。中柱脊背是弓把，肩胛是弓梢，兩手是箭身。所以如要細說，則全身不只有五弓，可說處處皆弓矣。擴而言

之，這個射人、打人的箭身箭把，依「全身皆手，手非手」的理論而言，則處處皆是箭身箭把的，每個地方都可打人、射人的。

脊是一個中流砥柱，與下盤的腳根相連結，這支砥柱穩固了，發勁時肩胛及手臂才會有所依靠，力量才不會分散。

直立的脊柱所橫向延伸的連接橫骨，就如弓把一般，是可曲伸的，也是富有彈性的。所以上盤的這一支弓，在發勁之時，是佔著極高、極重要的地位的。

背脊及連接橫向延伸的橫骨之涵拔伸縮，有彈性作用，也有摺疊作用，因為這一帶四周圍的筋，在脊背與肩胛的曲伸涵拔之中，產生了摺疊及彈性效用，使得勁道更凝結而快速。

力由脊發，要呈現一個涵胸拔背與沉肩墜肘狀態，這時候脊背、肩胛、肘、腕的連結一條筋，也要是緊緻的而拉拔的，就如弓弦被拉至極至欲射的狀態，這個弓弦雖然是緊緻的，但它是富有彈力而機動的，不是緊繃鋼拙而呆滯的。

發勁時，要凝聚中盤的丹田氣，暗哼一聲，把丹田氣挹注輸運於下盤的腳根，同時打下暗樁，這個暗樁打下的同時，反作力會回饋到身上來，這時，尾閭要縮，脊背要拔挺，胸要涵，肩胛、肘、腕要坐；所謂坐，就是沉而緊緻之意，這個坐，可以使力量更為匯整集中而不分散；這個坐，不會讓我們的根盤與氣力虛浮。肩、肘、腕都是一處根盤，根根相連，互相連坐，這樣力量就匯整集結，不

會虛浮分散。

力由脊發的脊，就譬如是一個圓周的中心軸柱，就如童玩的鼓鈴鐺，手指頭夾住木棒左右連續搓揉旋轉，這樣兩邊連接的鼓豆就會被帶動去敲擊鼓面。而這整支的軸柱是由腳根連接而上的，是一體的。所以認真的講，這個力由脊發還是得含括到腳根才能完整施勁的。

如何才能做到力由脊發呢？

首先要練「氣貼背」，終而至「斂入脊骨」，先具備這個功體，才能「力由脊發」。

修煉「氣貼背」這個功夫，要從感覺下手，感覺氣好像一張貼膜，黏著於脊背間。

配合練拳的逆式呼吸，吸氣時，脊背微曲，周圍的筋要伸拔著，是一種束身裹勁的狀態，氣由尾閭循督脈上行，運注於脊背，讓脊背有緊緻的氣感，就像一張貼膜貼附著，這就是「氣貼背」。行運當中要用意念去引導，心要專注，久練則氣貼於背，終而而斂入脊骨。

在這邊，要強調「筋」的作用，筋是一種含纖維的質體，透過太極拳的行功運氣，將筋拉開、撐開、擰開、鬆開，去刺激「筋緊張性纖維」，可使得筋的組織產生緊緻與彈性作用，也可令氣所產生的電能斂入於脊骨當中，這就是行功心解所謂的「氣斂入骨」。

還有，涵胸拔背與氣貼背是互相關聯的，能涵胸才能氣沉丹田，能拔背才能氣貼背，這些都有連鎖的關係。涵胸拔背能使背部肌群拉拔伸張，兩肩與背脊呈現圓拱的弧形，形成催筋拉骨的緊緻狀態，這種感覺就是「氣貼背」。透過氣貼背與斂入脊骨的修煉過程，才能真正的[力由脊發]。

力由脊發在形體上，是利用脊柱及其連結延伸的橫骨與筋的拔放摺疊來發勁的；從內裡的氣而言，這個勁源是從丹田之氣引入脊柱而發勁的，不是由背部的肌群來發力的，所以力由脊發，是以氣勁為基礎的。

脊背是上半身發勁的樞紐，是上半身的基座，丹田氣是它的勁源，是發勁的根本。

所以，平常的練功，不論是拳架的練習或基本功的練習，都要利用牽動往來、往復摺疊的練功法訣，使氣貼於背而斂入脊骨，累積氣勁能量於脊骨中，這樣才能有發勁的本錢。

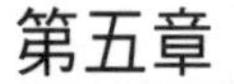

第五章

運筋、運樁與掤勁之應用

掤勁，乃太極八法之一，而掤勁被排列為八法之首，不無原因，也顯見掤勁在太極拳中之重要地位。若是掤勁功體成就了，則其餘七種勁法，捋、擠、按、採、挒、肘、靠之勁法，相輔、相繼而成就。

因為，後七種勁法都涵蓋著掤勁的成份質量，也就是說，其餘七種勁法是不能與掤勁分割、離析的，七種勁法的施作，都必須連結、合和掤勁共同運使的。也可以說，掤勁是太極拳功體中的質量，後七種功法是被連結延伸的運用之法，有了「體」才有「用」，有了功體中的質量，所延伸出來的各種用法，才能發生作用。

練拳的人都知道，勁由筋生，力出於骨。力是先天賦有的，勁是靠後天的修煉。形意拳大師王薌齋在他的《意拳正軌》說：「骨重如弓背，筋伸似弓弦。」力是僵蠻硬拙的，勁是一種氣的瞬間爆發，所以是機動靈活而有彈性的。內家拳的發勁，是筋領骨而行的，這樣的發勁才有彈力，才能疾快迅速而集結。

骨頭就像箭身，需要弓弦的彈簧之性，才有射箭的功能。王薌齋所說的「骨重如弓背」是指脊骨而言，行功心解說：「力由脊發」，發勁時脊骨要拔圓，也就是要涵胸拔背之意，這個脊拔、背拔，都有拔到筋與骨的，當拔背

脊之筋時，中軸脊骨所橫向延伸的連接橫骨，就如弓背一般的被拔圓，也是富有彈性的。

王薌齋說：「發勁要伸筋縮骨。」即筋要伸拔，保持彈力，骨要縮，是指束骨而言，也就是束身裹勁之意。《意拳正軌》說：「高則揚其身，而身若有增長之意；低則縮其身，而身若有躦捉之形。」這前段，是指伸筋；後段，是指縮骨，是指束身裹勁之意。

練拳架或基本功或站樁，都是要運到筋與運到樁及運到氣的，沒有運到筋與運到樁及運到氣的拳，只是一種體操運動，不能成就功夫；沒有運筋與運樁及運氣的拳，就是形意拳大師李存義所謂的「是挨打的拳」，是不能實戰的，因為這些空心蘿蔔的練法，是不能成就內勁功夫的。

運樁，要先求樁功的成就，每天都要練站樁，使得下盤能穩固而靈活；樁功成就了，還要學會打樁，先學明樁，後學暗樁。所謂「暗樁」就是打樁發勁時，看不到身形外勢，看不到有動作的顯現，只是丹田氣一沉、一盪、一個作意，丹田氣已然傳到腳下，這就是打暗樁。

打樁是要運到丹田之氣的，丹田若是沒有聚集充滿圓實的氣，就無氣可運，如此則打樁就成為空包彈，發生不了作用，任你用了吃奶之力把地底打碎、打凹，也打不了樁的，也發不了勁的。

很多硬拳系統都有震腳打地的動作，這不是我們所謂的打樁，這種沒有樁功為基礎的震腳打地，只會把頭打暈、打成腦震盪，對於發勁是無助、無益的。

運樁是以兩腳深植於地底的抓地吸附暗勁，應用前撐後蹬，左撐右蹬或立體圓弧等等的二爭力，由下而上，由腳而腿、而腰、而手，要完整一氣，這一條連結而上的筋，我習慣稱之為「一條筋」。

這完整連結的一條筋，由腳底暗樁的二爭力，經過腿、胯、腰、脊、肩、肘、腕、手等，每一個關節都是互相連貫的，都是呈現一個對等而對立的互相伸拉牽扯的互爭之力，簡稱為二爭力。

這個二爭力能強化下盤的腳腿、中盤的胯股腰脊及上盤的胛肩肘腕等互相伸拉牽扯的力道，更由這股二爭力而引生行進間的阻力，這個阻力，可使整條連結的筋產生阻壓，這個阻壓更增加了二爭力的力道，循環相隨，而使得筋在被伸拉牽扯當中，注入了更深層與沉落的伸拉牽扯力道，這是一種自我運筋、運氣、運樁的作略，不須依靠器物或假他人之手而得到練功的效果。

運筋，是需要運樁的，運樁是需要運氣的，所以運筋也需要運氣，三者是結合而不可分割的，是不可缺一而能獨自運作的，所以培養丹田之氣及樁功的修煉是不可或缺的。前面說過，勁由筋生，筋如果沒有透過這些機制、方法之提煉，也就是說筋沒有經過這些方法的運作，去伸拉牽扯，則筋將無由被鬆開而注入真氣，也無由而產生彈性，那麼功體中的掤勁便無法而成就，掤勁不成就，則後七法的勁也將無法產生作用。

運筋，拉開筋，以至於鬆開筋而注入真氣，它的主要關鍵，在於腳樁的運使，太極拳經云：「其根在腳」，意乃直指運樁而言，因為腳根好比一根基樁，就像中流砥柱

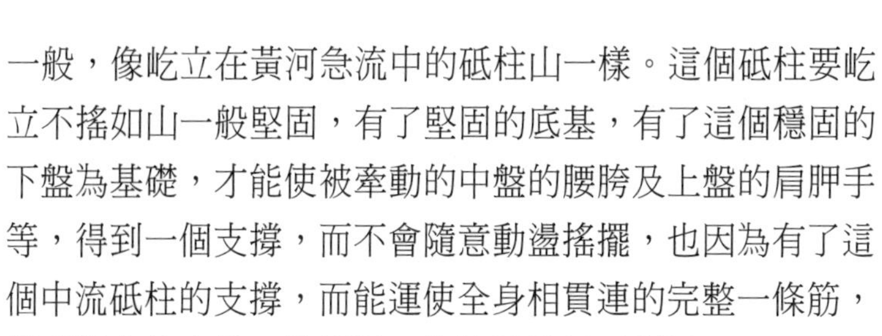

一般，像屹立在黃河急流中的砥柱山一樣。這個砥柱要屹立不搖如山一般堅固，有了堅固的底基，有了這個穩固的下盤為基礎，才能使被牽動的中盤的腰胯及上盤的肩胛手等，得到一個支撐，而不會隨意動盪搖擺，也因為有了這個中流砥柱的支撐，而能運使全身相貫連的完整一條筋，得到阻力的牽扯，使得這一條筋被伸拉而開展。

行功心解說：「先求開展，後求緊湊。」這個開展，是指筋的開擴伸展，而不是侷限於打拳架的大架手腳的放長而已，若筋沒有被拉開伸展而且注入真氣，則不是真正的「開展」，只能說是體操式的展伸而已，得不到練功的效果。

筋得到真正的開展，注入了真氣，增加了彈簧之性，在實戰應用時，才有「緊湊」的效果，才有疾快的摺疊性，這才是真正的「唯快」，才是真正的「緊湊」。

運筋、運樁都要勻而慢，而且要極慢極慢，快了就沒有效果。行功心解云：「運勁如抽絲，邁步如貓行。」運勁、運筋要如抽絲一般，小心翼翼，不急不亂，一趟太極三十七勢或四十二式，起碼要打到三十分鐘，快了就是做體操而已，不是練功。

邁步如貓走路，輕靈無聲，要慢而沉，提起腳，也有掤勁，要拉到筋；如果隨意而過、忽略而過、或快速而過，就不是邁步如貓行，只是普通走路式的邁步，不是練功。運樁邁步要如盲人走路，蹭著地走，小心翼翼的。邁步要如在泥巴上走路，有韌勁。在提腳時好像從泥巴裡拔出來一般，這是形意前輩留下來的練法。

運樁是藉由「其根在腳」的腳根，去行使二爭力，利用兩腳的撐蹬暗勁而借地之力，以這樣的運樁方式去行使運氣與運勁，才能達到伸筋拔骨的效果。

運筋之實做教法，很難用文字表達，無怪有師在論述運筋法時說：「寫字太累了，還是用影片吧！」現身說法是一個好法，只是透過一層網路的轉播，總是斷斷續續的，有些話語也聽不太清楚，是較為遺憾的地方。有時我反而覺得看影片是較累的，所以盡力的用文字來表達。文字成書有一個好處，就是你認為重點的地方，你可以反覆的閱讀，某些段落可以一看再看，而看網路影音，就沒有這個便利。而且，現在寫書作文章，有了電腦真方便，不像以前要搖筆桿寫稿紙，只要在鍵盤上敲敲打打，當靈感乍現時，電腦鍵盤給了我不少的方便。

在實做教學中，個人比較重視「特殊感覺教學法」，譬如在做太極斜飛式時，你的手舉起來往右上方斜行時，我會按住你的手臂以及胯或腿膝外側，讓你有一個阻力阻在那邊，使得你手臂及串連而下延伸的腰胯腿一條筋，受到阻擋的壓力，而去感受整條筋的阻壓，這時的整條筋會有一種緊緻拉拔的感覺，這個感覺到位了，你就實現了拉筋運筋的運作了。然後我會放開手，讓你在空而無物，無阻礙的狀態中，自己去透過腿腰等的二爭力的運使而營造出自行生出的阻力，有了這個自己營造出來的阻力感覺，你就算是實地的學到了這個法。

有時我會做同樣一個動作，讓你來觸摸我的手臂或腰腿，以餵勁方式讓你去感覺我的運勁模式及二爭力的方

向、角度等等，你觸摸之後，再去自行模仿、模擬，去自我默識揣摩，如此一而再，再而三的透過解說、實做、觸摸等等方式的演練、模擬，就比較容易進入狀況。

伸筋運筋，是掤勁成就的前提要件，而這個筋的拉運，與普通的運動拉筋是不同的。普通式的拉筋，純是體操運動，它是可以讓筋鬆軟，但不能產生內勁功體。只有透過內家拳的修法，透過養氣、站樁、運樁、運氣，以及拳中的摺疊、擰轉、裹勁、束身等等內家功法，才能培育出內勁及掤勁等等功體，以及發勁、化勁等攻防的格鬥藝術。

本文就將作結語，各位讀者看官們看這篇文章，可能花不到幾分鐘，而我卻花了將近八小時才完稿。寫作這東西，有時千字一下子就寫好了，但有些論述，需要透過思維、整理，把理路條條分明的鋪敘，好讓讀者知道我在敘述什麼，有些用詞字彙要用頭腦去推敲，要思考如何才能讓讀者心領神會，了知文中大意，所以有些文章往往要花數天才能完稿。

但是，我願意將我的練拳心得寫出來與讀者分享，能有緣看到我文章或書的人其實也不多，這些都是靠一個緣字，你看到我的文章或書就跟我結了一個看不到的緣，也希望我的論述能夠使讀者有所獲益。

讀者拳友們若是還不能明白我所說的運樁、運氣、運勁與運筋的要領，卻是很想學得這些東西，那你就直接來找我，我有開闢一個「預約式教學」，專為遠途及無法固定時間練習者所籌設的方便。

有關練拳心得的書，市面上是少見的，有些拳師、大師們武功是很好的，但文功就比較缺乏，他寫不出來。有些人則是「暗槓」、藏技，不想把他辛苦修煉得來的技法公開，所以有些武術就逐漸沒落消失了，這是很可惜的事。

武術裡面的一些功法、訣竅，要用文字把它表敘出來，而且要讓人家看的明白，確實是得花費一番心思的，怪不得有些老師喜歡用影音來呈現；寫文字確實是比較麻煩的，但是我願意這樣做，我願意藉此而與拳友們結下一個好緣。

第六章

也論空肩

某師論述「空肩」一文，謂：太極拳的「沉肩墜肘」之所以能夠具有使得攻擊者「終不得力」和「處處落空」的效果，除了手臂對於其動作不能有主動用力而始終像軟鞭子似的外，還必須使得肩對於手臂的動作，僅僅是提供身軀力量傳遞至手臂的輸送通路，是不給予主動力量的，或者說就力量的提供與支撐而言，肩就像是不存在似的。「不存在似的」也就是「空」的。因此，練太極拳者之肩關節放鬆也可以稱為「空肩」。這就是說：如果肩關節放鬆沒有「空肩」的效果，那就不是太極拳的肩關節放鬆。

我對這一段論述，僅提供個人的看法：

鬆肩比較適用於走化，在走化時，鬆肩可讓對手失去著力點，而達到「終不得力」和「處處落空」的效果，是正確的說法。但在練站樁或拳架或基本功或發勁時，肩雖然要鬆沉，但不能空掉，不能像「不存在似的」。肩若是空掉或「像不存在似的」，那就白練了，因為肩是整隻手臂的根，若無這個根部做為基座，若是這個基座不存在或空掉的話，就是失去了根。太極拳十要中的沉肩墜肘，不是教人把肩空掉，而是教你要沉肩。

沉肩，有氣的質量落沉於肩，不是空空無物，不是連氣也不存在的，若肩空掉的話，是一種頑鬆，不是沉肩的真鬆。

在盤架等的行功運氣當中，整隻手臂，肩是扮演著主角的地位的，也可說肩是一個主力部隊，因為在拳架的行運當中，是肩催肘，肘催手的，沒有肩則沒有手可言。

師謂：除了手臂對於其動作不能有主動用力而始終像軟鞭子似的外，還必須使得肩對於手臂的動作，僅僅是提供身軀力量傳遞至手臂的輸送通路，是不給予主動力量的，或者說就力量的提供與支撐而言，肩就像是不存在似的。

他的意思是說，整隻手臂的運作當中，肩只是一個輸送通路，只是一個被便利通行的一個管道，肩只是被「順路而過」，是沒有被提供到力量的，也沒有支撐力可言的，所以肩就像是不存在似的。

如果這個邏輯可以成立，那麼，人體結構中的肩肘都可以省略掉了，如果這個結構沒有被使用的價值，那麼，就會被競化掉了。

鞭的施力，也是透過握把的頭，波波而循上的，每一個波形波浪都有暗勁的節節貫串的，是一波接一波而傳至鞭尾的，決不可能是鞭把到鞭尾這一段像是「不存在似的」。

師謂又謂：只有具有「空肩」效果的「沉肩墜肘」才是太極拳的「沉肩墜肘」；但「空肩」也就是「太極拳的肩關節放鬆」，顯然又不等於是「沉肩墜肘」。因為「沉肩墜肘」主要是反映了練太極拳者肩臂肘之外形狀態，而外形狀態不等於就是效果與方法；「空肩」效果並不僅僅

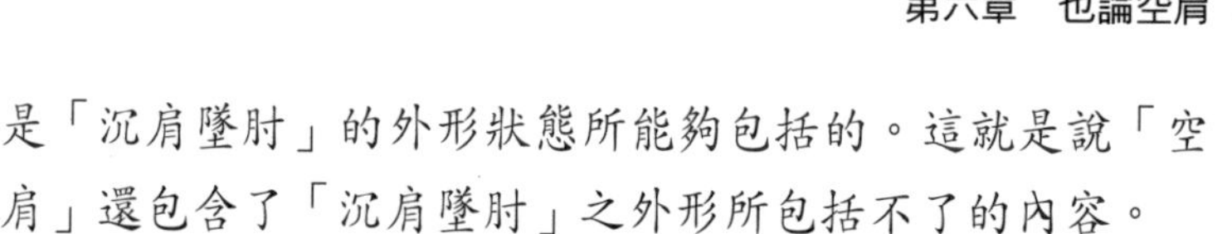

是「沉肩墜肘」的外形狀態所能夠包括的。這就是說「空肩」還包含了「沉肩墜肘」之外形所包括不了的內容。

此師說：只有具有「空肩」效果的「沉肩墜肘」才是太極拳的「沉肩墜肘」；但「空肩」也就是「太極拳的肩關節放鬆」，顯然又不等於是「沉肩墜肘」。

此語似乎有些語病與矛盾的，他說，「只有具有空肩效果的沉肩墜肘才是太極拳的沉肩墜肘」，意思是說，只有做到空肩才是太極拳的沉肩墜肘，既然如此，後面卻又說，「但空肩也就是太極拳的肩關節放鬆，顯然又不等於是沉肩墜肘」，這不是矛盾嗎？既然說空肩也就是太極拳的肩關節放鬆，卻又說不等於是沉肩墜肘，這不是自語相違嗎？

太極拳的肩關節放鬆又不等於是沉肩墜肘，那麼，是不是只有空空無物的空肩才是太極拳的沉肩墜肘呢？敢問此師，具有空肩效果的沉肩墜肘與太極拳的肩關節放鬆的沉肩墜肘，空肩與肩關節放鬆有何異同？

此師說，沉肩墜肘主要是反映肩臂肘之外形狀態，而外形狀態不等於就是效果與方法；空肩效果並不僅僅是沉肩墜肘的外形狀態所能夠包括的。這就是說空肩還包含了沉肩墜肘之外形所包括不了的內容。

沉肩墜肘怎麼只是反映肩臂肘之外形狀態而已嗎？沉肩墜肘是氣鬆沉的一種現象，它是有內質、內涵的，不是只有外形狀態而已，若自主張辯說沉肩墜肘只是反映肩臂肘之外形狀態而不等於就是效果與方法，那麼敢問空肩還包含了沉肩墜肘之外形所包括不了的內容是指哪些內容？

此師謂：要做到「空肩」，就必須做到所有手的動作其力量都主要是腰脊以反作用的形式傳遞提供給手的，腰脊的力量則是始於腳的；這樣，手的力量運動方向與身軀的力量運動方向往往總是相反的。

這一段，主要敘說的是，手的動作、力量都是腰脊以反作用的形式所傳遞提供的，他強調手的力量運動方向與身軀的力量運動方向是相反的。事實上，反作用力是一種反彈摺疊現象，此師所說的反向力量，則是腳根的二爭力所引生的阻力現象，由於是二種力量的相爭，而有反向力量的感覺。並不是真的說手要向右出力而腰卻向反向的左邊轉向的，這一點是要說明清楚的，才不致於使得初學者有被誤導的可能。

此師謂：拳術諺語中有「腰催肩，肩催肘，肘催手」之語，這句諺語反映了肩在力量傳遞過程中發生了支點、積蓄與轉換的槓桿作用。然而，對於太極拳而言，肩就像是手臂在體內的延長部分，手臂就像是直接長在腰脊上的，或者說肩在力量傳遞過程中，就像是一條彈動的鏈條中的一個環，因此，肩在力量傳遞過程中是沒有中轉槓桿作用的，也就是肩對手臂的運動是沒有支撐作用的，這樣肩才是可以始終放鬆的。因此，「肩催肘」是違反「兩膀鬆」與「力由脊發」的，對於太極拳學練而言是錯誤的。……要做到「空肩」，不僅要做到「其根在腳」，也就是將腳撐地產生的反向力量傳遞至手，而且要以腰部位的腰脊作為整個身軀反作用的支撐點，這樣才是「主宰於腰」。

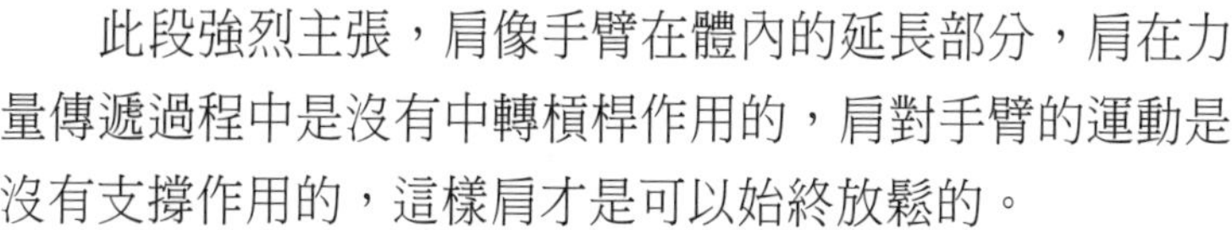

此段強烈主張，肩像手臂在體內的延長部分，肩在力量傳遞過程中是沒有中轉槓桿作用的，肩對手臂的運動是沒有支撐作用的，這樣肩才是可以始終放鬆的。

這個論述，與我們身體關節構造的運作是相悖的，身體中的每個關節，不僅有槓桿作用，也有支撐作用的，若可以跳過肩或肘，而能將力量傳遞到手，未之有也。若說肩催肘是違反兩膀鬆與力由脊發，是為謬說，非為正說。

此師說，要做到「空肩」，必須首先要做到全身肌放鬆；做到全身肌放鬆能夠「其根在腳」了，再達到能夠「空肩」的一個重要關鍵就是將身軀反作用的支撐點移到腰部位。意思是說全身肌放鬆了才能落實「其根在腳」，但又說「空肩」的一個重要關鍵就是將身軀反作用的支撐點移到腰部位。

如果將身軀反作用的支撐點移到腰部位，這與他前面所說的「肩對手臂的運動是沒有支撐作用」的理論，是否相衝突呢？是否相矛盾呢？是不是運作時，也是需要跳過腰而成「空腰」或「無腰」狀態呢？

此師謂：要做到「空肩」，很多動作之胯與手臂的體位運動方向應該是相反的，並且手臂與肩的運動是由胯（髖關節）之以被動為主的運動所帶動的。具體概括地說，很多的手臂往前運動，胯是在腰部通過腳的作用下同時暗暗往後運動的。這是因為很多往前運動的手臂與這一側的肩胸很可能首當其衝接受到敵人攻擊，而由於胯的體位是往後運動的，手臂與這一側的肩胸部位在接受到敵人攻擊力量時，這一側的胯不僅不會頂抗，而且能夠借敵人之力「左重則左虛、右重則右杳」地發生「隨人而動」的被動的向後弧形運動，從而帶動手臂與這一側的肩胸部位也「隨人而動」地向後弧形運動；由於肩胸部位的運動是被胯的運動所帶動的，因而肩胸部位是放鬆的和不發生頂抗的，敵人的攻擊力量就作用不到己方身軀的重心。而敵人就會感到對方的肩胸部位就像是浮在水面上的葫蘆，會「不先不後」、「緩應急隨」地隨其攻擊而動，不僅這攻擊力量不能在對方的肩胸部位落到實處、作用不到對方的身體重心，而且敵人往往會因為攻擊落空而形成背勢，甚至站立失控……

胯與手運動方向相反與人類很多日常習慣是相反的。因此是必須在練拳中有意識地培養、強化直至形成條件反射而成為無意識之「懂勁」反應的。套路練習中既有很多動作胯與手的體位運動方向是相同的，也有很多動作胯與手的體位運動方向應該是相反的，這些胯與手的體位運動方向相反的動作就需要有意識地培養與強化……必須明白這種相反運動，不是相互配合，而是體內力量傳遞過程中的先後鏈條與前因後果，即胯的運動是力量鏈條之先，是前因，手的運動是力量鏈條之後，是後果，這就像一條彈動的鞭子，胯是在近把手處，手是在近鞭梢處，鞭子近鞭梢處的彈動是由鞭子近把手處的彈動的延續和所引起的。如果不是這樣，「空肩」也難以形成。

這一段的敘述裡，前段也是在論說腰胯與手的運作是成反向而行的，因反向而行的關係而牽動了肩造作了走化的效果。但是如果空了肩，肩失去了互牽的撐持力，試問

腰胯又將如何去反向的牽動肩而行左重則左虛、右重則右杳的走化的運作呢？

這後半段在於強調胯與手運動方向相反與人類很多日常習慣是相反的，因此必須在練拳中有意識地培養、強化。既然要有意識地培養與強化，那又要如何做到空肩呢？

既然以鞭引述腰胯與手的運作，謂鞭子近鞭梢處的彈動是由鞭子近把手處的彈動的延續和所引起的，那麼如果鞭把到鞭梢的中間處鞭波沒有去互相貫串的話，鞭把的施力又將如何傳遞到鞭梢呢？

結論：

太極拳經云：「一舉動，周身俱要輕靈，尤須貫串。」又云：「周身節節貫串，無令絲毫間斷耳。」可見這個貫串是何等的重要了。肩，是脊胛肘手的中間點，在活動運作中，是互相串連不可分開的，每一個節點若斷離了，就不能完整的活動了。而且每個關節都可行槓桿作用，依槓桿原理而達到省力的原則，所以「空肩」之說是不能成立的；若以太極拳的走化原則而論，在走化時，只能鬆肩，不受敵力，讓敵力沒有著力點而落空。

肩不但不能空，而且要善用肩的支撐力及槓桿作用去達到省力原則。在盤架子當中，肩胛延伸至手的一條筋更須完整的拉開、擰開、撐拔而鬆開，筋的鬆開才能令氣注入其內，使筋骨變得更能伸縮而富有彈力，而在應用時有彈抖及摺疊的效用。所以在行功運氣當中，肩是不能空掉的，反而是它周圍的筋都要呈緊緻狀態。在鬆肩當中，氣會更沉，氣的沉會使肩更有被提吊的感覺，這種被提吊的感覺越重，肩就越沉，終而達到「沉肩」的效果。

在格鬥中，對手拳頭往肩膀打來，你空肩也沒用，也走化不了，懂勁的拳家會利用接勁的方式來應敵，也就是以肩膀來接應對手的拳頭，這時候就要束身裹勁，涵胸沉肩，把肩膀周圍的筋脈緊緻的縮收，將氣凝結於肩，這樣才能有接勁的效果；若是這個時節，還要高談闊論的說「空肩」，恐怕會被打趴在那邊吧！

太極拳行功心解云：「勁似鬆非鬆，將展未展。」這似鬆非鬆，是說運勁不能用拙力，要放鬆，但是放鬆不能鬆懈，不能空掉，若懈掉、空掉，就是一種斷勁狀態，失去了運勁效果。

將展未展，是束身裹勁之意，是蓄勢待發之意，不論是運勁或發勁，在蓄勢之中，在將展未展之中，是含意、含勁在身中的，勁更不能空掉。空，是虛無狀態，空了，就斷滅了，什麼都沒有了，還有什麼可談論的呢？

第七章

與「氣」對話

氣，是一切有情眾生生命的泉源，所有人類、動物皆依氣而活命，如果氣息奄奄，將是待斃往生之時。

人類有智慧，知道養氣、養生，追求健康、長壽。

道家、仙家研究丹道求長生不死，或成道、成仙。但，是否有人成仙，不得而知，因為，宇宙定理，「生、住、異、滅」、「成、住、壞、空」，即使真能成仙或生於天界，也終須輪迴，只有如來藏不生不滅，只有成佛才不再受生死苦惱。

武術家不僅知道要養氣，更能善用丹田氣來練「體」、練「用」，體用兼修而成就健康長壽及武術格鬥攻防藝術的高超武功。

修煉拳術，尤其是內家拳，不可以缺少丹田氣，而且更需要去培養飽滿圓實的丹田氣。丹田，是培氣、養丹的一塊田地，所以才名之為「丹田」，這塊田地，你如果能善待它、照顧它、愛惜它、呵護它，你就能得到安康健朗，在武藝的修煉中，才會有高超的成就。

為什麼這樣說呢？

因為，「氣」是生命的本源，沒有氣的依持，生命就會消失。

以武術的立場而言，丹田氣的應用，在攻防中，是不可或缺的。譬如，發勁要靠丹田氣的鼓盪作用去打樁，而產生摺疊反彈的爆發勁道，這種效果，不僅是速度是唯快的，它的爆破攻擊力道也是集結而滿貫的。

在防守或接勁時，丹田氣要凝結起來，將身束住，將勁裹住，這是形意拳講的「束身裹勁」，也就是將丹田氣拿住之意。

在太極拳裡面有「拿住丹田練內功，哼哈二氣妙無窮」之句，這哼哈二氣是在推手或實戰時，發勁攻擊的要略，借著發聲、發氣來助勢，達到克敵制勝的效果。

哼哈二氣，是借助丹田氣的鼓盪，在發勁時，丹田氣一盪，打下暗樁，這個勁發出去才能氣勢磅礡，石破天驚，震撼山河。

哼哈二氣在應用時，都是呼氣的，都是呼氣而氣沉丹田的，呼出的是廢氣，沉於丹田的是真氣，借著呼氣與同時氣沉丹田的瞬間，將真氣匯聚於丹田，此時已然同步的打下暗樁，勁也同時貫出。

所以，為了要達到這個效果，我們在練拳架之時，在練基本功之時，在練站樁之時，或在靜坐調息之時，都要與丹田氣相依偎在一起，不棄不離。在戰鬥時，都要與丹田氣結為戰友，互相搭配，互相助攻的。

而且，要時時與氣對話，聽它講話，或說話給它聽，把它當成知心的朋友，互訴心聲；把它當成愛人一般的體貼著、呵護著。這樣，這個丹田氣，就會一路相伴，在練拳時與你同在，在站樁時與你同在，在靜坐調息時與你同在。

在行功時，在運逆式呼吸時，你吸提一口氣，對氣說：「氣呀氣，你循著督脈上行，至百會。」在呼氣時，你把廢氣慢慢地吐出，對氣輕聲的說：「寶貝的氣呀，你循著任脈往下走，回歸於丹田。」你只要正心誠意的與氣對話，它就會願意的、心甘情願的配合你的指引，去循小周天、大周天，而氣遍周身。

你只要溫養它，它就會發熱、發光，氣息不絕，讓你充滿生機。

當氣發熱時，當氣騰然時，它會滲入到你的筋脈，它會斂入到你的骨膜，而匯集你的內勁能量，成就不可思議、不為人信的內勁神功。

真氣是會發光的，當你心誠意正，心存善念，時時刻刻正念現前，時節因緣到時，身體就會發光，只是我們凡夫肉眼看不到而已。

腰要鬆？要空？

腰，在太極拳的修煉中，佔著極為重要的地位，其他拳術的練習也都是重視腰的。

太極拳經云：「主宰於腰。」腰，在太極的體與用都是主宰；腰的擰裹及圓弧摺疊的牽動往來，是氣貼背的樞紐，氣貼於背，才能斂入脊骨，發勁才能「力由脊發」。

鬆腰，廣義而言，涵蓋腰圍四周的肌膚與筋脈，以及腰部內的丹田氣的鬆淨。

在走架行功運氣之時，丹田氣要鬆，不能努勁鼓氣，而助於氣運行的通順流暢。

腰鬆了，腹鬆了，氣就通透、凝聚、沉著了，久而氣斂入骨，成就內勁質量。

行功心解云：「腰如車軸。」腰是一身的主宰，腰動而身動，就像車子的軸桿，主宰著身體的動向。

練任何拳都必須以腰為主宰帶動身體，才能做到一動無有不動。太極拳為什麼要以腰帶動身軀？因為腰是身體的中間點，牽動全身的動能最大。

太極十三勢歌云：「命意源頭在腰際。」生命意趣的源頭在腰這個地方，腰際指的就是丹田，丹田氣凝聚飽滿，生命的趣機就會如山頭之水，源源不絕的流注，生命才可以延綿長久。

十三勢歌又說：「刻刻留心在腰間。」因為腰間的丹田是集聚儲藏氣的所在，只要留心守著丹田氣，身內的氣就不會散漫、萎靡、流失，生命就能綿長。

太極體用歌云：「湧泉無根腰無主，力學垂死終無補。」「腰無主」，是說腰沒有主宰。腰以什麼為主宰呢？以氣為主宰，如果丹田氣不能凝聚充足飽滿，這個腰就無法作主，不能以意念去主宰腰的運行，則無法行氣與發勁的。

太極拳論云：「立如平準，活似車輪。」這個「活似車輪」，是指肢體上的腰圍，是指腰部而言的。腰部要如車輪一般麼靈活輕巧，這當然也是要依靠在內的丹田之氣的靈活鼓盪作用，才能使外在形體上的腰部，跟著運動靈活起來。

好了，現在要回到主題。緣由某師論述了一篇「空肩」的文章，而引發拳友提問有關「空腰」該如何說明及使用。

腰可分內外而說，內是指丹田氣；丹田氣飽滿圓實了，不只是達到了健康的目的，以練拳的角度而言，丹田氣是太極拳修煉的基本要素，若沒有這個基本質量，就無法去行功運氣，那麼所有拳架的演練，將落入體操運動模式，不是武功的修煉。所以從內質而言，丹田氣是不能空空如也的，也就是說不能「空腰」的，這是依內而說。

依外而說呢，腰也是全身運動的主宰樞紐，可以牽動四肢，一動而全身隨動。腰的擰扭也可以帶動丹田氣的鼓盪，相輔相成。

腰的往復摺疊及彈抖，是出拳攻擊的「唯快」要因，是格鬥藝術中的重要武器。束腰裹勁，是防守走化的要略，在走化或接勁之時，腰扮演了重要的角色。走化時是鬆腰、虛腰，但不能空腰，空腰就要挨打了。

腰是成就手的掤勁的工具，練拳架或基本功，透過腳樁的暗勁二爭力之運使，連帶而上，腰胯也有二爭力，由於二爭力暗勁的互爭，使得腰有左右互擰的阻力產生，延伸而上的肩胛、手臂所貫串的一條筋，在往復來回的運行牽動中，就會把這一條筋拉拔開、伸展開、牽扯開，而達到鬆筋的效果，筋鬆開了，氣就會滲入，就會氣斂入於筋骨，成就內勁能量。

所以，鬆腰之說，是指腰圍的腹內丹田氣而言的，行功心解說：「腹鬆，氣斂入骨。」是直指這個的。

在運筋時，為了要把腰胯周邊的筋脈拉開，必需要有二爭力的互爭牽扯的，所以是要以暗勁使腰略呈緊緻狀態，不能懈漫無力，這樣才能成就腰胯的彈抖勁。

腰可鬆，不可空；肩亦復如是，肩可鬆，不可空。

空，是虛幻、虛假；空，是斷滅、幻無。太極所有的經論，只說「鬆」，不說「空」。說空者，只是想標新立異，只是一種自心意識的發想，是一種空幻無義的思緒。

練拳貴乎勤與精

練拳嘸撇步，「勤」一字而已。俗語說「勤能補拙」、「業精於勤」，欲成就一切事業，也是靠一個「勤」字。

我教拳二、三十年，學拳的學生，能勤而不懈的微乎其微，每當我問他們：「在課餘時間，有沒有安排時間自己練拳？」他們總是靦腆的說：「有空會練一下子」或「有時有練，有時沒練」。

這樣練拳，永遠不會有成就的。修煉內家拳，你得每天安排至少兩個小時以上的時間，按表操課，每天累積功體，才或許會有所成就。若是一天打魚三天曬網，想要成就內勁功夫，就像「煮沙成飯」一般，不可能也。

今時的教拳，只能採取鼓勵方式，不能強迫。所以，成不成在於自己，老師只是傳業，把功夫的方法教授給你，其餘成不成就，則要看你自己有無勤學、勤練。

形意拳名人李洛能，自幼喜愛武術，拜戴龍邦為師，當時李洛能三十七歲，最初二年僅學一式劈拳及半套連環拳，精勤不輟。戴龍邦母親看李洛能樸實，要戴龍邦用心教李洛能，他精進練拳，四十七歲終於大成，並練成內家混元氣功，創造了一些新的形意拳招式，如形意拳的獨特樁法三體式，就是李洛能所創，形意拳的定名也是在李洛能手上完成。

形意拳齊公博，拜孫錄堂為師，三年只練一個三體式樁法，孫祿堂有一天感觸地對齊公博說：「公博，你可知世間練拳者多如牛毛，成就者卻少如麟角，這是因為許多人不知形意拳中的內勁是什麼，這三體式是形意拳的基礎，一切拳法雖變化萬端，卻都起於三體式。只有日日練習，持之以恆，勿求速效，由微而著，此中絕無捷徑，也難取巧。」

齊公博不畏風雨，吃了三年樁功之苦，三年後，齊公博形意拳的功夫大進。孫祿堂擔任江蘇省國術館館長時，單把齊公博帶去赴任，命他在館內教授形意拳，齊公博終成為著名的形意大師。

形意拳大師尚雲祥先生年輕時想要拜李存義為師，李存義說：「學形意拳很容易，一學就會了，能練下去就難了，你能練下去嗎？」尚雲祥說：「能」。

李存義只傳了劈拳與崩拳二法。尚雲祥日夜苦練形意拳，隔了十一、二年，李存義找到尚雲祥，試了尚雲祥功夫，感到很意外，說：「你練得純。」從此正式教尚雲祥形意拳，尚雲祥精勤練習，終於大成。

由上舉幾個列子，可以看出，練拳貴乎勤、精二字。

勤，是勤奮、勤苦，努力不懈，堅忍卓絕；勤，是不怠惰，不躐等，不畏艱難。

精，是精專、精湛不虛、精簡不華、精闢深邃。學拳在精，不在多，貪多嚼不爛，消化不了，多食無益，徒增腸胃負擔。

國內練拳的人，九成以上喜歡多學套路，刀、槍、劍、棍、扇樣樣來，但沒有一項精，沒有一樣能用，到頭來也是忘光光，徒負虛名而已。

內家拳，精勤練習，五年小成，十年大成。不精不勤，到老猶空，虛度光陰。

第十章

形意拳蹬步打樁與腰的擰裹彈抖之因果關係

腰的快速擰裹彈抖，除了依靠丹田氣的爆破鼓盪之外，還須依腳根打樁的配合，才能得到完美的效果。

譬如：形意劈拳，打樁蹬步前進，要須腳樁入地，藉地的回饋反彈力，前進蹬出的同時，配合丹田氣的摺疊去擰腰，使腰胯被拖曳牽動，形成快速的擰轉、彈抖與摺疊，所以，在做拔鑽動作之時，是一鼓作氣的、一氣呵成的。這個一氣呵成，裡面有三個質量：

一、丹田氣的爆破鼓盪。

二、腳根快速緊湊的打樁，這個樁要深入地底，好像要把大地踩沉下去之意、之氣勢。

三、樁踩下時，要有反彈摺疊的回饋力道，才能連結而牽動腰胯的快速擰轉抖盪。

蹬步打樁，必定要靠丹田氣的鼓盪引爆之搭配，這個樁打下去，才有摺疊反彈的回饋力道，瞬間回傳到腰脊，腰才有擰裹彈抖的效果。

如果只有丹田氣的鼓盪引爆，卻沒有引爆到腳樁，藉腳樁之傳導而回饋到腰脊，那麼，這個丹田氣的鼓盪引爆，就如同在空中爆炸一般，沒有殺傷破壞力，它的威力只是把空氣爆破而已，沒有破壞到物件。

腰的擰果彈抖，如果沒有丹田氣的鼓盪及腳樁的抓地二爭力暗勁的入樁而成就中柱的穩固，那麼，腰因為沒有所依的緣故，也是無法達到摺疊彈抖的效果。

三者之間的相互因果關係，是相輔相成的，是合而不可分離的。

其餘的鑽拳之搬攔等等亦復如是，甚至任何的招式、用法也是如此，智者可以舉一反三矣。

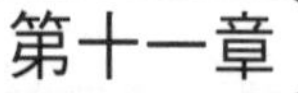

第十一章 「教拳不教步」新詮釋

拳諺云：「教拳不教步，教步打師傅。」意思是說一般的拳頭師，只教拳招，不教步法，認為「步法」是拳術的主軸、主力、主角，教了步法就如虎添了雙翼，銳不可當。那麼，如果不幸，教到一個惡徒弟，他要來違逆師傅的話，就會以他所學的拳術來打師傅，這是一般的解釋、說法。

拳術一般所謂的步法，大都是指腳步的移動變化，隨著身形的變化而移動腳步，謂之步法，所以有「步隨身換」的說詞。

各個武術系統，都有它特有的步法，隨著它的獨特招式而有不同的步法演變。

事實上，步法的可貴、希奇處，在於虛實的變化，變化得宜則攻守無礙，變化不靈則是落於挨打的敗勢。

認真而論，步法並不神奇，端看你會不會拿捏，會不會變化虛實而已。如果說，學會了步法，武功就會如虎添翼，就可以用來打師傅，實在是言過其實，實在是誇大其詞。

拳術的步法再多，也不如舞步的多，拳術的步法很多來至舞步，如三腳步就是舞中的華爾滋，而且舞步花樣翻新多變，遠非拳術的步法所能及。

所以說，「教拳不教步，教步打師傅」，是種謬說，是一種訛傳，是一種不正確的拳諺。

「教拳不教步」的「步」，個人有另種類詮釋，這個「步」指的是「樁」，指的是「樁法」。樁功成就了，才能如虎添翼，才有功夫的成就可言。

樁功的成就，不只是下盤步法的穩定而已，它還涵蓋運勁時不可或缺的運樁，以及發勁時不可缺少的打樁神技功夫。也就是說，你在盤架子練功夫時，在運氣、運勁時，是需要運到腳樁的暗勁的；你在發勁做攻擊動作時，是需要打樁的。所以無論運勁或發勁，與樁法是息息相關的，只有那些沒練成內家功夫，全靠蠻力使力的斯技旁門之流，才不會靠打樁而憑雙手的拙力之舞動而亂舞一通，隸屬於蠻夫幹架的類型。

樁功，是內家拳武術的最基礎，形意拳入門先練站樁，也可以說是「教拳先教步」，這個「步」就是我所說的「樁」。

練站樁，不只是穩固下盤，在練形意三體式的三才樁的同時，可以培育丹田氣，也可以成就手的掤勁，上、中、下三盤兼練。

樁功成就了，步法的運使，更沉穩，更輕靈，因為氣落沉了，所以步法可以沉穩；因為會運樁，所以步法才能輕靈；沒有樁功的步法，會落於呆滯與輕浮的窘境。沒有樁功基礎的移步，再快也如同猴子的輕浮躁動，不是真正的步法之靈動。這種輕浮躁動的步法，在防守中若挨人一拳，就如同腐根的花木，會被摧枯拉朽；在攻擊中，打人三拳，也沒有擊中標靶的滲透力道。

我們練拳，在養氣充滿及內勁小成之時，要透過運勁過程而蘊育渾厚的內勁，行功心解云：「運勁如百煉鋼，無堅不摧。」在運勁時，是需要配合運樁的，沒有運樁就運不了勁。

行功心解復云：「邁步如貓行，運勁如抽絲。」樁功不成就，則步法不穩，邁步將傾斜搖晃；樁功不成就，不能運樁，如何能運勁如抽絲呢？

大部分的拳頭師教拳，都注重拳頭的舞動，偏向於招式的教學；不少的拳師，鄙視站樁功，教的都是「挨打的拳」。沒有樁功基礎的拳，都是「挨打的拳」，都是花拳繡腿，好看不能用。

「教拳不教步，教步打師傅」，我有一轉語，「教拳先教步，教步好師傅」，而我所謂的「教步」，是指「樁步」，是指「樁法」。

我在拙作《拳理說與識者聽》一書第三十九章有提到，依「台灣人講拳」的口溜說法，這個「教拳不教步」的「步」，依台音講就是指「步數」、「撇步」而言，也就是「眉角」或「訣竅」之意，整句諺語的意思是說，拳頭師教拳，如果沒有把「步數」、「撇步」講出來，學生就得不到要領，學不好拳；反面而說，師傅若是能把「步數」、「撇步」毫無保留的傾囊相授，那麼學生的功夫將有可能會超越老師，青出於藍。

這個「打師傅」的「打」，是一個形容譬喻之辭，是超出、越過的意思，並不是真的要去打師傅的，這是我個

人的見解。

太極拳祖師爺張三丰在他的太極拳經說：「其根在腳，發於腿，主宰於腰，形於手指；由腳而腿而腰，總須完整一氣。」有誰能瞭解這句「其根在腳」是什麼意思呢？一切武術的根本在於腳，而這個腳不是教你去練腳力，去練踢沙包，而是教你要重視腳的根本，重視腳的基礎。

腳的根本，腳的基礎，就是樁法，以及樁法所涵蓋延伸的打樁神技。你樁法有了基礎，腳樁才能入地生根，這樣在運勁時，才能應用腳樁的運樁功夫，達到運勁的效果。

還有在發勁時，若沒有借腳的打樁入地所引生的反彈摺疊勁回饋到手，形於手，這個發勁是不會有效果的，也可以說，沒有打樁的發勁，是屬於局部蠻力的範圍，是沒有「由腳而腿而腰」，是沒有完整一氣的，這不是真正的發勁。

第十二章

形意的小成與大成

形意的成就，分為功體與格鬥實戰。

功體包括三盤，上盤是手的掤勁，中盤是丹田氣的培育，下盤是樁功的穩固靈敏。

形意的技擊樁三體式，可以同時練到這三盤的功體。

形意拳明家常謂「萬法出於三體式」，三體式是形意的基本功法，要打好形意的底子，得從三體式樁法下手，去練氣、練樁、練掤勁。

「入門先練三年樁」是古時形意的練拳程序，如今時空背景不同，沒人想先練三年樁再練拳，所以只得變通，一面練站樁，一面練五行母拳。劈、鑽、崩、炮、橫是形意的母拳，二者併練。

樁法與蹬步練習，要融合併練。練蹬步可以體會樁法有無入樁，樁有沒有入地。

樁功與蹬步練習，如果認真練習，每天排定時間操練二小時，這樣二至三年就可以看到小成績，若是一天打魚三天曬網，那麼到了驢年，還是一介凡夫，是為沒有出息之人，這樣不如不練，因為如此練法永遠不會有所成就的。

形意初練，先練明勁，步法要大，蹬步要遠，身驅要低，若是怕苦而站高高的練拳，這樣氣不沉落丹田，步法

輕浮，也蹬不遠，無法成就明勁。

明勁練習，出拳要緊湊，力道要集結，束著身，裹著勁，意氣要風發，雄壯而威武。步法要明快，不拖泥帶水，如是練去，明勁漸成，時間約需三至五年，謂之小成。

明勁成就，進入暗勁階段。暗勁練習，動作要慢，比太極還慢，蹬步更慢，暗樁蹬步時，腳樁要碾入地底，用暗樁把地踩沉，身體是被這個「把地踩沉」的暗樁拖曳出去的，肩也是被這個「把地踩沉」的暗樁拖曳出去的，這樣手的出拳，就有很深很大的阻力產生，氣就充滿整個手臂，這樣練下去，掤勁、沉勁慢慢積成，樁功也越來越深沉，入地而生根，如是練去約三年，暗勁成就。

這中間，樁法照樣練習，五行、十二形照樣練習，五種套路照樣練習。還要練推手，以及實戰散打，這些都得老師的餵勁始能成就。

練習推手發勁以及實戰的發勁，都要三盤的配合，尤其樁功的打樁，更是不可或缺的。不會打樁就不會發勁，所以樁功成就後，還要練習打樁，會打樁才是真正的會發勁。

太極拳論云：「由著熟而漸悟懂勁，由懂勁而階及神明，然非用力之久，不能豁然貫通焉。」懂勁而階及神明就是內家拳的大成，但是沒有努力用功很久，是無法豁然貫通的，這個用力之久的「久」，大約是十年，常言道：「太極十年不出門」，十年功夫才能大成，才能出太極之門。

形意何嘗不是如此，招式著熟，蹬步著熟，樁功著熟，打樁著熟，內勁著熟，當一切皆著熟，謂之「漸悟懂勁」，由懂勁而階及神明，謂之大成，用力之久約需十年，若是用力不久或「離離落落」，有一搭沒一搭的，莫說十年，還是那句話，到了「驢年」也是不成的。

第十三章

「煉」拳

練拳的「練」，是一種初階的學習，還在摸索、模擬、修正階段。

煉拳的「煉」，是練習的階段已經完成，進入了提煉、精煉層次。

當丹田氣充滿圓實成就，當腳的樁功成就，當手的掤勁、沉勁成就，也就是說上、中、下三盤基礎功體均已完備成就，從此以後，即將步入精煉的層次，包括丹田內轉的運氣、擰氣、盪氣，腳下入地的碾壓運樁、打樁，以及手臂掤提的伸筋拔骨等等百煉成鋼的修煉。

先說腳下的運樁：

從來只有聽到運氣、運勁等說詞，運樁、打樁等功法，是個人練拳三十餘年的發明創見。

樁功是內家武術的基礎，尤其是形意拳特別重視站樁。站樁可以同時練到三盤功體：

第一是在靜中培育丹田氣，令丹田氣充實飽滿，為以後的運勁與發勁預作準備。

第二是成就中流砥柱的腳下功夫，穩固下盤。

第三是成就手的掤勁與沉勁。

下盤的樁要如何運呢？

利用腳根入樁的二爭力暗勁，去做前後左右及立體圓弧的撐蹬，借地的反彈摺疊力道回饋到身體，使得胯腰及身手有被拖曳牽動的無形阻力產生出來，藉著這股阻力，使得從腳根延伸而上至手的末梢所連結的一條筋，被拉拔伸展開來，在伸筋拔骨的當下，注入更多的氣，使得骨質密度充滿，筋脈更富彈性。

練習拳架或基本功，如果沒有運用兩腳暗樁的二爭力去營造身手的阻力，體內的氣就無法被推動壓擠，體內的氣無法鼓動活躍，這樣氣就無法斂入筋骨之內，無法成就內勁。

太極拳經云：「其根在腳」，這個其根在腳有兩個作用，就是運樁與發勁。運樁是練體，是練功，藉著運樁而運勁；運勁如果沒有運樁，是不能成立的，兩者是連結不可分開的。

發勁是用法，用的時候要打快樁，瞬間爆破。練習站樁，成就樁功，除了穩固身形步法之外，最大的作用是用來打樁發勁，用來做為格鬥時攻防的利器。樁功的打樁發勁是一種攻擊模式，藉由丹田氣的引爆打樁而發勁；在防守方面，化勁與接勁之中，要靠著腳樁的沉落，做為接勁與化勁的依恃，也就是說，穩固的腳樁要去承接對手的強大勢力，在走化卸力後，借腳的樁功去承載。

樁功由站樁而成就，樁功成就了，就要來「煉」樁，學會運樁，運樁嫻熟了，「煉」樁成就了，自然會打樁，而悟出發勁的訣竅。所以「發勁與打樁」及「運勁與運樁」都是一體連結而不能分離的。

運樁時，丹田氣要入樁，腳樁要深植地底，以暗勁催

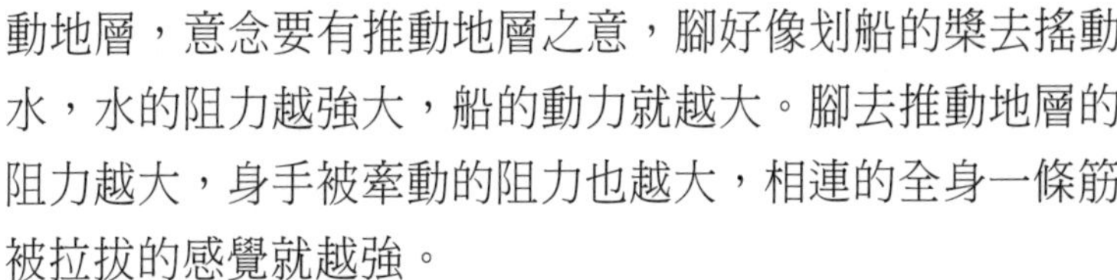

動地層，意念要有推動地層之意，腳好像划船的槳去搖動水，水的阻力越強大，船的動力就越大。腳去推動地層的阻力越大，身手被牽動的阻力也越大，相連的全身一條筋被拉拔的感覺就越強。

然而，如果樁功沒有成就，這個樁就運不下去，無法深入地層，借不到地力，這樣的拳，打起來會感覺虛無飄渺，沒有實在感，這就是體操運動模式，不是練功，更不是「煉」功。

後腳暗樁蹬去，前腳暗樁微撐回，形成一股二爭力；左右蹬撐也是如此，立體圓弧的蹬撐也是如此，都要有二爭力，由二爭力而營造出重重疊疊的阻力，這個阻力，表面上似乎是阻礙著身手的行進，事實上，在內裡是強化氣血的運行的，這就像打針一般，針筒的真空，阻礙著針水的行進，而營造了一個加壓的機制。打水槍，運用了這個阻力原理，使得水柱匯集而奔射出去。

腳的運樁，一般是依藉兩腳的二爭力暗樁而行使，透過修「煉」，單腳也可以行使二爭力，利用後腳跟與前腳趾去行使二爭力，或腳的左右邊緣去行使二爭力，還有依靠腳底板的碾壓、磨蹭去尋找對等的相互間的二爭力。這聽起來好像很玄奇，其實一點也不，當你有「煉」到這個層級，就會覺得這都是很平常的道理，知道我所言不虛；沒到那個境界，頭頂上就會出現一個「？」號。

一舉手，一投足，事實上，認真去思維，都是有運到腳樁的，只是一般的學者，無法去深思體悟罷了。

再來，要談到中盤丹田氣的提煉運轉。

練拳透過心息相依與靜守的站樁，蓄養丹田氣，照顧著丹田氣，不棄不離，丹田氣終於圓實飽滿，形成一個小氣囊，此時就要善用丹田氣來運轉周身，令氣遍佈，這就是所謂的運氣階段。若沒有集聚圓實飽滿的丹田氣，則不得謂之運氣，因為無氣可運故。在無氣可運的情況下，練太極拳、練內家拳，都只是體操運動而已，尚不能稱之為練拳。

氣的運轉，透過丹田的鼓盪、壓縮、摺疊、擰轉、纏繞、蓄放等等運功機制，使氣產生騰然作用，沉斂而成「內勁」種子。內勁成就時，就步入了「運勁」階段，藉由丹田的內轉，以氣運勁，使勁更柔、更韌、更Q，更富有彈性，而百煉成鋼。

丹田氣如何提煉呢？

利用逆式呼吸法，吸氣時將小腹壓縮，使橫膈膜往上提，呼氣時橫膈膜往下壓，自然的氣沉丹田，透過這樣的鼓盪、壓縮、擰轉、纏繞、蓄放、摺疊等等運氣機制而提煉內勁能量。

丹田氣的內轉，是快慢相間的，沒有固定的節律與規則，也可說它是富於多樣變化的。在發勁時，它是疾速的爆發，迅雷不及掩耳；在運勁時，它是緩慢徐行的，有時會慢到動作似乎已經停止了，而丹田氣卻繼續不停的在腹內運轉的情形。但在不固定的多樣變化的律動中，卻是循著一定的規矩在運行的。

丹田氣的運轉，與運樁是要相融相合的，運樁所營造出來的二爭力與阻力，必須依靠丹田氣的催動，相輔相

成。若無丹田氣的搭配，那麼運樁所形成的二爭力與阻力，將是虛空的而無內容的；反過來說，如果沒有二爭力以及阻力來運氣與運勁，這樣丹田氣的運轉也只是空運、空轉而已。

阻力的產生，它的動力在於腳，由腳的運樁去牽動身體，在牽動往來中產生摺疊效用，在摺疊中產生互擠、互壓、互扯作用，形成一種「催筋拉骨」的拉拔效果，使得筋脈骨節被拉開、鬆開，使得勁道更形堅韌。

最後要說到手臂掤勁的修煉，也就是伸筋拔骨的精煉。

常言道：「筋長一寸，壽延十年。」可見筋的保養鍛鍊，對身體的健康是多麼的重要了。

現在人因為缺少運動，所以氣血循環不良，稍為不慎就會引起筋傷，過久不運動也會使得筋造成萎縮。有些單邊運動，如網球、羽毛球、桌球等，因單向運動的不平衡，或游泳時水溫太低，也會引起筋縮，造成病變，所以拉筋運動就變得很重要了。

我們練內家拳，是要伸筋拔骨的，把筋骨拉拔開來，伸展開來，也要給它加以適當的擰轉扭折，增加它的彈性，當筋脈被拉開、展開，而完全的鬆開，那麼，氣血的注入就能盈滿，無形中就是在斂聚內勁的能量，當能量聚集充滿，彈性大增，我們的彈抖勁功夫就自然成就了，摺疊勁也有了，手臂的掤勁也練就了。

練太極拳一向講求鬆，但這個鬆絕對不是懈怠、空幻無有的鬆。行功心解云：「勁似鬆非鬆，將展未展」這個

似鬆非鬆，只是教我們不能用拙力；如果懈掉、空掉，就成為一種斷勁狀態，失去了運筋與運勁的效果了。

將展未展，是氣勁含束於筋骨之內，是蓄勢待動之意，是一種伸筋拔骨如同張弓待發狀態，不是空無的懈怠。若是懈慢、頑空，是不能練出內勁的。

經云：「隨曲就伸」、「曲中求直」，都是在講伸筋拔骨的，筋骨要在曲中求直，在半曲半直中，把筋骨伸展開來。譬如，肘微曲，肩微沉，筋就被拉開了。

打拳為何要沉肩墜肘？因為肩肘沉墜了，筋脈韌帶骨膜都會被拉長，氣也就跟隨著落沉了，氣的落沉更加深了筋骨的拉拔，形成一種良性循環作用。

手腕的筋節，有時要坐掌，如雙按，有時要勾吊，如單鞭，使腕部的筋構成圓弧的拉拔狀態，使筋拔圓放長，這樣就能成就腕部的掤勁。

「涵胸拔背」可以伸展背脊的筋，手臂、肩胛與闊背的筋是一個連帶的橫向結構體，懂得涵胸拔背與沉肩墜肘，這橫向連結的一條筋，就可以被伸展而鬆開而成就背部的掤勁。

行功心解云：「力由脊發」，你若懂得涵胸拔背的意涵，去伸拔闊背肩胛的橫向連結的一條筋，以及由尾閭至頸椎連結的直向一條筋，這樣橫直二條筋相交，使氣注入這兩條橫直筋脈而且盈滿，成就了脊背的掤勁，才有可能「力由脊發」。

腰胯要配合腳椿的二爭力，去擰扭；胯要撐，襠要拔，使腰胯產生彈簧性，成就彈抖勁。

腳踝要壓陷扭彎，使筋形成內折而坐落，在形意的蹬步練習當中，要儘量的把腳踝前面的內踝凹陷下去，使這一條筋產生彈性，這樣蹬步時才能蹬得遠，在蹬的同時，腳樁更能入地三分，這樣在發勁時，配合著打樁及蹬勁的運使，達成整勁效果。

虛領頂頸，可以使頸椎的筋拉長，使丹田氣順利由由脊椎的暢通而直行於百會，復歸於丹田，成就周天循環，而氣遍周身。頸部也是有掤勁的，但是一般人都不知道。

筋的提煉，要靠丹田氣的運使，以及腳樁入地的二爭力，由腳而腿而腰，形於手，完整一氣的透過往復來回的牽動，產生極強大的阻力與摺疊反彈力，使這完整連結的一條筋，完全的被拉扯開來，被伸長拔放開來，被擰扭而鬆開來，這就是運筋、運勁，也是煉筋、煉勁。行功心解說：「運勁如百煉鋼，何堅不摧。」煉筋就是煉勁，因為勁出於筋之故；煉勁就如同煉鋼，百煉成鋼，何堅不摧。

一般人「練」內家拳，不管是形意或八卦或太極，大部分都停留在摸索、模擬、修正階段，或得少為足，以為練了很多套路，以及刀劍棍槍等等通通都會打了，就想當起教練來，以此虛榮而滿足，不想更進一步去精求內家功夫。

少部分有志之士，會往精「煉」的方向去自我求取內勁功體，去求更上一層的懂勁武功，但這得依靠一份極堅強的意志力，刻苦安忍，無盡的堅持，終然有成，此乃真男子，大丈夫也。

第十四章

形意明勁的真成就

形意拳有明勁、暗勁、化勁三層功夫的說法。

一般都是先練明勁，後練暗勁；明、暗勁都成就了，就進到更高層次的化勁功夫，而謂之功夫之大成，這個大成的時間不會少於十年。

形意初學是練明勁沒錯，但這個初練階段的明勁，事實上還不能稱之為明勁，因為內勁的功體尚未成就的緣故，根本是無勁可說的，所以這個初練階段的形意，依我個人的認知，是不能定名為明勁的。只能說它是一種明勁的一個初胚而已。

為何如是說呢？

因為在初練時段，內勁是一片空白的，什麼功體都沒有的，沒有樁功的基礎，沒有蹬步的基礎，也沒有掤勁的基礎，這種練習，純是一般的力量與速度的練習，而且，不論你怎麼用力，總覺得是一種頑拙的力量，速度也是離離落落的，不會很集結、貫串與緊湊的。

常聽人說：「形意半年打死人。」這不是真話，沒有練入的話，你練三年也打不死人的，因為內勁還沒有練入的關係。這話只有我敢這樣說，不會鄉愿，不會自誇這個系統過度之言詞。

形意拳易學難精，母形五拳，如果你記憶好，不需一

個小時就能學會，十二形子拳，兩個小時可以學畢。五種套路，半天可以學會。但這樣的學習，並不代表你已經畢業了，學拳的路程還遠得很呢。

我教母拳五形，起碼要花半年的時間，不耐煩的學生，就讓他走人，因為基礎沒打好，揠苗助長的話，實際上是在戕害他。

在學五形母拳當中，每天要練站樁，以及內勁單練法十形，還要練蹬步打樁，與手的掤勁。這些基礎慢慢成就後，打起明勁，才稍稍有一些模樣，這一階段的功體起碼要花三年的時間始能有成。

我所說的有成，是指你有老實練拳，每天都會自己安排兩小時的時間去操練；若是一天打漁三天曬網，有一搭沒一搭的，練練停停，到了驢年，還是一個泛泛之輩，沒有出息的，這樣的學生就不要怪老師沒有教你功夫了。

當丹田氣已充實圓滿、當樁功已深植地底、當蹬步、打樁已然嫻熟、當手的掤勁已經有成、當腰胯的擰裹彈抖皆有所成就，這些基本功體慢慢的就位了，這時候打起明勁，才是真正的明勁，打起拳來，才能意氣風發，才能雄壯豪邁，才能追風趕月，才能硬打硬進，才能閃電疾快，才能真正的「打死人」。

我看很多人練形意明勁，都是使力的蠻幹，兩手臂硬綁綁的，腳蹬步雖然震地有聲，但多屬蠻力範圍，不是真正的打樁，這是蠻拳，是硬拳系統的打法，無法成就形意的明勁。

而且，多數人練暗勁，都落入了太極式的頑鬆，也是無法成就形意的暗勁。

明、暗之中，考驗著練拳者的悟力；鬆、懈之間，試煉著武者的智慧。

有悟性、有智慧才能知道明、暗與鬆、懈之分際。

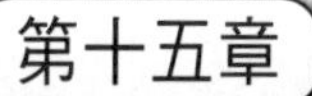

第十五章 丹田是一個鼓風機

古時的鼓風機，是手動式的，利用空氣真空及對流原理，在管中來回抽動，壓縮管內空氣，令氣密集而送出。

在鳳山古街的「打鐵街」看過用鼓風機來煽火，使燃煤的火力加大、加速，而利於鐵的燒鍛。

現代的鼓風機，原理是在一個機體氣室內裝置兩組葉輪，以相反方向迴轉時，吸入而產生低壓，再吐出送出空氣，由吐出口之阻力而產生高壓。

丹田就像一個鼓風機，透過壓縮、鼓盪、轉折，可以把真氣輸送到身體各部位，而氣遍周身。

我們的血管，筋骨脈膜等，都餘留有空間讓氣注入。筋骨脈膜等注入了充實的氣，生命的趣機就更充實。

練拳，透過了「鬆」，而成就了「沉」，沉而後有「重」的感覺，這個「重」，當手捧提起來，重量會把手臂拖沉墜落下去，把筋骨脈膜等伸展拉拔開來，筋骨脈膜等被拉拔開來，就能注入更多的氣，令氣愈充實，這就是內勁的能源、能量。

所以，練拳是需要運氣的，更要把筋骨脈膜等伸展拉拔開來，要善用這個鼓風機，去運送內勁的能源、能量，而成就內家的甚深功夫。

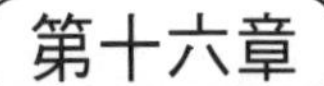

第十六章 先求開展與練時開展

行功心解云：「先求開展，後求緊湊。」

什麼是開展？開闊展放，就是開展。包括身形的開展，筋骨的開展，以及氣的開展。

開展大部份是指拳架而言，練架子，要先求開展，全身放鬆，各部的筋都要伸展拔放，曲中求直，筋在微曲當中，要有拉開、撐開、擰開的狀態，以筋來提吊著周圍的骨肉肌膚，使被牽動、拉扯的筋有痠的感覺，讓氣注入。

開展，不只是手臂、身形的伸展拔放而已，不僅是筋的拉長而已，在往復來回當中，還有爭、擰、轉、撐、裹、鑽、擠、壓等等錯綜複雜的內涵機制，使得體內的氣，貫穿斂入筋脈之中，而聚積內勁能量。

為什麼要先求開展？

因為練拳的目的，不只在求得健康，更在求取功夫，而功夫的求取，最初目標就是功體的取得與成就。

功體方面，最重要的就是內勁的養成，而內勁的養成，就是先讓筋骨拔放伸展，使丹田氣透過鼓盪、擠壓、輸送等機制，從而斂入聚集於筋骨之內，終而匯積內勁能量，成就功夫。

所以練拳須先練體，先求大的開合、擴展、伸張、拔放。功體成就爾後，身隨意動，勁隨氣發，到了這個時

節，緊湊的功夫自然而成，水到渠自成。

當內勁成就、功體成就，接下來就進入到精煉的階段。

精煉的階段，要不要再求開展？

要的，因為我們的筋脈就像橡皮筋一般，一條橡皮筋如果長期不去拉拔它，它就會變成一條死筋，很容易失去彈性而呆結斷裂。我們的筋脈也是一樣，不去運動它，伸展拉拔它，這個筋也是會衰頽而失去彈力，造成身體的加速老化以及病變。

而且，功夫是無止境的，功體是無限量的，好還可以再好，精深還可以再精深，所以，在精煉階段，還是要開展的，每一個時節的練拳，都是要「求開展」的，不只是先前的練，要開展，之後的煉，也都要開展的，都要伸筋拔骨的。

在精煉階段，不只讓筋開展，還要加上全身的二爭力，去營造筋被催動、拉扯時的阻力，應用太極的真慢，去扯動筋，應用二爭力及阻力與慢行的機制，去牽動筋骨，讓筋脈有奮張的感覺，有脹滿的感覺，有痲的感覺，有痠的感覺，有了這些種種的感覺，表示練拳有練「入」，練拳有練「入」，才能得到功體，才能得到功夫，沒有這些感覺，只是練柔軟體操而已，得不到功體與功夫的。這是值得去思維與體悟的。

前面所說的太極的「真慢」，意思是說，這個慢，不是故意把動作放慢，也不是故意去拖延時間，而是當功體深入時，當拳有練「入」時，因為種種的機制，使得拳架的進行不由得的自然緩慢下來。

譬如，你應用了其根在腳的二爭力，去拖曳身手，連帶的，腿、腰、胯、脊、胛、肩、肘、腕等等，都互相貫串的也引動了二爭力，在二爭力的運使之下，阻力也產生了，當阻力產生時，全身上下、左右、前後等等相連貫串的一條筋，就會被強力的伸拔、拉扯、擰轉等等，在這種情形之下，所有的動作，在二爭力、阻力的暗勁纏運中，自然的被拖曳，被拖延，要快也快不起來。

這樣的慢，才是太極的真慢；若是沒有這些內涵的慢，都是虛假的慢，都只是故意的把動作放慢，把時間做了一個拖延而已，這個慢是呆滯的，內裡是空幻的，是虛有其表的慢，是故弄玄虛、故作姿態的慢。

假慢與真慢之中，只有懂得門道的識者可以窺知，外行只是看看熱鬧罷了！

「先求開展」一詞，有時候會被誤導，以為練拳，只要在起步，在起先之時，才要求開展，以後就不必再開展了，而事實上，這個開展，並無先後之分，當你功體有了初步的成果，在練拳架時，還要再更開展的，也就是說，打拳時還要更伸筋拔骨的，筋要放得更長的，要拉得更重的，這樣你的掤勁才能更深沉，彈性、彈抖勁才能更成就，發勁的速度才能真正的快而靈活不亂，功夫也才能更進一層。

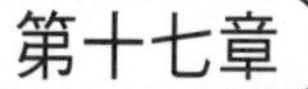

第十七章

拳也要分宗教嗎？

偶遇一位女士，她對我說：「我以前練過太極拳一年半，後來就不練了。」

我好奇的問：「為什麼不練了呢？」

她說：「因為我是基督徒。」

我有些搞不明白，再問她：「為什麼入了基督教，就不能打太極拳？」

她說：「因為太極拳的祖師爺張三丰是道教。」

我一時傻眼。

我想一想，就呼籠了她一下，我說：「妳們基督徒禱告後，為什麼最後都要喊一句阿門？」她一時也回答不出來，我說：「阿門，就是阿彌陀佛的簡稱，阿彌陀梵音為Amita或Amida，再簡唸的話就成為Ami或Amen，也就是稱讚阿彌陀佛的意思。」她進入了沉思。

我曾聽一為法師講一個典故：

阿彌陀佛成佛後，到各界、各處去講經說法，諸佛也都是這樣的。上帝生於天國，阿彌陀佛到天界講經，上帝生為天人，尚未成佛，也要來聽阿彌陀佛說法，也要稱讚、頌念阿彌陀佛的，阿彌陀佛，阿彌陀佛……最後就簡化唸成阿彌（Ami），就是如今的「阿門」。

梵音Amita或Amida，古時譯師鳩摩羅什，依古中原音譯為「阿彌陀」，阿彌陀佛名號，具足無量無邊不可思議甚深秘密，殊勝微妙無上功德。阿彌陀三字中，阿(a)字代表十方三世諸佛，彌(mi)字代表一切諸菩薩，陀(da或ta)表示八萬諸聖教，念誦阿彌陀佛，具有總持顯密一切法門的修行功效。

Amen為希伯來語，意思是但願如此，實實在在的意思。Amen天主教昔譯為亞孟，今譯為阿門，東正教譯為阿民，是猶太教、基督宗教的宗教用語，在禮拜和禱告時表示同意或肯定的意思。

阿門一詞，不論是譯為Amen或Ami，都有它的正面意義，所以你唸阿彌也好，唸阿門或阿民也罷，就是千萬不要有分別心、有區隔意。道教講中道，基督講博愛，佛教講慈悲，都是好的。只怕你起了分別，就有你、我，就有派別，就有教分，就有爭勝，最後就會發生異見、異議、磨擦、衝突，甚至引起鬥爭、廝殺。

耶穌、上帝如果會拳術，而且有留下好拳來，我肯定會去學，不會因為教別而排斥。

第十八章 真慢與假慢

慢，是太極拳的特色，快了就不是太極拳了。

有人主張，太極可以快打，於是創造了「快太極」，以為是他的創見，事實上，這只是他個人的胡思發想，違悖了太極的本意。

慢，是形意拳暗勁階段的造就，形意暗勁的練習，要比太極的慢，還要更慢，快了則成就不了形意的暗勁功夫。

然而，不管是太極的慢，或形意的慢，這個慢，絕對不是動作的故意放緩，也絕對不是時間的故意拖延。

動作的故意放緩及時間的故意拖延，是一種虛幻、虛無、虛假的「假慢」，不是太極運勁與形意暗勁修煉的「真慢」。

真正的慢，有前提要件的。

第一、由「其根在腳」的二爭力之「運樁」，所引生連帶牽動腰胯及脊背、胛肩等之互動二爭力所產生的阻力，是第一前提要件。

若沒有這二爭力所營造出來的阻力，那麼，所盤的架子，將是虛空無物的，所操的架子，將淪為體操運動形式，無法成就掤勁與內勁。而二爭力的營造，要靠「運樁」來造就，也就是說，你不會「運樁」，就不能有真實的二爭力可以被營造出來。

再爾，「運樁」的前提，是你得先成就「樁功」，你的「樁功」成就了，根盤能深入地底，在「運樁」時，才能有所本，也就是說，你在「運樁」時，有了「樁基」做為依靠，這個樁，運出來，才有一個實質的能量被呈現，這個能量，可以驅動體內的氣血，運行周身。

若是沒有「樁功」為基礎，沒有「樁基」為「基座」來做為槓桿的「軸」，那麼你所行使的二爭力只是肌力的蠻使而已，只是運動到外皮的肌肉而已，無法成就內勁功夫。

第二、利用「摺疊」原理，使體內的氣，產生加壓作用。

行功心解云：「往復須有摺疊」，什麼是摺疊？學太極拳的幾乎九成的人不明白，練形意的更是少提到這個摺疊的。有些名師釋義太極的摺疊，更是錯得離譜，誤導了許多學拳的人。

打拳架，都是往復來回的，不斷的流轉變化，在舊式未斷，新式將承接時，練家子會嵌入一個摺疊，以資連接貫串，讓式與式之間，沒有隙縫斷層，而綿綿不絕，成為一系長拳。也可以說，這個摺疊，就是式與式之間，招與招之中，要嵌入一個互為銜接的機制，使得因為有了這個銜接的機制之嵌入，而加強內氣的輸運，與發勁威力的強度。

我用海浪來譬喻這個摺疊，前浪去了，後浪追趕而來，當前浪的餘波折回時，與後浪產生一個對撞，並且被後浪的強勢壓擠向前，而激出強烈的浪花，這就是摺疊。

還有，後浪行進時受到前浪或前面海水阻壓的阻力之阻礙，而捲起千丈浪，形成一個圓弧的迴旋渦狀，在太極拳裡有人稱之為翻浪勁，有人則稱之為摺疊勁，這個浪捲千丈的翻捲浪，就是摺疊所產生的作用與現象，也就是浪與浪在前進與後退之間所引生的迴旋折衝力道。

在拳架之中，關節與關節之間，就像前浪與後浪的關聯關係，在盤架子當中，各個關節之間的骨架，是節節貫串相連的，往復之中，是有先後的，所以也會如海浪一樣有所折衝的。

我們的筋，是整條的，是有伸縮的，在盤架的往復之中也是有先後的，也會有折衝的折回現象與作用。會打拳的人、會運勁的人，就會善加利用這個折衝的摺疊所產生的加壓作用，以增進內氣的輸運、鼓動，而聚斂內勁能量，使得功體更紮實渾厚；會發勁的練家子，也會善用這個摺疊所產生的折衝迴旋加壓力道，跌人於丈外之地。

摺疊，因為有了前浪的折回，而使得後浪的前進，產生壓力與阻力，所以在盤架子當中，必須加壓的去催動，而使得所有的動作自然的慢下來，這樣的慢，才是太極的「真慢」，才是形意暗勁階段修煉的「真慢」。餘者皆是虛構的、虛偽的、虛幻的、虛無的、虛假的、虛浮的、虛空的、虛有其表、裝模作樣的「假慢」。

另有一類的摺疊，譬如彩帶或軟鞭的S形的行進，或如蛇類、蚯蚓等爬蟲類的蠕行或魚類脊背的擺盪，亦是一種摺疊。

你抓到一條魚，如果沒有技巧，魚兒運用甩脊背的彈抖、摺疊力，就能爭脫，甚至會打傷你，這是動物自然的摺疊、彈抖勁，人類要透過學習才有這個能耐，魚兒不用學習就有這個本能，所以人不如魚。

人體中的腰，可以有這種摺疊的效用；在腰的快速摺疊中，形成一種彈抖勁。然而，這個腰的彈抖，需要有下盤腳的樁基為所本，以樁基為桿軸，腰才能有彈抖的效果。

還有，這個摺疊，不只是肢體各關節與筋脈的摺疊，還涵蓋了更深層而不為人知的「丹田氣的摺疊」，這是較少人論述到的。

丹田氣也有摺疊，因為丹田氣的運行，也有往復來回，也會有折衝、折回現象，因此，也會有摺疊的作用產生。

我曾說過，丹田就像一個鼓風機，可以吸納氣與吐放氣，把氣壓縮運行到全身各處。透過丹田的鼓盪、壓縮、轉折等機制，使得氣在體內來去、迂迴、旋繞，而產生摺疊加壓作用，在這種作用下，阻力就生出來了。阻力即出，所有的動作自然會緩和下來。這樣的行拳運功，才是真正的「真慢」。

打拳架要像打針，手用暗勁推動針筒，因為針筒內的真空有阻壓的關係，只能慢而勻的推。打拳之催氣，就像推著針筒一般，這是一種物理思維。

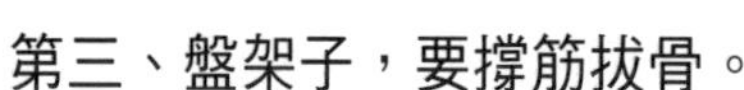

第三、盤架子，要撐筋拔骨。

筋，撐展了，骨，拔長了，無形中自然的就增加了行進間的阻力，動作也就會自然的慢下來。當筋骨都伸展而鬆透時，氣也就更沉了，氣更沉了，自然的，手盤起來就會感覺越重了，氣越沉、越重，被牽動拖曳之時，阻力更增，動作自然更慢。

撐筋拔骨，就好像吹氣球，要先把橡皮筋先拉一拉，把它的彈性拉扯開來，拉的長長的，氣一吹，就容易跑進去。

我們的筋附於骨上，筋一拉長，骨關節也跟著伸長了；筋撐拔放長了，丹田這個鼓風機，一鼓盪、一壓縮，氣就鑽到筋及骨節裡面去，讓氣充斥填滿，增加了氣機，內勁能量由此而積蓄累集，成為一種無形的爆破元素。

氣充滿於筋骨，增加了筋骨的質量，使得筋骨更沉、更重，內勁成就的練家子，手臂提起來，總比一般人沉重的多，就是這個緣故。

當筋骨的質量變的沉重時，盤起拳架，阻力就更大了，所以在行拳走架之時，由於阻力的加重，無形中，動作自然的就緩慢下來，這樣的盤架子，所使出來的慢，才是「真慢」。

上舉三個前提要件，是互相關聯的，是互相牽動的，你上盤的手臂撐筋拔骨的盤著架子，如若要營造出阻力與真慢，必須依靠下盤的腳樁所引生的二爭力，才能達成中盤的腰與上盤的手的阻力，才能達到真慢的效果。

下盤的腳樁之二爭力的行使，要靠中盤的腰與丹田氣的加壓鼓盪與牽動，以及上盤的肩、胛、手的一條筋的撐持，才有阻力被引動出來，才能達到真慢的效果。

中盤的腰，是貫穿上、下盤的樞紐，也是一個中間軸，沒有這個中間軸的互相支配，則上下不能貫連，無法連成一氣。

上、下盤的驅動，在在皆須中軸丹田氣的貫連，內外相合，上下相連，才能完成一個整勁。

「真慢」是在內勁及所涵蓋的掤勁、沉勁等都有著一定程度的成就之後，才有「真慢」的呈現與行動，也就是已然進入到「精煉」的初階，才能展現出真正的「真慢」，餘者，都還或在「假慢」的框架之中。

但這個「假慢」是練習的必走程序，必定是要先度過這個初階，才能步入另一層次的「真慢」初階，去體驗「真慢」的所有內涵。

以前的名人曾說：「慢，要比別人更慢；快，要比別人更快。」這是說，你這個「真慢」，一定要比別人更慢一些，也就是說，你的功體比別人深厚時，還要更精進的去深耕，去精煉，慢了還要更慢，因為這個慢，是表示功夫的深度，功夫越深，行起功，運起氣，就更慢了，所以，慢了還要更慢；功夫深了還要更深，更精進，而百尺竿頭。

快為什麼要比別人更快呢？因為天下武功「唯快不破」，唯有快，是沒有破著的。然而，這個快，是由慢而來的，是由慢而獲致的。因為只有「真慢」的行功運氣，才能增進功體的養成，只有「真慢」的行功運氣，才能使筋骨真正的鬆開而令真氣注入於筋骨之內，聚集成內勁能量，使筋充滿彈性與韌性，而在發勁時有彈抖的爆破能量被崩放開來，達到「真快」的境地。

我曾論述說：「慢，是為了快」，原因在此。也唯有「真慢」的修煉，才能達到「真快」的目標，唯有「真慢」的精煉，才有內家功體的真正成就。

回過頭來說，主張「快太極」，創造「快太極」的阿師，如今恐怕要露餡、露底了，如果缺乏了「真慢」的修煉過程，你去練那個「假快」的「快太極」，事實上，在實戰時，是派不上用場的，是快不起來的。

第十九章

內勁是啥？

網路流傳一篇文章，謂「內勁等於人體工學，只有符合人體自然狀態下的運動規律及呼吸法則，才是真內勁，也就是說，不管一拳一腳或呼吸，與肢體動作的相互配合，都需要在自然順暢的狀態下運行，才是真內勁。」

什麼是人體工學，簡單的說，就是應用最輕鬆舒適的方式，去運作身體，讓壓力平均分布，而達到減少肌肉、關節、神經等等結構體的負荷與傷害。

但是，雖然符合了人體工學，符合人體自然狀態下的運動規律及呼吸法則，這並不是內家拳所謂的「內勁」，因為內勁是一種實體，是一個物件元素，內勁不是一種行為、行動，或是一種運作形式。

該篇文章又謂：「內勁著重力量之體內傳導路徑，及來至體內各關節之筋力總合。」

勁來至於筋，是不錯。但體內各關節之筋力總合，並不等於「內勁」。若言「體內各關節之筋力總合」而謂之內勁，那麼內勁這個功夫就被貶低了，就沒有被修煉的價值了，因為這等於說，只要善於將體內各關節之筋力總合起來之人，即可被稱之為內勁有成就之人，那麼內勁的成就者，將成為過江之鯽，多如牛毛了。

然而事實並非如此，內勁的成就，是需要靠時間去修

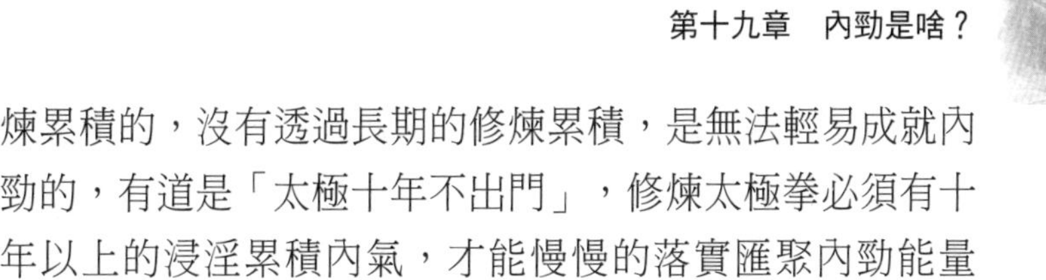

煉累積的，沒有透過長期的修煉累積，是無法輕易成就內勁的，有道是「太極十年不出門」，修煉太極拳必須有十年以上的浸淫累積內氣，才能慢慢的落實匯聚內勁能量的。

內勁是氣的瞬間爆發，並無傳導路徑可言。就如炸彈的爆破，是四出散發，沒有固定不變的傳導路徑可言。若須經過路徑的傳遞、傳導，在時間的流程傳送中就會慢了許多，不能達到瞬間爆發打擊的效果。

該篇文章又謂：「李小龍遺卷明言：『內勁起於後腿之前腳掌，由前腳掌蹬地而生之反作用力。』詠春拳經也言『力從地起』。白鶴拳經也言『吸地之力』。」……

李小龍所言「起於後腿」、詠春所言「力從地起」、白鶴所言「吸地之力」等等，都是指「發勁」時的配合要件而言的，在發勁時，它必須配合肢體其他的動作，才能發揮發勁的極致效果，但這些都不是「內勁」的實體。

在這邊要特別說明，「內勁起於後腿之前腳掌，由前腳掌蹬地而生之反作用力。」這句話似乎是不正確的，後腳的前腳掌之蹬地，只是前腳掌的局部之力，它無法全然的使出整勁。

只有正確的完整一氣的整勁之「打樁」，才能產生反作的摺疊勁道。不會「打樁」，沒有樁功為基礎的蹬地，不管它是前腳掌蹬地，後腳跟蹬地或全部的腳掌蹬地，都是屬於拙力的範疇，這種蹬地效果不會很大，因為它是蠻拙的，又笨又拖泥帶水的；只有樁功成就又會打樁的人，才能產生快速、集結而磅礴的摺疊反作用力。

該篇文章又謂：「李小龍也曾說：『力量（此指內勁）來自正確的動作』，動作正確，自有內勁產生，以此就能自我感知手腳動作姿勢正確否？學習任何一門武術，過程中須一再嚴格要求動作精準的原因。符合攻防原理，動作正確才能形成『整勁或內勁』（完整結構力）。」

我不知這篇文章的作者是誰，是哪個門派系統，他說，「李小龍也曾說：『力量（此指內勁）來自正確的動作』」。李小龍所說的「力量來自正確的動作」是沒錯的，但是那句（此指內勁）恐是該文章作者自己的意思揣測。動作正確才有力量產生，這是普通常識，盡人皆知。但是正確的招式動作，並不一定能產生內勁，除非透過內勁修煉的管道及訣要，才能成就內勁。

所以，該作者所說的「動作正確自有內勁產生」，不是全對的。動作正確，是修煉內勁所必備的條件，但不一定能生出內勁，譬如你練硬拳，全身蠻力，雖然動作正確，但是只能造就蠻拙之力，離內勁之路，將是愈行愈遠了。作者一再把正確的動作及完整結構力，當作是內勁，似乎對內家的內勁並無全然的瞭解吧?!

那麼，內勁到底是啥？

太極拳行功心解開宗明義的說：「以心行氣，務令沉著，乃能收斂入骨。」這個被「收斂入骨」的氣，透過「心行」，以及「沉著」的運氣訣要，將「氣」提煉，而收藏、斂入骨膜筋脈之內，一點一滴，日積月累，長久的積蓄，而匯聚成一股無形的、肉眼看不見的能量，這個能量，就是氣的化身，也就是一種電能，在內家拳武術就稱

之為「內勁」，它是一種內在潛藏的「力的量源」，簡稱為「內勁」。

內勁的產生，必須經由「以心行氣」的修煉，也就是用我們具有的意識、心思、念頭去行功運氣。

在運氣的過程中，由於丹田這個氣囊的鼓盪、壓縮、驅策、轉折等等練功的法訣之提煉，使得丹田之氣，起到騰然的效果。氣騰然之後，散發出蒸氣，這個蒸氣會滲筋透骨，斂入收藏匯聚於骨膜筋脈之內，這個元素能量，是一種電能，內家拳系統就就簡稱它為「內勁」。

做論述需要引經據典，這個「氣騰然」或許很多人不信，我就引用太極拳十三勢歌為證。十三勢歌云：「刻刻留心在腰間，腹內鬆淨氣騰然。」十三勢歌說，時時刻刻，分分秒秒，剎那剎那，都要用心留意腰間的丹田氣，要令氣，沉於丹田，並透過丹田這個氣囊的鼓盪、壓縮、驅策、轉折等等的運作，當你的心境鬆透時，當你的腹內的丹田氣及所分布於體內周身的氣都鬆淨了，體內的氣就會啟發而騰然起來。是為引證。

還有，氣可以收斂入骨嗎？

行功心解說：「腹鬆，氣斂入骨。」又說：「牽動往來氣貼背，斂入脊骨。」

所以，「收斂入骨」、「氣斂入骨」、「斂入脊骨」之說，都有經典可引、可據的。若是不信經典之語，則練拳無益，終究不能成就「內勁」功夫。

所以說，「內勁」是一種元素，是一種能量，是一種肉眼看不見的有實氣體，它不是一種行動、行為，以及工學。

人體工學、路徑傳導、力起於腳、起於後腿、力從地起、吸地之力、體內各關節筋力總合等等之說，皆非「內勁」。

「內勁」培養訓練的目的，在於「發勁」。發勁的配合要件，才有所謂的符合「人體工學、路徑傳導、力起於腳、起於後腿、力從地起、吸地之力、體內各關節筋力總合」等等的搭配。

所以，不宜將「內勁」與「發勁」的配合要件混為一譚，如是不明的混談，容易誤導學人走入歧路，不知「內勁」為何物，而誤以為只要符合了人體工學、路徑傳導、力起於腳、起於後腿、力從地起、吸地之力、體內各關節筋力總合等等，就已經成就了內勁功夫，而自傲於人，而貽笑方家卻不自知，實乃為「誠可憐憫」之人也。

最後僅簡單的譬喻，內勁就好像火藥，它的成分有硝酸鉀、硫磺、碳等等混合而成，這個火藥有爆破爆炸的威力，但是，如果沒有點火點燃引信，或撞擊產生火花等等助合，它也不能產生爆炸的威力。所以，火藥是一個有質元素，但它不能自爆。反之，如果徒有引管、引信、火花及點燃的動作等等，則更是勿論它會有爆破的行為可滋發生了。

第二十章

走過留痕跡

俗話說：「凡走過必定會留下痕跡。」我今一轉語，「凡練過的必需要留下痕跡」，意謂練拳，凡老師教過的，自己要用心的記下來，不可遺忘，若是如此，則一點一滴，積少成多，功夫成片。如若輕忽，隨意而忘，或不予重視，不能成就功夫。

所以，凡是老師教過的，都要烙在腦海中，而且還要時時的複習，老師講授的每一句言教，都必須記在心裡面，這表示你重視及尊重老師的教學，也是自己學拳的一種敬業方式。

最好是能作成筆記，並且將自己練拳的心得記錄下來，在將來的回顧中，會有更多的獲益。

老師教過的拳招，每一招、每一式，都必須記起來，老師口授的每一句話都是很重要的，要聽而入耳，並且加以記憶，最好是作成筆記，把摘要記錄於筆記本，並且要時常去翻閱，加強印象。老師的言教、身教，要牢牢的記著，不要以為學過了、學會了，就把它放在一旁或束之高閣，不再重視。

如此，則日積月累，堆積成山，那麼在將來成為人師時，就會有很多東西，很多寶貝可以教給下一代，成為一個永續的傳承。

我的著作《內家拳武術探微》裡面許多文章都是由此而彙編成書的。

第二十一章

出手不見手

內家拳中的八卦掌口訣有道是：「出手不見手，踢腿不見腿；出手如鋼銼，回手如鉤桿。」這意思是形容拳術在技擊時出手及踢腳的快速，以及出拳攻擊的力道。出拳時，手臂厲如鋼銼，又快又剛猛；回手收拳時，可將敵人格擋的手臂或碰觸的肢體一併鉤回，也就是借勢借力將對手的力量引進，破壞他的重心、根盤，好讓我來打。

這一句「出手不見手，踢腿不見腿；出手如鋼銼，回手如鉤桿」，也常被形意拳的練家子所套用，因為古來，練形意者必兼練八卦，練八卦者必兼練形意，八卦形意是一家。

「出手不見手，見手不為精」是電影新少林寺的經典台詞。在拳術的搏擊格鬥當中，出手的快，是被崇尚與追求的。所以就有「天下武功，唯快不破」的說法，認為快是唯一沒有破著的，認為快才是唯一取勝的藥方。

如果出手不快，被見到了出手的契動，這樣就不堪稱為精妙玄奧的拳法了。

拳諺說：「出手不見手，見手不能走。」意思是說，出手攻擊的速度之快，快到你看不見他的出手影子，等到眼睛看到他的出手影子時，你已經無法走避逃逸了，已經被打趴了。

這也就是形意拳常說的「出拳如射箭，打倒還嫌慢」、「起如風，落如箭，打倒敵手還嫌慢」的意思。

據說拳王泰森及李小龍出拳的速度，一秒鐘大概可打到八、九拳上下，不知是真是假？

依目前金氏世界紀錄，最快的拳，保持者是羅伯特・阿爾迪托（Robert Ardito），每秒約打7.1拳，這是有紀錄而且可被採信的。

物理學家把速度的定義設為「距離＋時間」，也就是空間加上時間，這也成為攸關速度快慢的因素，所以如何縮短攻擊時的距離與時間，將成為勝負的重要關鍵。

話說回來，泰森及李小龍出拳的速度，以及羅伯特・阿爾迪托等，他們出拳的速度，不管是金氏紀錄或傳說的七、八、九拳，其中就牽涉到出拳距離的問題，因為出拳距離與時間速度是互為影響的，在他們測試出拳的速度時，有無規定出拳與回拳的距離，若無這個規則的訂定，即成為一項可被質疑的大問題，因為這出拳與回拳的距離，實為干涉到測量速度的重要因素。

內家拳的出拳發勁，沒有時間與距離的問題，也就是說，它的發勁，不需要靠距離去加速度，它可以貼身發勁打人。

寸勁打人，還得有一寸的距離讓他去加速度。

內家拳內勁成就者，只須透過意念的傳導，引動丹田氣的瞬間爆破，加上打樁的摺疊反作力，可以疾速的貼身將勁道滲透到敵人的內臟，威力驚人，速度令人寒慄悚懼。

內家拳的出手發勁，除了丹田氣的引爆之外，靠的是

鬆柔的彈抖之勁，是種一氣貫通的震身法，在王樹金宗師的八卦掌系統裡稱之為「蒼龍抖甲」，是一種比較高層次的功夫。

這個「蒼龍抖甲」的練法，首要建立在樁法，要練到樁功成就，能深植地底，而且還要會打「暗樁」。

何謂「暗樁」？就是你那個樁打下去，是無形無相的，從外部的肢體形影上，你看不到有打樁的動作、態勢與跡象，只是一個作意，意念一閃，那個樁已經打下。說起來好像很神奇，可是有練到那個境界的人，卻認為那是很稀鬆平常的事兒。

樁打下去，會產生反彈，也就是反作力，在太極拳裡常說的「摺疊」，就是指這箇。

當那個樁打下去，還得有二爭力的配合，及二爭力所引生的腰胯之彈抖，而自然順勢的去牽動手的出拳，這樣的出拳，才能「出手不見手」，才能「出手如鋼銼」，才能「回手如鉤桿」，才能「打倒還嫌慢」。

二爭力，有左右二爭力、前後右二爭力、上下二爭力，及立體圓弧的二爭力。

有了二爭力的互爭牽引，以及樁功的槓桿軸心的穩固，才有腰胯的彈抖可滋產生。

有了腰胯的「蒼龍抖甲」的彈抖，才能展現「出手不見手」殊勝功夫。

註：（有關二爭力、蒼龍抖甲、摺疊、與打樁等論述，請參閱拙作《內家拳武術探微》第81章102章112章137章，《內家拳引玉》第24章等，有詳細的解說）

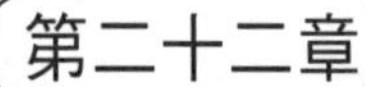

第二十二章

放風箏的聯想

孩提時，大部分的兒童都放過風箏，玩過風箏，但風箏是怎麼飛起來的？一般人似乎懶得去探討。

風箏的起飛，只是被風吹起來而已嗎？風箏的起飛，只有風是不夠的。

風箏牽線的拉力，必須與風向有一定的角度才能飛起來。如果風箏和風向成為直角，風箏是飛不起來的，因為它受力的方向是平行向後的，沒有向上升的力量。所以，只有風箏與風向形成一個夾角或稱為迎角，成為一個向後與向上的風力，風箏才能飛上天空。

風在風箏上產生的向後力，稱之為阻力；向上的力，稱為升力；合起來就是空氣動力。

迎角成為平面垂直的90度時，只產生阻力，不能讓風箏飛升起來；迎角成為0度，風箏不受風力的緣故，風箏就會墜落下來；所以只有風箏的迎角，處於一定的銳角時，風箏才能升空飛起，這個角度，依我放風箏的經驗，約為15至30度的銳角，風箏的上半部向前，下半部向後。

風箏在空中飛揚中，受到風力的大小及流向影響，不會是一直都保持穩定的平衡狀態，有時會左右劇動搖晃，在沒有阻力的情況下，有時會突然墜落下來，所以操線者如何在風向中、阻力中，在風力的亂流中去操控風箏，成

為玩風箏的技巧。

這也牽涉到太極推手中聽勁的運用，線是操控風箏的唯一途徑，風箏的線，受到地心引力的影響，呈現一定的垂落圓弧，不是一條直線；風箏的浮力，會抵消風箏本身及線的重力，所以風的升力不足以將線拉直，這個線的圓弧自然垂落，好像太極的沉勁。手握著線，可感受到這股沉勁，手拉著線，也可感受的一股阻力。你能把握到、聽（觸）覺到、感受到這個阻力、沉勁，就可以把玩風箏，操空風箏，玩控風箏於空中，自由飛翔。

聽勁不好，操控不佳，風的亂流一閃，風箏就會亂成一團，左右上下亂闖。

當風沒有升力時，或沒有構成阻力時，你如果不會及時去拉線，去讓它營造出阻力，風箏的體，因不受力的關係，就會落空而墜落。

要使風箏升上，要拉緊線，不停的抽拉，使阻力加大，帶動升力加強，風箏就會越升越高。

想要風箏放得遠，就是要把線放長，但是不可一下子放線太急，放線太急的話，風箏體將失去風的阻力，而呈飄落狀態，這時要適時的拉住線，不要再放線，使風箏體再度迎風產生阻力，而穩定下來。

手握操線的這頭與風箏的體那端頭，不管這上下兩頭的距離有多遠，手握操線的這頭只要輕輕一動，就會感應到風箏體的那一端，兩頭是互相連接貫串的。這就好像玩太極推手，腳根入地打樁，它就會即刻反應到對手的身上去，腳根這頭所引發的摺疊勁，馬上會貫穿到對手的身上那端，成為一種沒有時間加距離的急速打擊，成為一種真正「唯快不破」的玄妙打法。

這種快，純是一個意念的傳遞而已，也就是說，只要一個「作意」，念頭一閃，這個勁，就能從自己的身上傳遞到對手的身上，成為拳術上獨特微妙的打法。

風箏的體積，放到天空去，看起來甚為渺小，可是它卻能影響千萬噸重的飛機，飛機碰上風箏，也是會發生倒楣的墜機事件。

台北國父紀念館是不能放風箏的，因為這裡屬於松山機場周邊飛安的管制區。

風箏的線，雖然微細柔軟，但卻會造成殺傷事兒。印度人喜歡在節慶日放風箏，就曾經發生風箏線割人喉的死亡慘劇。

柔軟的風箏線除了傷人外，鳥類也成為受害者，印度德里的慈善醫院在慶典的三天當中，共接收了因風箏線割喉死亡的鳥類約五百多隻，每年至少會有八千多隻同情況的鳥類被送來。

由這使我們聯想到，殺傷力在於牠的鋒銳，而不在於牠體積的大小。太極拳能以小搏大，以弱勝強，以柔克剛，是不無道理的。

現在的風箏，進步到機器搖控，超越了風向的升力、阻力等等物理原理，雖然可以藉著搖控器把玩，但已經失去了自然原則，也失去了我們練太極推手者，另類的聽勁操控遊戲。

（關聯文章：拙作《內家拳武術探微》第五章聽勁妙用多）

第二十三章 走了這廝練那廝，練了那廝走此廝

「走了這廝練那廝，練了那廝走此廝」，意思是說，譬如你練形意，母拳五形練完要再練十二形，後再練套路。

明勁初胚練完再練暗勁。當內勁生長後，再回歸來練明勁，這時候的明勁打起來才有些模樣，你才能體會什麼才是真正的明勁，所以初練明勁，只是初胚的練習，內勁還沒生長出來時，都還在模索階段，不是真正的明勁，因此，不要以為練過了初階的明勁，就表示你已學成了明勁，學過了以後，還要回過頭來反覆練習，這樣才能把明勁練成。

練形意，要從樁法入手，也是最基礎的功體。形意的三才樁，也就是所謂的三體式，它是一種技擊樁，它不只練步法的穩固，還兼練手的掤勁，以及丹田氣的培育養成。

樁功成就了，透過老師的指導及餵勁練習，慢慢就能體會打樁與發勁的要領。

此時的內勁也在慢慢的累積當中，這時，有很多異想不到的功夫，在不知不覺之中，就生出來了，這就是所謂的「水到渠自成」的道理，也是種自然的現象。你灑下多少汗水，就會有多少的收穫，是功不唐捐的，一分耕耘，自會有一分的收穫。

到了這個地步，千萬不可滿足於現狀，之前學練過的東西，不要以為學過了就會了，就輕易的把它丟棄了，那些最基礎的基本功，還有樁法，雖然已經練過千百回合，但是要繼續的練，因為裡面還有許多奧妙是掘之不盡的，裡頭的功體是無止盡的，深中還又更深處，值得繼續深耕挖掘，繼續探討，會有難以想像的新體現，這就是功夫層次的百尺竿頭之更上一層。

所以，走了這廝，練了這廝，不可滿足於現狀，要再去求更深的功夫，還要去練那廝。

所有的那廝，都走完了，都練過了，並不代表你都會了，代表可以出師了。還要回過頭來反顧，之前學過的，你都練入了嗎？

什麼是「練入」？功夫學上手了謂之「練入」，如果只是學過，而沒有學上手，不得謂之「練入」，練過並不表示「練入」，因為還沒有得到真功夫。

所以，「練過那廝走此廝」，當所有的風景都瀏覽過了，回到原點，重行回顧走過的那些路與景象，哪些是值得記憶與常駐留守，更要去深煉，煉之再煉，這功夫才能百煉成鋼，才能百尺竿頭。

形意明勁的初練，起碼得熬個半年至一年，當蹚步走得順當了，打樁也會了，架勢、氣勢也有些模樣了，這個時程，可以轉入練暗勁，但並不表示你的明勁已經成就了，這只是暫時的更換了個新的課程，就好像讀書一樣，第一課上完，就會進入第二課，依序教完、學完，但是教完、學完並不表示你已全會、全懂，所以還是要回頭來再反覆的總複習。

當暗勁練了幾年後，內勁逐漸渾厚、聚斂，樁功更臻成熟了，暗樁也會打了，回頭過來再練明勁，你會發現，原來當初練習的明勁，只能是一個初胚、雛形而已。

在暗勁稍有成就時，回頭來再練明勁，完全是一種不同的面貌、風味，是一種另一層次的雄壯豪邁、意氣風發的威武場景，到這個時節，才能真正體會形意的明勁為何物，在明勁當中，蘊藏也蘊育者暗勁，是明、暗相兼的，是剛柔並濟的。也唯有精煉形意的人，才能真正體會剛中有柔，柔中有剛的剛柔並濟之意涵，否則都只是人云亦云，拾人唾涎之輩，都只是一個沒有實證功夫的濫竽之流。

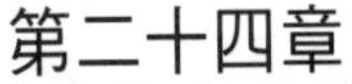

練拳需要模仿動物嗎？

中國拳術，在長期的實踐發展中，慢慢地形成了很多的流派與拳種，其中不乏模仿了各種動物的形態與特長，而創造出的各種象形拳法，如鶴拳、猴拳、虎拳、鷹爪拳、螳螂拳等等。

另外，還有以取意為導向的，如醉拳、意拳、太極等等。取意，通常是以動物的蟄伏、靜觀，或獵食、搏擊等特性，而融入人類特有的思維、意識、情緒而加以揣度、模擬。

各種拳法雖然招式不同，然而它的外形、勢法、用法概不外由手法、身法、步法，以及動態中的進退、挪移、跳躍、翻滾、跌撲與閃避、阻撓、格擋、沾黏、卸力等攻防技巧所共同組合而成。

不論取意或象形，都要求內意外形合一，神形兼備，動作、意趣相類似。

天生萬物，各有其長。虎豹有撲躍之力，老鷹有沖霄之翅，雞啼聲勢磅礴，牠的啄米、抖翎短脆有勁，馬的蹄踹之勇猛，白鶴的震翅抖水，螳螂捕蟬之勢，猴子攀騰之靈等等，都是人類所不能及的。

我們飛不能如鳥之輕靈，游不如魚類快速，奔跳不如虎豹之勇猛，攀登跳躍不能如猿猴機巧，單腳獨立沒能如

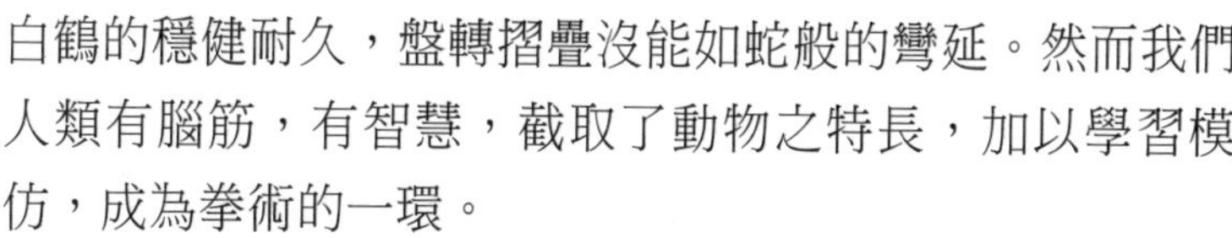

白鶴的穩健耐久，盤轉摺疊沒能如蛇般的彎延。然而我們人類有腦筋，有智慧，截取了動物之特長，加以學習模仿，成為拳術的一環。

拳術可以學習仿傚動物的意境與神韻，但無論你如何的聰明，都無法學得動物天生所各自賦有的特性。

所以，練拳不能一味的去模仿動物，而欠缺思維。

練拳不只是肢體的武動而已，對於拳理拳論若不予重視，不去思悟，那麼，不管你對動物的模仿，是多麼的唯妙唯肖，對於武功的追求與造就，獲益是乏少的。

網路上，有人教人學習猩猿後兩腳落胯的立姿模樣，以為這樣即符契了太極的落胯之說，殊不知他示範猩猿後兩腳落胯的彎陷模樣時，臀部卻是翹翹的，屁股翹起來，就是尾閭不中正，這樣，氣就不能落沉於丹田，也不能落沉於湧泉的腳根。你說這樣的落胯有助於拳術的練習嗎？這樣可以練出功夫嗎？

太極拳講求落胯的原意，在於使腰際腹部的丹田得到鬆緩，讓氣沉落於丹田時，能得到一個安駐與依怙。

還有，落胯可以強化腳根的穩固力，維持身體重心的平衡穩定。並且，在盤架子的運樁以及在發勁時，下盤後腳跟的入樁、打樁，能連結貫串到中盤的腰胯，循上而形於上盤的手，使得三盤的根都能根根相連，成為完整一氣的整勁效果。

胯若不落沉，腳根的入樁、運樁、打樁就擱不到這個胯，這中盤裡的胯若是不能與腳根相連、相梗（台語，互相撐持之意），那麼，腳根的打樁發力就得不到依靠，而形成斷勁現象，這個勁發出去，就不完整，就沒有威力可言了。

模仿動物，貴在牠的性，不是在於外形動作，若以為仿傚了動物的形，就能得著牠的特性，未之有也。

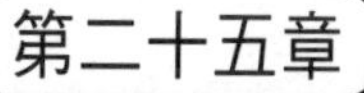

第二十五章 每一堂課都很重要

上課最好不要缺席，因為每一堂課都很重要。

老師教拳，每一節次都有它的主軸核心。

好的老師，會設計每一堂課的重點，循序漸進，依序施教。

所以，上課最好不要缺席。

雖然教過的課，也許下一次還會再複習，然而，老師的口述及身教示範，有時是臨時的偶發起意，是一閃即過的。

如果一次少聽一點，多次以後，就會少聽很多，也就是說，你少得到很多老師偶發的法訣，這是很可惜的一件事。

所以，上課日，最好把所有的雜事先安排妥當，安心上課。萬不得已，必須請假，在事後一定要請問同學師兄弟們，上課的情形，把缺課的學程補起來。

想起自己當初學拳的情況，從來沒有缺過一堂課，有時跟朋友泡茶閒聊到清晨三、四點，乾脆就不睡了，就去練拳上課。因為自己覺得，每一堂課都很重要，

少學了，少聽了，對自己來講，都是很可惜的一件事，我不想錯過每一節次的上課。

還有，一個道場，需要學生來莊嚴，若在上課的日

子，學生離離落落的，今天這個沒來，明天那個沒到，這樣，道場就莊嚴不起來。所以，學生的上課率是很重要的，你每課必到，就是莊嚴道場，也莊嚴了自己，也是對老師的一種尊敬，也是自己對自己的一種敬業精神。

如果常常缺課或遲到，恐怕也不容易到老師的真傳功夫。

以此，與大家一起共勉。

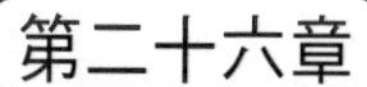

第二十六章 作　意

在我的文章中，常常談到「作意」兩個字。

什麼是「作意」？作，是一個動詞；意，是指意念、意識或一個念頭。

用白話講，作意就是去行使意念，讓意識去執行一個命令，也就是去實行意念，使意念產生作用。

作意，分為如理作意與不如理作意。

如理作意，「如」字，解為正確、善良、合法、合情、合理、合乎道德良心之意。如理作意就是起了一個正確、善良、合法、合情、合理的意念，也是一種好的念頭。好的、善的就是「如」。

不如理作意，就是與如理作意相反，也就是起了不善及違背情理法的惡念、歹念。

作意又分為臨時作意與醞釀作意。

臨時作意，是忽然之間，崩出一個念頭，也就是瞬間起意。

醞釀作意，是一個念頭在心中逐漸萌芽生長，已經有在未來之某時會去執行那個念頭，使得在心中醞釀已久的念頭實現而產生作用。

我們練太極拳或形意、八卦，都是要用意的，要用意而不用拙力。

太極的口頭禪就是「用意不用力」。

形意的意，就是外形內意，用意念去帶動氣。

八卦掌在走圈繞步當中，更是帶意而走的。

離了意，就離了氣，就不是內家拳了。

在打拳中，是不停的運氣，鼓盪內氣，以意導氣，所以成為一種沒有止息的作意，也就是說，這個意念是綿綿不斷的連續延伸的，如果這個意斷掉了，那麼氣也就消失了，沒有氣，內勁也就生長不出來，成為比手畫腳的行屍走肉；或者太用力的話，則成為硬拳系統的蠻拳，這樣，都不能稱之為內家拳。

內家拳的發勁，只是一個作意而已，念頭一閃，意念帶動了丹田氣打下暗樁，就同時把內勁爆破出去，所以，這個發勁，只是一個瞬間的作意，意動氣爆是同時的，是非常疾速的，是迅雷不及掩耳的，是真正的「唯快不破」的；這個快，是無法防範的，這個快，是肉眼看不明的，這個快，沒有時間加距離的需求，這個快，無須依靠外在的因素去配合。

練拳，要「如理作意」，心中常存善念，這樣，我們的正氣才能顯發出來。

如果，練拳只是為了想成為一個強者，想仗拳而欺人；或者想成為武林第一高手，想獲得一些虛名或利養，這些都是「不如理作意」，這樣的練拳，不會有高的成就，因為念邪了，氣就轉邪，正氣就不能顯發。邪氣是永遠不能勝過正氣的。

推手或散打練習，是種互相的切磋，要心存善意，不

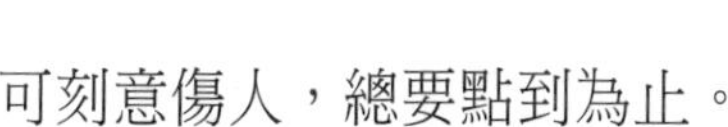

可刻意傷人，總要點到為止。

如果不小心被對手打了一拳，心中不能起瞋，起意想要回打一拳，這樣就是「不如理作意」。

做為一個教練或老師，在做示範或指導學生時，不可為了表現自己的功力，刻意的卯足全力，打向學生，致令學生撲跌或受傷，這種虛榮的意念作為，即是「不如理作意」。

高雄過去有一個王老師，指導一個初學推手的高齡老者，出手就把老者推倒在地，老者受了傷，從此不敢再練推手，他一提起推手，就不停的臭罵那個老師。這個王老師為了表現功力高強的虛榮心，起了一個「不如理作意」的念頭，永遠都要被咒罵的。

筆者與一個老師初學推手，那個老師用力採了我一下，左臂的韌帶被拉傷，至今還留下後遺症，有時還是會痠痛，但是我並不怪那個老師，總是認為他是無心的。但從這些例子而言，做為一個教練或老師，在指導學生練習推手或散打時，是得要非常小心的去防範這些沒有必要的意外，雖然沒有「不如理作意」的念頭，但發生意外時，總是會留下某些遺憾的。

在練拳架或基礎功或站樁，要如何去「作意」？首先，內心必需要安靜下來。

曾經有學生問我：「心要如何才能靜下來？練拳的時候總是會胡思亂想，雜念很多。」

靜的前提，先把心情放鬆，再來就是身體放鬆，身心都鬆了，就比較容易靜下來。但是很奇怪，心真的靜下來時，有時妄念反而會自己崩出來，這都是由於過去有一些妄想的作意，不斷的累積潛藏在心中，成為一種潛藏意識，這種過去式的作意所蘊積於內心深處的潛藏意念，在某些時候會被激發出來，或在夢中被呈顯出來。

想要把這些臨發的潛藏意念降伏，就須特別專心一意的利用我們在練習呼吸運氣吐吶時，去內觀氣的走向，也就是作意的去引導氣的流向，以意去導氣，讓氣去循環周身。在專心一意的引導當中，雜念就會暫時被拋開。但有時一不留意，雜念就會又闖進來，我們只有反覆的去作內觀，來降伏這些久遠以來被潛藏的意念。

如何作意去導氣？逆呼吸，吸一口氣，丹田內縮，把氣從尾閭導向背脊，循督脈而上百會。慢慢的吐氣，內氣沉入丹田，再深入腳底，如是循環不斷。

這樣的作意，經過一段時間的練習，體內得氣就會聽話，你意念到哪裡，氣就會跟隨哪裡，你以心作意，內氣就會乖乖的聽令。

透過站樁、作意，不斷的把氣導入腳底，成就樁功，為將來的發勁打下基底。

透過站樁，雙手捧提，作意將氣導向手臂，成就手的掤勁，是為**發勁的第二要件**。

透過站樁，將氣落沉於丹田，不斷的累積丹田氣。圓實飽滿的丹田氣，是為**發勁的首要條件**。有圓實飽滿的丹田氣，才有打樁的本錢，發勁是要打樁的。樁打不入地的話，發勁不會有效果。

發勁也要靠手的掤勁，沒有掤勁就沒有彈簧勁，變成死力、拙力、蠻力，不是真正的發勁。

發勁的三要件：圓實飽滿的丹田氣、樁功成就的打樁、手的掤彈之勁，這三個要件修煉，都必須以心導氣，令氣循環於周身而匯歸於這三處。

要讓氣匯歸於丹田、腳根、手臂這三處，必須和善的、如理的、正心誠敬的「作意」。

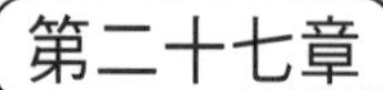

第二十七章

有根、無根、飄浮根

太極拳經云:「其根在腳,發於腿,主宰於腰,形於手指;由腳而腿而腰,總須完整一氣。」這意思是說練太極拳,不論是拳架或推手或散打,都是要有根的,都必須由腳根做為行功運氣或發勁時的主力,所以,這個根是非常的重要的。

打拳架,沒有根,就是花拳繡腿;發勁打擊,沒有根,就是一個空包彈,起不了殺傷力道。

網路拳友po了一段太極名家王○弘先生對根的解釋截文謂:「推手欲不跌倒,先應去己之根。無根者,無固定之根也,如物飄於水,如球流滾於地。猶如不倒翁,上欲輕,下欲沉,即拳譜所云:『飄飄蕩蕩浪裏鑽,上輕下沉不倒顛』。

太極拳的根在哪裡?我們從客觀上講,太極拳有兩個根,一個是沉根,一個是浮根。這個沉根和浮根,是靠陰陽相濟而來的,所以,真正的根是相濟來的。相濟是靠中間,所以說沒有看見的根才是真根,沒有根的根才是根。」

王師謂:「推手欲不跌倒,先應去己之根。」此語值得置喙,推手欲不跌倒,不是要先去掉自己的根,反而是要先穩固自己的根,但這個穩固的根,是一個活根,是一個可以隨時變化移動的靈活之根。所以,這個下盤的腳之

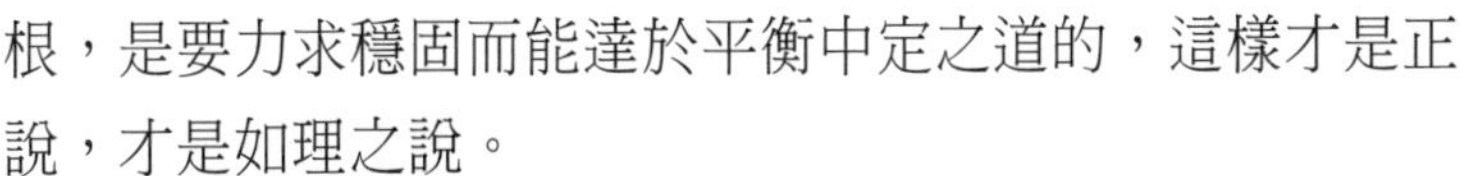

根，是要力求穩固而能達於平衡中定之道的，這樣才是正說，才是如理之說。

若無根，像物飄於水，如球流滾於地，將會失去主宰，任人拋摔了。

拳譜所云：『飄飄蕩蕩浪裏鑽，上輕下沉不倒顛』之句，並不是闡述無根的飄浮，而是說，在飄飄蕩蕩的浪裏面，還可以有根、有主宰的隨心所欲的鑽進鑽出，因為你有穩固的根體，雖然在強勢的風浪的滾蕩中，還是能自由自在的進出。要這樣作解才是正確的。

上輕下沉：上輕，是指輕靈，不是輕浮，是指輕鬆靈活敏捷之意，是可以隨機而變化的，要「因敵變化示神奇」的。

下沉不倒顛：下沉才有根，有根即是下沉，沉而有根才能像不倒翁一樣的「不倒顛」。

王師說：「拳的根在哪裡？從客觀上講，太極拳有兩個根，一個是沉根，一個是浮根。」

真正客觀的講，太極拳是處處皆根的，上盤手臂以肩為根，中盤以腰胯為根，下盤以腳為根；手以腕為根，背以脊為根，腳以踝為根，處處皆根，根根相連，不勝枚舉。

王師謂：「太極拳有兩個根，一個是沉根，一個是浮根。」

沉根是有，浮根就沒聽過，在太極經論中，未曾提到有浮根二字，顯然是王師自創之詞。浮了，哪裡還會有根呢？硬把沉根與浮根擠向陰陽，而謂陰陽相濟，似乎顯得牽強了些！

王師說：「沒有看見的根才是真根，沒有根的根才是根。」此語乃是玄學，有些故弄玄虛，而示高明了。

你的根穩固不穩固，從身形態勢上是可以瞧得見的；有沒有根，從拳架與發勁或走化中，皆可窺得，所以，有根無根是可以眼見的。沒有根就不成拳了。

要有根，而那個根，讓你摸不著，這是上層的活根，這個根富於變化，有虛實的神變，讓你摸不著，視不見。這樣才是正說，如說：「沒有根的根才是根」乃是謬說。

從網路去搜尋，王師還有如下語論：

王師謂：「有根即是無根，無根即是有根。」一個平底的茶杯有根，一個圓球無根。如果根的作用是穩定的話，圓球八面圓轉而不倒，所以無根反如有根般穩定。茶杯的穩定有範圍的限制，超出範圍便如無根般倒下。太極拳捨己從人，根是活根，是「無根之根」」。

王師以茶杯有根，圓球無根作譬，是不當的。球八面圓轉時，是在動態中，沒有所謂的根不根的問題，如說球的圓弧動轉，可以達到走化卸力效果則可，但它的動轉走化是涉不到根的問題。太極拳捨己從人，沒錯，根是活根，也對。但以茶杯的有根與球的無根做譬喻，似乎欠妥了。

王師又謂：「陰陽一來，中間就顯露出來了，中間一定要活，活了就變水了。你站在那裏，一定不要站實，膝蓋一鬆，腳跟不著地了，人就飄飄沉沉，沉沉飄飄。你既有沉量也有浮量，中間還可以調節，這個調節就是陰陽相

濟，這個中間不是死的，是活，是可以流動的。」

站是要站實的，但不要站死；站死就是不能變化虛實，成為挨打的架子，這是盡人皆知的。但腳一定要站實，實了才穩固。如果，腳跟不著地了，不落沉，飄飄沉沉的，沉沉飄飄的，就像浮萍一般，哪會有沉量呢？沉就是沉，浮就是浮，沉與浮是兩種相背、相反的力勢，絕對不會是「既有沉量也有浮量，中間還可以調節」之理，若謂「這個調節就是陰陽相濟」乃是牽強附會之說，硬把它套擠到陰陽相濟之理論，似乎有些不妥了。

太極拳論所謂的：「陰陽相濟，方為懂勁」，是在說虛實的變化的，能夠神奇的變化虛實之人，才是懂勁之人。

若說飄飄沉沉，沉沉飄飄，既有沉量也有浮量，中間還可以調節，這個調節就是陰陽相濟，這樣似乎是誤會了陰陽相濟之理了。

練拳是種務實的功夫，是種實踐的功夫，無須在文字裡玩遊戲，講些有的、沒的，並不是說一些玄學，就表示有學問，並不故弄玄虛，就會讓人覺得是高人。

有無實證功夫，他所呈顯的字裡行間，都是踏踏實實的，都是平平直直的，不會耍那些光怪陸離或索隱行怪的文字遊戲，不會說一些高深莫測的語句。

練拳要有根，從站樁入手；站樁站到根生出來，才能借地之力，那個樁打下去，才有摺疊的反彈勁生出來。

所以這個根，是確實有的，而且是穩固的，但是好的根是一個活根，是能靈敏變化虛實的活根。而不是什麼有沉有浮的，什麼陰陽相濟的，講些陰陽玄學，並不能證明有實踐的功夫。

無根，並不是真的說沒有根，而是說這個根，是讓人捉摸不定的，因為它是巧變的，所以你抓不到他的根。

根若飄浮了，就失去了主，則一切就免談了。

飄飄沉沉，沉沉飄飄，硬把它附會於陰陽相濟之理，簡直是「神」話一通。

名師之語，要拿來與經論比對印證。練拳要有自己的思維，若是人云亦云，沒有自己的見地，是為無智之人也。

有根是指在用的時候，譬如在運樁，打樁或發勁或接化之時，這個樁根能與地面或所接觸之物體，瞬間接觸相連而能借到其力，也是指用的時機，亦即，在運到樁根時，是沉穩堅固的，而在沉穩堅固中，它還是一個活樁，一個活根，是能隨時隨機而變化虛實的。

「飄浮根」是一個虛幻的名詞，根的字意，是盤踞於地面地底之意，是一種沉落的現象，所以，絕無所謂的飄浮根，既是謂飄浮，哪裡還會有根呢？

根是看得見的，你有根沒根，有沒有練出根，明眼人一瞧便知。

然而，真正有根的人，他是不漏形象的，他在應敵，站的時候，也不會擺出一副正經八百的架勢，但是到了要點處、到了應接時點，他的根盤就會自然的生出顯示出來，是一種自然的流露，無須造作。

尚雲祥求李存義指點拳術，尚雲祥比練了幾趟功力

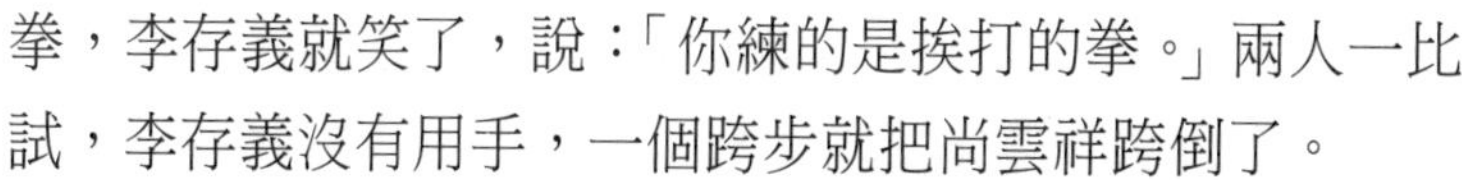

拳，李存義就笑了，說：「你練的是挨打的拳。」兩人一比試，李存義沒有用手，一個跨步就把尚雲祥跨倒了。

尚雲祥初始練的功力拳，因為功夫還未臻成熟，下盤無根，樁功不穩，李存義一眼就瞧破了，才會說「你練的是挨打的拳」，是無根的拳，所以只一個跨步就把尚雲祥跨倒了，不必用手打，這個跨步就是形意的「蹬步」，步一蹬，身子就隨撞出去，被跨上了，被撞上了，就要奔跌出去，這是形意拳的撞勁。這個撞勁靠的就是腳下的根，沒有根是跨不倒人的，是撞不倒人的。

所以，對方有沒有根，你要眼力深，看他的身形動作神態，就要能看出來，這就叫「知己知彼」。

自己的根，不必呈顯於外，要潛藏不露，讓對方不知你的深淺，讓他看不到你的根，這叫「人不知我，我獨知人」。

有人說：「練得好的根，指的是腳底踩地的壓力感覺是很輕的，好像踩在地毯或草地上，但又能支撐外力，不是腳底壓力很重的有根。」此語好像有某些名師也曾講過。

感覺腳底壓力很重，如果是一種笨重，就不對了；笨重就遲滯了，就不靈活了。就難分虛實，就難變化虛實了。

所以，腳下的感覺，應該是一種沉，一種氣沉，而這個氣沉，它是可以輕靈的移動變換虛實的。所以腳底壓力很重不對，要沉而能富於靈活變化才對。

而這個輕，絕不是輕浮的輕，而是輕靈的輕。

踩在地毯或草地上，是有虛浮感而沒有落沉感的，在支撐力上，有被隔空的感覺，從物理學上而言，腳踩在一層不管是地毯或草地上或不穩當的物體上，在撐蹬時或發力時，力道是會被消減的，因為比較著不上力的關係，也就是說著力點不太好，而構成發勁時的若干阻礙。

現實的情況就是這樣，如果沒有透過自己親身的實際實踐，也就是一種自身的實證之經驗，而憑空的以自己所截取的知識或常識去認知判斷，所說出的話語，恐怕連自己都會打下一個問號的。

因為這個知識或常識，你只是讀來、看來或聽來的，不是自己透過實踐實作得來的，所以還是會有不踏實而虛心的感覺會落在心頭。

這些沒有實證說出來的話語，一時也許會搏得采聲，但在後日，運氣不好時，遇到有實證的後輩晚生，被拿來粘提辨正，將會毀了一世「英名」。

第二十八章
練拳防摔倒

台泥董事長辜成允於2017年1月21日晚間，在晶華酒店參加婚宴時，不慎跌倒，撞到腦部，經搶救無效，在23日清晨宣告不治，享年63歲。

台積電董事長張忠謀，前在美國的家中跌倒，右眼瘀傷，還好並無大礙。

跌倒是年長者，事故傷害死亡的原因之一。跌倒意外發生，嚴重的常有頭部外傷或骨折，輕者就是瘀傷。美國骨外科醫學會指出，百分之二十的病人，在髖骨骨折後一年內死亡，只有百分之二十五的病人可以完全恢復，但有一半的人，往後都離不開拐杖。

練習太極拳或內家拳，是預防跌倒的運動之一，可以減少骨質疏鬆，強化肌力，協調平衡能力，讓人走路更安全，站得更穩當。

尤其是透過推手聽勁的練習，更可增進中定平衡，使感應神經產生靈敏作用，而在意外發生時，產生自然的反射機制，使身體不至於跌倒創傷。

當你練就了聽勁的功夫，不只是運用在推手之中，在日常生活裡，聽勁常常可以被運用於無形的自然反應中，也能適時的化解突發的狀況與危機，使你得到安全。

我有一個學生顏君，住在一棟大廈裡，停車場在地下

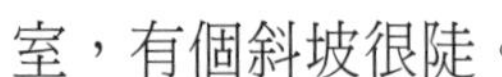

室，有個斜坡很陡。

一天，他騎著腳踏車買早點回來，進入地下室的陡坡，遇到鄰居，舉手打招呼，車的把手上的早點重量牽引了車子，一時失去平衡，腳踏車急速的衝了下去。顏君鎮定的雙手輕握把手的煞車，緩了一些車速，但車子後輪已騰空而起，顏君順勢雙腳踩地，兩手用勁貫入前輪，減緩了一些車速，此時已將接近地下室的盡頭，快要撞到牆壁，顏君把兩煞車煞死，車身一個甩尾，顏君迅速借勢跳離車子，只聞「碰」一聲，車子已經撞上牆去，顏君卻完好無恙。顏君事後回想，他也不知道自己是如何去化解這一場危機的？

其實這就是平常練習推手所產生的聽勁自然反應，你哪裡受力了，身體會自然去消解，哪裡失去了平衡中定，身體也會自然去調節，不必透過想像思維，順勢化解危機。

我們團隊裡的莊學員，曾經三次跌倒，也都能夠自然的化解。有一次身體是向後仰的，但不知何故，在傾跌的剎那，雙手自然的往後撐住，使脊椎與頭部不至撞到地面，化解了一場危機。

我有一次開車在高雄的九如一路，在我方綠燈行進間，左方忽然闖來一車，我的眼睛餘光閃到，急速右轉方向盤並加速前進，逃過了被撞的危險。

這些例子，都是自然反應，是一種神明的感應，是練太極拳推手的一個極自然的反射作用。

身體的健康是非常重要的，有千百億財產，若沒有健

康的身體，也無法享受。

意外的發生是難免的，如何去預防、化解，是個必學的課題。如果只是一個意外，而失去生命，縱使擁有千百億的財產，也是帶不走的。

練拳，雖然有些辛苦，但在一生中，若是用上了一次，化解了危機，自救了生命，所有的苦練，都已值得。

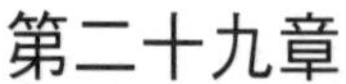

第二十九章 盤枝與伸筋

盤字，通掤字、捧字，字意是相同的，意思是提起懸空之意。

盤枝的枝，是用台灣話說的，這個枝字，是大部分是指兩隻手臂或雙腳而言。

盤枝有兩種練法，一種是定式盤枝，一種是活動的盤枝。

定式盤枝，就是提起手臂，固定在空中，就像練站樁的提手，譬如，兩手在胸前抱圓的渾元樁，或形意的技擊樁三體式，一手伸出前推並且向外擰轉，一手涵圓內扣外撐等。

活動盤枝乃進入活動的拳架練習或基本功的單練，以及揉手、盤手或稱推手之互相沾黏的練習。

定式盤枝是雙手盤起、提起、捧起後就定在那邊，但是這個「定在那邊」，並非死定定的定在那邊，而是要定在空中的兩隻臂膀，有伸開筋脈之意，有涵拔之意，有「曲中求直」之意，有「似曲非曲」、「似直非直」之意，這聽起來好些有些矛盾，但要在這個矛盾當中去悟拳理。

手臂伸出去，盤出去，要把筋拉拔著，但不能用拙力，也不能伸的太直、太拙硬。在鬆柔的盤枝當中，要去

感覺手臂的沉落，要有沉沉重重的感覺，還有就是微痠的感覺，有微痠的感覺表示有拉到筋，但是這個痠，並非疲乏後所產生的徵兆，而是筋拉開後，氣血注入筋脈所產生的一種作用。

手臂盤枝盤久了，捧提久了，真氣注入筋骨之中，就是行功心解所說的「收斂入骨」，這個真氣聚斂越久越多，質量越沉，火候到時，功夫到時，手臂盤捧起來，質量就比一般人沉重。

定式盤枝有了相當的基礎後，可以練單式的活動盤枝，就像我們系統中的「內勁單練法」十式。可在單式的動作中，去伸拉手臂、腰脊及腿腳所連帶的「一條筋」，這一條筋是連結貫串的，這條筋是橫直交錯的，在我們做動作的往復來回中，身體中的橫直交錯筋脈都會被拉拔開來，以及互相擰轉、互爭、互抗，以及摺疊等等，使得氣血更增騰然之作用，這也是我們修煉內勁功體的必修路程。

我們系統中的「內勁單練法」十式，動作簡單易學，但是要學練到絲絲入扣，也不是那麼容易，若是真的練入了，要成就內勁功夫，是可能的，不必求多。

在我們的單式的活動盤枝中，不只伸拉了手臂的筋，也伸拉了腰、脊、胯、腿等所含括的橫直圓弧交錯之筋，是要求全身的整條連貫的一條整筋，都須完全的被拉開、被扯開及鬆開的。

這個盤枝伸筋的單練動作，如果能練入，那麼，在練習拳架時，就很容易進入狀況，因為盤架子，只是數個較

多的招勢所連接貫串而成的，它的實際內涵，與單式練習，是相通而無別的。

一般的盤枝，都是以雙手為主，本門的八卦掌練習，就有單腳盤腿的練習，如青龍探爪一式，是要盤腿、擰腰、轉掌的，可說是全身的縱橫筋脈，都要擰轉拉扯的。

形意拳的走步，一般的走法，一個式分為兩步走，譬如，左腳上一步，右腳是跟進虛步靠攏於左踝內側，第二步是上右腳向前跨步，左腳再蹬步前進。

我的走法是，左腳上一步時，右腳已同時向前伸出划步於左腳前，這有兩個作用，第一、右腳同時向前伸於左腳前，提捧著，一方面練腳的掤提之勁，另一方面可以直接練習划步搶進攻擊。

在練習推手之際，只是手的盤枝的沾連黏隨，而不是比手力的鬥牛，盤著枝的手是鬆綿的，是沉墜的。你盤枝的功夫深了，筋落沉了，彈性也有了，可摺疊，可落枝（台語），你的枝落在人手上、身上，他就難以脫逃了。

再來說到撞胳臂，台語音叫「ㄎㄚ、枝」，許多武術系統，都喜歡玩ㄎㄚ、枝遊戲，或藉此而展現自己的功力。ㄎㄚ、枝是不是一種功夫，在某些系統中，是以胳臂的堅硬而認定武功強弱的。

太極及內家系統，則認為手臂頑強，是挨打的架子，因為剛強易折，因為剛強的反應比較拙劣。太極及內家系統，練的是聽勁的靈敏，及虛實的神變，不會用土法煉鋼的方式，去練手臂的蠻力硬度，而是練筋的伸拔，斂氣入筋，比較著重於內勁的累積與爆破力，以及彈抖摺疊的快

速入勁到位的攻擊與走化。

形意拳大師唐維祿先生，與一個馬車夫ㄎㄚ、枝，胳膊互相一撞，馬車夫叫苦連天。唐師跟徒弟們講：「馬車夫胳膊撞過來的時候，我的胳膊擰了一下，外表看起來是兩人胳膊互撞，其實是我打他的胳膊，這擰胳膊，不只是胳膊的擰轉，還有全身的擰裹勁，形意拳發勁不是直的。」

唐師又說：「和別人比試撞胳膊，在相撞的那一剎那，將胳膊擰轉一下，這是力學原理，這樣一來，就不是相撞了，而是以一個拋物線打在對手的胳膊上，學會了這個拋物線，全身就都是拳頭。」

形意拳的練習，全身充滿著擰裹之勁，在擰、鑽、裹、滾等的練習當中，手枝都有摧筋拔骨的運氣與運勁的，筋脈骨膜裡注滿著氣與勁，這樣才有撞胳膊的本錢。

撞胳膊不是硬碰硬，除了胳膊的擰裹勁之外，靠的是微妙的聽勁與階及神明懂勁功夫。

對方胳膊撞過來，在相接觸撞擊的剎那，有接勁的成份也有截勁的內涵。

接勁的前提是你的手枝要比對方更沉斂，手枝捧著要有掤勁，在接勁時，落腰胯，氣沉丹田，把氣運到腳底，令樁入地，如此才能消化承接對方的勢力。

截勁是撞胳膊的技巧，裡面有聽勁的功夫，才能「後發先到」截勁而入。

我們盤枝練掤勁，不是為ㄎㄚ、枝，當你所有功體都成就了，自然能應付ㄎㄚ、枝這一碼事。你無須去與人ㄎㄚ、枝，也無懼人家找你ㄎㄚ、枝。

你如果練內家拳，卻去兼練那些蠻力的硬東西，去追求ㄎㄚ、枝這些玩意兒，那就變成捨本逐末，離內家武功愈來愈遠了，所以ㄎㄚ、枝不是我們追求的目標。

如果成就了內家功夫，回頭來看ㄎㄚ、枝，不過是雕蟲小技；成就了內家功夫，你不必刻意去練ㄎㄚ、枝，卻能領略ㄎㄚ、枝的技巧，使得ㄎㄚ、枝變成內家拳之外的附屬技術。

藉由「盤枝」而練出掤勁，有一些要領，你要懂得如何「運枝」，若不會「運枝」，只是傻傻的站著，手傻傻的提捧在空中，只會練得一個手痠而已，這個「手痠」只是疲乏、疲勞、疲憊、疲倦所產生的生理作用，是不能產生掤勁與內勁的。

枝要如何運？透過「二爭力」與「阻力」使得在運枝當中，產生更強烈的氣感，令氣產生騰然作用，而滲入斂藏於筋骨之內。

二爭力有腳的二爭力、腰胯的二爭力、手臂的二爭力等等，全身都可以營造出上下、左右、前後及內外圓弧立體的二爭力。透過撐蹬、拉扯、內裹等力學原理而達到二爭力的效果與作用。

「阻力」是經由「二爭力」所產生的後效。所以，無論打拳架，或基本功，或單練，都靠自己去營造重重疊疊的阻力。

阻力如何營造？

我們打拳，是其根在腳的，由腳而腿、而腰、而形於手，雖然是貫串而連綿的，但是還會有一些「時間差」，

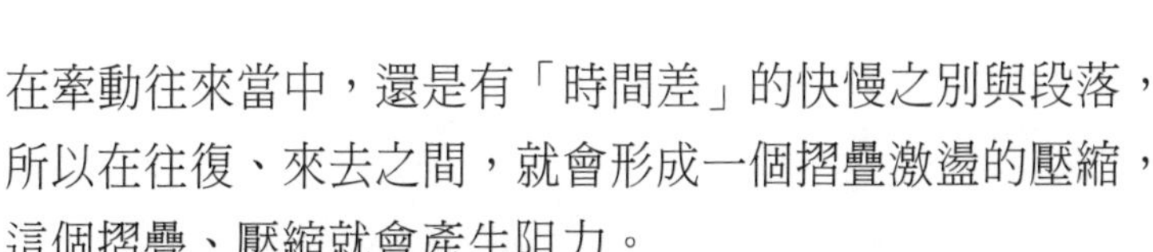

在牽動往來當中，還是有「時間差」的快慢之別與段落，所以在往復、來去之間，就會形成一個摺疊激盪的壓縮，這個摺疊、壓縮就會產生阻力。

還有，在二爭力的抗衡中，譬如，後腳往前蹬時，前腳往後撐住，就會使得前進行使中的手受到阻擾，而在空中產生一股阻力，這就是太極拳講的「陸地行舟」。在水中划舟，因為水有阻力，你的槳一划，舟才能前進；若槳划去是空空的沒有阻力，舟是不能前進的。

同理，你打拳如果沒有這股阻力來阻礙著，你的拳打出去，也將是空空洞洞的，氣也就運不出來，內勁也就生不出來，因為練的是空拳。

「阻力」能產生加壓效果，「摺疊」更有加壓作用，透過二爭力的行使，既有阻力，也有摺疊，加上丹田氣的運轉鼓盪，激發氣機，這樣才能讓氣騰然起來，而凝斂聚藏於筋骨之內，終而成就內勁能量。

所以，「盤枝」有定枝與活枝。

定枝，練定、練靜，在定中，令氣安定，如站樁。

活枝，練活、練動，在動中，伸筋拔骨，令筋長骨實，如拳架。

第三十章
練掤勁，其實並不難

兩手盤枝，提起，鬆鬆的捧著，把筋盡量摧出，要注入氣，好像推針筒一樣，把氣向手臂前面推，把筋拉長，手臂似直非直，似曲非曲，又要感覺似緊非緊，似鬆非鬆。要感覺筋痠痠的，這個痠，不是舉久後疲乏的痠，而是筋被拉開，並且注入了氣的一種感覺。

盤枝一天，就有一天的功力累積，積久成就掤勁。

掤勁成就，太極八勁，一併成就。

如果再學會打樁，就會發勁了。

所以，太極的發勁，並不是很神奇而難練的，只要有恆心，則無須附會「太極十年不出門」之語。也不必相信一干阿師的說玄道奇。

在平常，一得空，即將兩手輕輕提起，無論在家或戶外，或等車等人時，或散步時，若在外面有人看，覺得難為情，不必提手也行，只要微作意，兩手放鬆，自然下垂，在極鬆中，手臂會自然下垂，也會把筋往下拉墜，筋沉墜了就有微痠的感覺，這就對了，然後以心作意，利用丹田氣的輸運鼓盪功能，將氣盡量往手臂下處送，方法對了，會感覺出筋脹脹的、麻麻的、刺刺的，這樣就已經達到練掤勁的效果，練一天就有一天的功力累積，練一年就有一年的內勁斂聚。

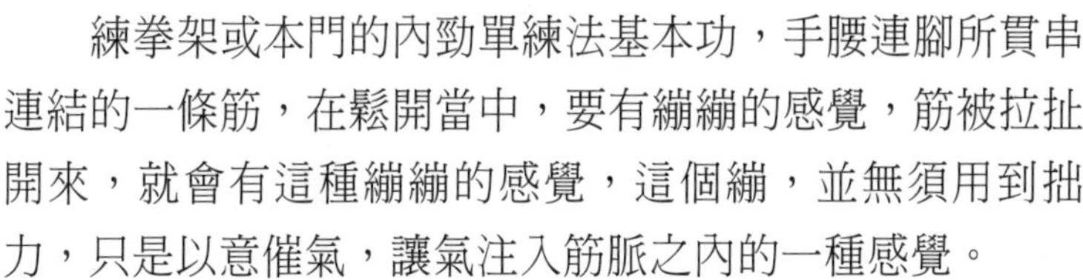

練拳架或本門的內勁單練法基本功，手腰連腳所貫串連結的一條筋，在鬆開當中，要有綳綳的感覺，筋被拉扯開來，就會有這種綳綳的感覺，這個綳，並無須用到拙力，只是以意催氣，讓氣注入筋脈之內的一種感覺。

這個綳，在架子的行進間，在往復來回中，在上下、左右、前後，及圓弧的立體旋轉中，或摺疊的折衝中，筋除了被拉扯之外，還有被擰轉、壓按、催推、逼迫等等的作用。

還有，行進中的阻壓，必須靠自己去營造。譬如，你將一支槳或竹竿伸入水中去划動，就會有股阻力被感應出來。在行拳走架之際，由於全身的二爭力之驅動，包含腳、胯、腰、肩等等暗勁的相爭、相抗衡，會打拳的人，就會自然的營造出一波波連綿不絕的阻力，以及摺疊勁與擰裹勁、迴旋勁。

什麼是迴旋勁？把手伸入水中，順時鐘方向旋轉，產生了漩渦。當我們以反方向逆時鐘回轉，因為加強了相抗衡的阻力而激起水花，這個漩渦及反向迴旋所產生的激盪作用力，就是迴旋勁，也是種圓弧的摺疊勁，也有人把它稱之為翻浪勁。

手臂在空中行來走去，阻力營造出來了，來去之間就會產生摺疊；在圓弧的走架中，在正反的劃弧當中，空氣受到阻力的折衝、壓縮、催推、逼迫，也會激起如水中的浪花，這股迴旋折衝阻壓，會催逼體內的筋脈，而促進氣血的流暢。

當筋脈骨膜都注滿著氣，而且沉著斂聚後，終而成就

了不為人知與不為人信的內勁能量，這個內勁能量呈現在肢體皮表及筋脈的部分，被太極修煉者稱之為掤勁。

所以，練掤勁，就是這麼簡單，只看你信不信，練不練。練了還得有恆心，要有堅持不輟的決心。不必很久，掤勁就練出來了。

第三十一章
無名指可以領勁嗎？

有太極名家提出無名指領勁的論述，他說：「無名指是最難用力的指頭，把意識貫在無名指上，其他手指自然就放鬆了，這樣內勁就會達到指尖，做到形於手指了。」

名家指出：「太極內勁是一種整勁，是全身協調動作發出來的，所以，其威力巨大。太極內勁起於腳根，主宰於腰，發於背脊，形於手指。由腳而腿而腰，必須完整一氣，不可有斷勁之處。所以，看一個人的內勁如何，形於手指是一個極為關鍵的指標。能做到內勁形於手指，則其太極功夫就到了一定階段。起碼可以說到了初步的懂勁階段。但是，達到手指並非一日之功。練拳初期內勁是異常脆弱的，神意散亂和局部妄動都會導致斷勁。特別是在手上，由於手指靈活，發生妄動的現象就是非常難以避免的，所以經常在手指上出現斷勁。另外，對初學者來說，手指往往僵力難以去除，所以前輩們對手指的要求是：舒指，意思就是手指不要有太重的意識，手掌指頭自然舒展。但即使如此，我們手指用力的習慣性還是很強，手指一用力，內勁就斷了。」

這是太極名家的論述，是一篇似是而非的謬論。

名家主張，手指不要有太重的意識……，手指一用力，內勁就斷了。

因此認為，無名指是最難用力的指頭，把意識貫在無名指上，其他手指自然就放鬆了，這樣內勁就會達到指尖，做到形於手指了。

他原本是說：手指不要有太重的意識，他認為手指一用力，內勁就斷了。後來又說：把意識貫在無名指上，其他手指自然就放鬆了，這樣內勁就會達到指尖，做到形於手指了。

無名指，是不是手指之一？既然前面主張手指不要有太重的意識，否則手指一用力，內勁就斷了。那麼，把意識貫在無名指上，是不是屬於用力的範圍呢。意識放在無名指之外的其他四指，如果就會因為用力的關係而發生斷勁現象，意識放在無名指就不會斷勁嗎？能夠因為意識放在無名指，其他四指就會得到放鬆嗎？這真是既矛盾又不合乎邏輯的謬論。

無名指雖然在五個手指中是屬於比較無關重要的一指，但不能因為如此，而讓它去承擔背負著無干的數落，把一切重擔都推給無名指去承受。

這名家說：「能做到內勁形於手指，則其太極功夫就到了一定階段。起碼可以說到了初步的懂勁階段。」

我們先來探討太極拳經的這句話：「其根在腳，發於腿，主宰於腰，形於手指，由腳而腿而腰，總須完整一氣。」這意思是說，打拳架或發勁時，它運勁施力的根本是在於腳，也就是以下盤的腳做為運勁或發勁的根本，然後再由腳而腿而腰，最後形於手。

這個「形」字，是一個「呈顯」、「表現」或「到

達」的意思，也就是說，要把氣與勁，呈顯、表現，或到達於手指之意，所以，這個「形於手指」並不絕對的表示其太極功夫就到了一定的階段。

因為有些人是蠻聰慧的，你一教他這個道理，他馬上就能領會，馬上就能做到「形於手指」，但並不代表他的功夫已經就到了一定的階段，因為功夫是要靠時間去累積的，不是說你動作做對了，你的型，正確了，就表示有了一些程度的功夫。

再來說到「懂勁」，所謂懂勁，是指內勁成就了，再經過推手的聽勁修煉，使得全身所有的觸覺神經，都能處於自然反射的靈敏狀態，也是一種階及神明的高層次狀態，始得謂之「懂勁」。

所以，這名師說：「能做到內勁形於手指，起碼可以說到了初步的懂勁階段。」是值得置喙的，因為內勁與懂勁是兩種不同的功夫，內勁是一種「功體」，懂勁是一種「應用」，一種用法。一個是「體」，一個是「用」，要達到體用兼備了，才算是進入到懂勁的階段。所以，內勁形於手指，尚不得謂「到了初步的懂勁階段」，這是需要明辨清楚的。

前面說過，這個「形於手指」的形字，是一種「呈顯」、「表現」或「到達」的意思，也就是說，要把氣與勁，呈顯、表現，或到達於手指之意。所以，形字不是領動、領導之意，它不是領勁而行之意；如果把「形於手指」誤會成領勁於手，這樣誤會就大矣，這是需要去明辨的。

如果能先弄清楚這一層道理，再來探究五根手指，哪根能用力，哪根最不能用力，是否與「形於手指」有所干涉，既然從腳根而運生的氣勁，都已經能經由腳而腿而腰而形於手指了，還有需要去分別是形於哪根手指嗎？還有需要去分別把意識貫在無名指或其他四指嗎？

氣勁運行到手，就涵蓋了手掌及五根手指，如果還需要去分別是運到哪根手指的話，那麼依這個邏輯，是否運到手掌時，還得去分別是運到手掌的哪一邊？或分別手掌的哪一邊比較容易妄動而形成斷勁；或者氣勁運到身體的某一部分時，也得去分別身體的哪一部分比較容易妄動，而形成斷勁現象，如果要這樣的去尋覓身體的哪個部分容易引起神意散亂和局部妄動而導致斷勁的話，那麼打拳還能夠專注於氣勁的行運嗎？恐怕會造成神經錯亂吧？

所以說：「無名指是最難用力的指頭，把意識貫在無名指上，其他手指自然就放鬆了。」這是不合乎邏輯的論述，不值與信。

這名家說：「由於手指靈活，發生妄動的現象就是非常難以避免的，所以經常在手指上出現斷勁。」這也是一句錯語，手指靈活不一定會發生妄動的現象，除非你自己心生異想，譬如有某種系統，打拳架時手指都是一直抖動的，而謂之抖掌或抖勁，這才是屬於妄動之流。所以，手指靈活與妄動是無涉的，也不會因此而發生斷勁現象。這就如你腳步靈活，不得即謂為妄動現象而出現斷勁現象。這樣的說法都是不合邏輯的，都是不正確的。

有人說：「練功時，以身領手；格鬥時，要以手領

身。」愚見以為，不論練功或散打，都是要以根領手的。因為拳經云：「其根在腳，發於腿，主宰於腰，形於手指。」這一句話已然涵蓋了練功及用法，體用皆兼備於其中了。

練拳架，是由腳的根節，節節往上傳輸，由腳而腿而腰，終點是形於手，這是練功架時，全身肢體的「領」法，這是無庸置疑的。所以在散打格鬥時，其理亦同，不會反向而行。

手，只是一個局部力，是無法領身的。硬拳系統之所以要以手領身，是因為他們沒有成就根盤的樁功，沒有練就渾厚的丹田氣，沒有練就手的掤勁，也就是說沒有練就完整的內勁，所以只能以頑強的手去領身。

內家拳的發勁，不是靠手的局部力在那邊晃動揮舞，手的力量，只是全身力量的一部分，不能發揮完整的「整勁」。

網路上有人謂：「整勁一詞是近代才流行的」。

事實上，在太極拳經中已然早已論述了「整勁」之語句。我們試觀拳經的說法：「其根在腳，發於腿，主宰於腰，形於手指，由腳而腿而腰，總須完整一氣。」這邊所說的「完整一氣」就是指整勁而言的，所以，整勁一詞不是近代才流行的。是在古早之時，拳經就已備註了的。

所以，無論是打拳架時的行功運氣、運勁，或散打應用時的發勁，其理相同，都是總須「完整一氣」的，也都是要由「其根在腳」的腳來領勁的，而不是由手來領勁的，更不是由無名指來領勁的，手都不能領勁了，一隻無名指怎能領勁呢？

發表論述，最好是透過了自身的實踐後所體悟到的心得，再與經論做比對印證，寫出來才會有依有據；若只是憑空思維想像，認為自己的想法獨特，有別於人，或者只是抄抄人家的論述或前賢的拳論語錄，就當作是自己的立論，而想要在當中搏取掌聲，恐怕會適得其反，遭到識者的拈提辨正。

第三十二章
打拳、打坐、打哈啦

打拳，台灣話叫做「打拳頭」或「走拳」，講文雅一點，叫「打拳架」或「盤架子」或簡言「走架」。

打拳除了拳架之外，應當還包括樁法的練習，以及一些基本功的練習。大部分的基本功，都是單練比較多，主要目的在於拉筋，鬆開筋骨，令氣注入，使得筋有彈性，使得骨骼厚實。基本功的主要目的，從單式的練習，直接去培養內氣，進而累積內勁能量。

站樁的練習，在安靜的站立當中，透過呼吸吐納調息，令氣沉積於丹田，培育厚實飽滿的丹田氣，為往後的盤架子儲備了運氣與運勁的基礎。

站樁的盤枝伸手，有伸筋拔骨的作用，久練能成就掤勁。站樁中，腳的暗勁二爭力，可令丹田氣導入腳根，在盤架子中扮演運樁的功能，在發勁當中發揮打樁的效果。

打拳頭練功夫，貴在持續，有恆心。內家拳功夫的成就，需要時間去累積，所以，堅持的練下去，才能成就這個甚深的武功。

打坐，又叫做「靜坐」，顧名思義就是安安靜靜的坐著，沒有雜念，不打妄想。人在真正的安靜中，體內的氣就會熱起來，就會動起來，謂之「靜極生動」。動了之後，以意導之，令氣遍布於周身。

人的心如猿，意如馬，這都是由於慾望太多，不知滿足，所以要安靜下來，是蠻困難的，只有清心寡慾，淡薄名利，才得清淨。

我們的六根，有眼、耳、鼻、舌、身、意，其中的意根，就像猴子一樣，永不止息的亂跳、亂動，即使是睡著了，也會在夢中出現。

那麼，要如何才能攝住我們的意念呢？就是都攝六根，制心一處。把六根都抓住，栓起來，然後制心一處。心要制在何處？我們練拳的，首重丹田氣的蓄養，就把心制於丹田，心息相依，靜默沉守，這樣即可攝住妄念，也可達到氣沉丹田的練功效果。

打坐可以求得心靈的平靜，功深時，可暢通氣脈，調理身體，排出身體裡污濁毒氣，使五官清明，改變氣質。

打坐時，脊椎要挺直，才不會腰酸背痛，才不會發生腳麻現象。還有腳麻的原因，大部分是因為關節受到壓迫，因為盤腿的不平衡及關節沒有鬆開，尤其是胯關節及踝關節的緊閉，導致氣血的流通循環不暢。有這些現象，可以用坐墊置於臀部，就會有所改善。

胯、膝、踝三個關節如果鬆開了，就不需要用到坐墊，整條腿都可鬆沉的往下貼附，四平八穩。這樣，你有時在外面打坐時，就不須帶著坐墊到處跑，隨處均可席地而坐。

打哈啦，就是無聊時去招朋引伴，說東說西，聊天聊地，嘻嘻哈哈，打情罵俏，東家長西家短，簡言之，就是言不及義，不講正經話。

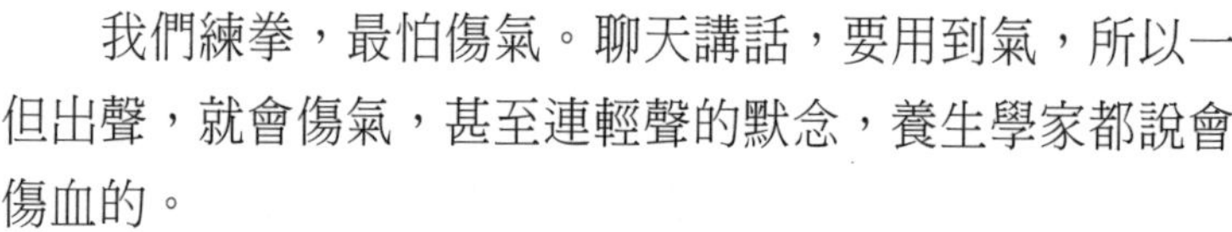

我們練拳，最怕傷氣。聊天講話，要用到氣，所以一但出聲，就會傷氣，甚至連輕聲的默念，養生學家都說會傷血的。

這我有經驗，我每天都要唸一遍心經、一遍大勢至菩薩念佛圓通章，及108句阿彌陀佛（一串佛珠），這是我最簡單的修行。唸經、唸佛要出聲，要用到氣，一口氣只能唸一句，就必須暫歇換氣，感覺上有些損氣，所以就改用嘴唇微動的默唸方式。

念佛，念佛，是以心而念，大勢至菩薩念佛圓通章裡，菩薩明言開示「若眾生心，憶佛念佛，現前當來，必定見佛，去佛不遠，不假方便，自得心開。」你只要心裡有佛，心中常憶念著佛，那麼，在因緣成熟的將來，就可以開悟，見到自心如來，這就是心開見佛，自然會開悟而見到自心如來藏。

聊天、打哈啦，狹義的說，都是用嘴巴講話。廣義而言，包括肢體行動，如唱歌、跳舞、各種遊戲，如趕場式的遊覽等等。

凡俗之人，無法控制無聊，無法排遣無聊，當無所事事的時候，無聊侵襲而來的時候，只得去找人泡茶聊天，吃吃喝喝，唱唱卡拉OK。今天混過去了，就計畫明天要去哪裡吃海產，下個禮拜要去哪兒爬山，下個月要去哪裡遊覽旅行等等，有的幾乎整年都已排滿行程，非常紮實的。

然而當這些吃喝玩樂過後，空虛感依然會襲上心頭，下一個無聊還是會找上你，你與無聊的拉鋸戰，永無休止，這就是凡人的一生。

古賢說：「玩物喪志。」玩，就是玩賞，沉浸迷戀於物質享受，這樣就會喪失消磨我們的志氣、志向。

玩物，有很多種，譬如收集古董、收養寵物、集石、集玩偶、名車、鑽石寶珠等等。以前有位鄰居，喜歡新台幣紙鈔，把好幾萬新台幣紙鈔放在家裡，一得空就拿出來數一數，摸一摸，覺得很過癮，不久卻遭了小偷，傷心了好久好久，這也是種玩物，玩新台幣。

旅遊，也是一種玩物。你偶而去遊山玩水，舒放心身，當然是好。如果天天想著、籌劃著要到哪裡去玩，整個腦筋都是想著玩。這個玩，也會喪志的，因為你花了太多的時間去把玩遊覽，浪費了太多寶貴的光陰在這個地方，這樣就會忘了你的志向，淹沒了你的志趣。譬如說，你原本是想練功夫的，但是因為這個玩，使得你練功的時間被佔用了，玩的時間比練功的時間長，練拳的時間是有一搭、沒一搭的，這樣那裡能成就功夫呢？

若能把泡茶聊天打屁的時間挪來練拳，若能把遊山玩水的時間撥來練功夫，累積下來，就功夫成片。

遊玩過後，你得到了什麼？所有的回憶，都是一場空。

名作家、名嘴李敖曾說，他從來不去旅遊，他只用腦筋旅遊，用想像的，不花太多的時間去勞累身體，而是用「神遊太虛」的方式去凝想，這是他旅遊的意境，總是與眾不同，別具一類。

有空多打拳，功夫會累積起來，不會遺失消滅，內家拳就是有這個好處，你練了多少功體，這個功體會被儲蓄起來，累積越多，功體就越厚實，不會消失不見，到老猶在。練到身體累了，就打打坐，澄清心靈，獲致輕安。或是讀讀經，不讀佛經，也要讀讀拳經；學佛要讀佛經，學拳要讀拳經，以及拳論、行功心解，有助於拳理解悉，而收事半功倍之效。

心勿放逸，練拳是自己的事，是自己的志趣，無須與人論高低，不必與他人比功夫，江湖是非多，常去外頭拳場遊歷閒蕩，不免惹禍。

閒聊、打哈啦，言不及義，禍從口出，有時也會惹出不必要的麻煩。

打自己的拳，練功夫；打自己的坐，練自己的心，一動一靜，陰陽合道。

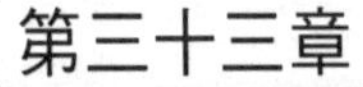

第三十三章 沉勁、落勁、控勁、頂勁

勁有幾種？為何要囉哩叭嗦？

以質量而言，勁只有一種，就是內勁。

什麼是內勁？

內勁是氣的化身，透過內家拳「以心行氣」及「務令沉著」的長期修煉，使得內氣達於騰然狀態，滲入斂聚於筋脈骨膜之中，這個潛藏在身體內處，肉眼所不能看見的內在無形能量，因為隱藏於內，看不見，所以就稱之為內勁。

內勁是一種質量，所以只有一種，不會有很多種，內勁質量只有多或少，只有厚與薄，只有強與弱，端視功體的大小而有不同的質量區別。至於太極的八法，掤、捋、擠、按、採、挒、肘、靠等勁，那是以用法而加以區分，事實上都還是列屬於內勁的範疇。

今天本文的主題，沉勁、落勁、控勁、頂勁，亦是內勁的一種變化應用，並非說內勁又多了這麼多的種類，這是要分辨清楚的。

一、沉　勁

鬆是沉勁的因，沉勁是鬆的果，有因才有果，因果不會錯亂。

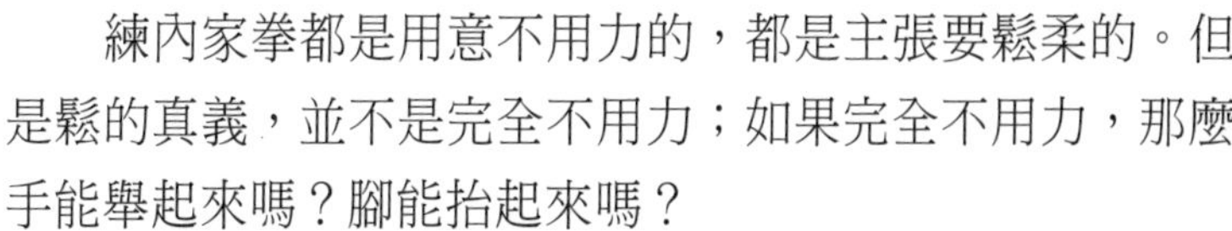

練內家拳都是用意不用力的，都是主張要鬆柔的。但是鬆的真義，並不是完全不用力；如果完全不用力，那麼手能舉起來嗎？腳能抬起來嗎？

形意拳把鬆的定義，說成「不用一絲拙力」，這是比較恰當的說法，是說在鬆柔當中，是有用到力的，但是卻沒有用到一絲一毫的拙力，因為如果有用到了一絲一毫的拙力，這當中的力量就涵蓋了頂力、抗力，以及刻意的施壓之力。這樣的話，就無法使內氣鬆沉下來，沒有辦法使內氣騰然起來，也因此而無法使內氣斂聚潛藏於筋脈骨膜之中，更無法而成就內勁。

在鬆中，要把筋骨伸拔開來，在拳架的往復當中，使全身各處的筋骨，一伸一縮，一扭一擰，一轉一鑽，一摺一疊，還有二爭力暗勁的一抗一爭，一撐一蹬，一裹一放，以及一陰一陽，一虛一實的變換，使得筋脈骨膜如揉麵粉團般的百揉千壓之下，粉筋就充滿了柔韌之性及彈Q之性，這也是彈抖勁與摺疊勁的預練過程。

沉勁，我們以手臂來做列舉說明，你手輕輕鬆鬆的伸舉出去，不直不曲，曲中含拔，在曲中，手臂的筋，有被拉長拔放之感，筋被拉開後，放鬆下來，筋會有微痠的感覺。手臂愈放鬆，沉垂墜落的感覺就愈強，行功深時，內勁就生出來了，手的掤勁也有了，手的內勁、掤勁愈深厚，沉勁就愈圓實了。

沉勁成就了，手臂盤提起來，就有沉落感，就有沉重感；手臂愈沉重，當手提舉之時，手筋被拉拔的質感就愈強烈，形成一種良性循環，愈練功夫愈深。

手臂的沉勁以及沉墜的質量，在全身鬆透不著一絲拙力之時，這個落沉質量會慢慢延伸下沉到脊、腰、胯、腿、腳，終而落於下盤的根，這是整個沉勁的過程。

在發勁應用時，則是藉「其根在腳」的腳之沉勁，打下一個暗樁，引生摺疊反彈之勁，往上傳遞，由腳而腿而腰，形於手。

二、落　勁

「落勁」一詞，甚少人說，應該是我的發明。

落勁是沉勁的應用，當沉勁功體成就之後，在實際的應用上，都會牽涉到這個落勁。有些師傅應用了落勁，卻不知道這叫落勁，他有練出沉勁，也會用這個沉勁，但只是會用，卻不明所以，不會講解，不會口傳身授；所以往往有些師傅功夫是有的，但是智慧比較淺薄，他不諳深理，所以講不出來；由於講不出來，所以能夠傳承這個功夫的人就愈來愈少，而致有了斷層，只有靠後輩晚生比較有智慧的武者，去自修、自煉、自悟。

有智慧者，知其然，也知其所以然，理論與實踐功夫都有了，透過實踐與理論的互相結合，透過實踐功夫而能把拳理說的清楚清楚，講得明明白白。

真正的實踐者，不會說玄道奇，真正的道理，都是很平常的、很平實的，不會說一些你看不懂的辭彙，及聽不懂的大道理，更不會說一些陰陽、八卦，或與武功似無干涉的奧秘，讓你墮入五里霧中，誤中了「他是個高人」的詭計當中。

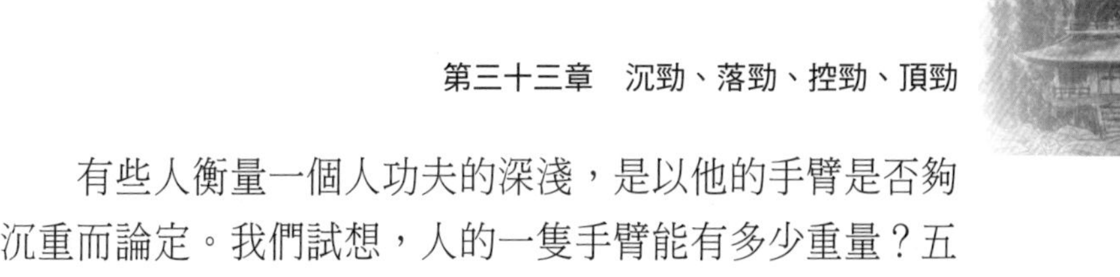

有些人衡量一個人功夫的深淺，是以他的手臂是否夠沉重而論定。我們試想，人的一隻手臂能有多少重量？五斤，十斤，秤一秤就知道，但為什麼人家的手臂，落在你身上，你會感覺特別的重？事實上，他是把內勁落到你的身上，只是你懵然無知而已。

這個「落勁」是在「沉勁」有成就之後，才能施為的；如果沉勁沒有成就，你的力量落到人家的身體上，感覺上就是笨拙、僵硬與直化的。也就是說，它是一種「死力」，是種天生的蠻力。

為什麼這個「落勁」落到人家身子，會讓人感覺特別的沉重呢？這個「落」下去的勁道，除了「沉勁」之外，還施展了不為人知的內暗勁。也就是說，你這個沉勁落下去，除了本身沉勁的質量之外，還「用意」的，暗施了一股暗勁，這個勁因為暗藏在身子內部，你看不見、瞧不著，所以，高手在施這個內暗勁之時，你是不能察覺的。

這個落勁，是在暗中加壓，在暗中「用意」加壓使勁的，不明究理的人，就會以為老師傅的功夫了得，手臂特別的沉重。事實上，並不是老師傅的手臂特別的沉重，只是他落了勁，而你不知道罷了。

「落勁」，除了手臂的沉勁之外，還涵蓋了肩肘、胛脊、腰胯、腳腿的落沉，以及下盤樁根的落沉，最重要的是丹田氣的落沉，所以，「落勁」的施做，是一種「完整一氣」的「整勁」做為，你如果只有手落，而肩肘不落或胛脊、腰胯、腳腿不落，或下盤樁根不落，或丹田氣不落，那麼，這個「落勁」是無法成立的。

鄭曼青大師，夜夢斷臂，夢醒，覺得手臂鬆沉很多，感覺功夫日進千里。這是他練拳的悟境，事實上，手臂是未曾斷掉的，真的斷掉的話，勁就沒得施了。大師只是覺得自己的手臂，鬆沉後，那個沉落感，就好像是手臂斷掉後的落沉，自己感決特別的沉重。

大師沒有說出「落勁」這層道理，如果缺乏了神意去領勁，那個勁再沉，頂多也就五斤、十斤那麼重，不會讓人感覺特別的沉重，只有懂得「落勁」這層道理的明師，才能道出「落勁」與「沉勁」之間的相互關係與差別。

三、控　勁

顧名思義，控勁就是控制自己與他人的勁路，使對方，勁之來勢來力，受到我的約束與管制，不會壓迫到我的身上來。

控勁牽涉到聽勁的範疇，你聽勁靈敏，對方的來勢來力，預發之時，將到未到之時，已經被我所感知，我就預設一個防守機制，使他有力出不得，或拔動他的根盤，使他的腳根浮動，著不到地，借不著地力，而為我所牽制。

對方的來勢來力，已經逼近我身，只能用旋轉的圓弧去走化，或者用接勁的方法，把對方的勁承接起來，並且落沉卸到下盤的腳根。

控勁當然也牽連到沉勁與落勁，你的氣勁如果不沉落，你若不諳落勁的深理，那麼是談不上這個控勁的，你只是胡亂的頂抗，歇斯底里的甩脫對方的來勢來力，這是一種天生自然的抗拒防衛方式，並不涉及到武功的層面。

如果敵不動，我亦不動之時，將如何？

引進落空，就是一個控勁方式，把對方的勁引出來，又要讓他的勁落空，好讓我來打。

「引」是有技巧的，也牽涉到沉勁與落勁的層面，你的勁不夠沉，或者沒有達到落勁的水準，那個勁施到對方的身上，硬梆梆的，不僅達不到引勁效果，反而會被對方所察覺、聽到（感覺到），而成挨打的局面。

你的內勁夠沉，而且懂得「落勁」的作略，你的掌按在對方身上，他不會被推動，不會立即往後退去，相反的，你雙掌一按，對方的身子會往前傾過來，也就是往自己的身上傾過來，讓你來打。

這聽起來好像很神奇，其實一點也不奇，這是一種反作力，只要你的勁夠沉，懂得落勁神技，就可讓對方產生反作力，送肉餵虎，送來任由你打。

控勁，主要是控制對方的根盤，而這個根盤，不僅是腳根而已，每個關節，都是一個根節，都是一個根盤，要看對方的著力點在哪兒，有時只要控制他的局部根盤，即可拔動他的主根，而撼動全身。

控勁更牽涉到聽勁的靈敏，所以要常練推手，使得自己的觸感神經產生敏銳的自然反射能力，進而達到階及神明的「懂勁」境地。

四、頂　勁

頂勁是用下劣的蠻力，去頑抗，像蠻牛之互頂，不在討論的範圍，也不值得討論。

那為什麼又提出來討論呢？只是要讓大家知道，如若落到這個「頂」字，那麼內家拳的內勁功夫，就要被丟的遠遠的。

現在的推手，不論是定步或活步，多數都落於頂牛方式，沒有討論的價值。

我們要討論的是修煉的方式，你如若用上了蠻拙之力，就與這個頂字攀上了關係，就與內勁的修煉相悖離了，永遠無法成就內勁功夫。

總結而言，沉勁、落勁、控勁、頂勁都是互有關聯的，明白這層道理，你才能知所分際，知所辨別，知道明白這些層次的差異，你才有脈絡可循，才不會走上冤枉的路，繞了一大圈，卻沒有摸索到內家拳的路徑，浪費了寶貴的時間與精力。

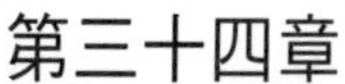

第三十四章 也談換勁

討論「換勁」這個問題之前，要先定義「勁」到底是什麼？

太極拳行功心解云：「以心行氣，務令沉著，乃能收斂入骨。」行功心解說，用我們的意念思緒去行功運氣，務必要使這個內氣能夠鬆淨沉著下來，透過這樣的長期修煉，就能使內氣產生騰然現象，終而收聚斂入骨膜筋脈之內。

這邊，行功心解雖然並沒有說明這個被收斂入骨的能量就是「內勁」，但有智者可以從行功心解的整篇文章內而得到答案。

茲引行功心解內文語句為證，「發勁須沉著鬆淨」、「運勁如百煉鋼」、「蓄勁如開弓，發勁如放箭」、「勁以曲蓄而有餘」、「運勁如抽絲」、「勁似鬆非鬆」等等。

行功心解，開宗明義，一開頭就講，你練太極拳最先要件，就是要以心去行功運氣，然後才能有收斂入骨的內勁能量；有了內勁能量之後，接下來才有「運勁」、「蓄勁」、「發勁」等等的後續煉功的作為。

由此可知，「內勁」就是內氣的化身，是透過修煉後的一種昇化質體。所以這個質體只有一種，任何一個人，有練出這個質體，都是相同的一種東西，只是這個質體會有強、弱、厚、薄、多、少等差別。

那麼，太極拳為什麼還要說掤、捋、擠、按、採、挒、肘、靠等八種勁呢？事實上，這八個勁，是以用法而加以區別的，它們的內勁質體都是相同的，都是同種類的。

形意有明勁、暗勁、化勁之說，這也只是練習與應用時的方式有別，它的內勁質體也都是相同的。

八卦掌的滾、鑽、爭、裹之勁，也是同一個元素質體，也只是練法與用法的區別。

有陳大師以「練太極拳不懼換勁，就長真功」為題，發表換勁的論述：

陳大師說：「換勁是太極拳愛好者必經的一個階段性的感受，在此說的『換勁』是練功習拳中勁力功力的升級替換，不是推手散手中招術用勁的變換。所謂『換勁』，就是消除平常的多用拙力習慣，以便形成太極拳特有的內在勁力。我們要脫開本力的束縛，儘量避免使用拙力，由心靜體鬆入手，化去體內的僵緊蠻力，然後滋生出一種綿軟沉重的太極勁，那麼這種換勁的過程就是所謂意在取代本力地位的作用，並不是為了什麼而換勁，這是一個自然而然的過程。」

陳大師說：「『換勁』是練功習拳中勁力、功力的升級替換，不是推手散手中招術用勁的變換。」

推手散手中所用的勁，就是一個內勁，只是隨著不同的用法而有不同的名稱去取代分別，所以不是真的去換勁，這樣說法是正確的。但是如謂「『換勁』是練功習拳

中勁力、功力的升級替換。」筆者則有不同的看法，我們在練功習拳當中，內勁功體是會一直累積聚斂的，這個內勁質量會增加，但不會替換，也就是說，它只增量，而不換質的。因此，如果有階段性的不同感受，也是內勁的實與沉的增長感受，不會有一個換了一種不同的勁的感受。

陳大師說：「所謂『換勁』，就是消除平常的多用拙力習慣，以便形成太極拳特有的內在勁力。我們要脫開本力的束縛，儘量避免使用拙力，由心靜體鬆入手，化去體內的僵緊蠻力，然後滋生出一種綿軟沉重的太極勁，那麼這種換勁的過程就是所謂意在取代本力地位的作用，並不是為了什麼而換勁，這是一個自然而然的過程。」

消除拙力，心靜體鬆，方法練對了就能生出內勁，是正確的，但這些過程是在正確的修煉中所自然產生的，並沒有所謂的取代本力地位的換勁過程。大師後面有說到「這是一個自然而然的過程」，但是與前面所說的換勁，似乎是有前矛盾的地方。

陳大師說：「不少練拳較長的人都知道，對於傳統太極拳來說，基本功、拳架、推手、散手都要經歷各種換勁階段，也有不少人只知道有換勁感受，卻不能掌握換勁的時機，更有一部分人認為經歷過一次換勁就算是完事了，其實練拳過程中有各種各樣的換勁感受，有時局部疼痛，有時全身都疼痛或渾身痠軟，當然疼痛或痠軟過之後再練拳就大不一樣，那感受是不斷的，有如螺旋的遞進過程，這種疼痛和痠軟就是你練功習拳後質變的收穫。」

推手、散手只有勁路的變化，似無所謂的換勁，因為內勁元素質體只有一種，如果說內勁有鬆柔、Q彈、脆厲等等的不同效用，那是每個人修煉的不同進境，這些也是每個人層次水準的差異所呈現不同的境界。所以，各種層次功夫的增進，是功夫的累進現象，似非一次又一次的換勁。

練拳時，方法對了，筋骨有伸拔，是會有微痠的感覺，但是這種痠，不是操勞過度或練錯方法所產生的痠痛，而是筋骨拔伸後，內氣注入筋脈骨膜的感覺；若是練到全身都疼痛或渾身痠軟，那就是練錯了，必須尋求明師，趕快修正，否則會留下後遺症的。所以不要誤信「疼痛或痠軟過之後再練拳就大不一樣，那感受是不斷的，有如螺旋的遞進過程，這種疼痛和痠軟就是你練功習拳後質變的收穫。」

陳大師說：「學練太極功夫有一個心知到身知的轉化過程，這是因人而異的艱苦過程，常說練拳是化僵積柔的過程。我在不斷的練功習拳實踐中認為就是讓自己累得不想多使用一份力氣去完成動作時，才能真正體會到用意不用拙力的鬆柔感覺。當力氣沒有用完之前的放鬆，絕大多數是主觀認識的鬆，並非是太極拳達標的鬆，初學者在練功習拳時肌肉韌帶沒得到充分鍛鍊，動作又想儘量到位，特別是對拉拔長、抻筋拔骨產生的痠脹疼痛是正常的身體反映。如果懷疑和懼怕這種反映，而改變動作姿勢，按自己認為輕鬆舒服的動作去練，就與太極拳失之交臂。值得注意的是：不要以為有某種舒服感的動作就是自然放鬆的姿勢動作，這是兩個不同內涵的概念。倘若因痠痛沉重難

耐，又恢復到原來狀態，丟掉了練法要領實在可惜。實際上忍耐過了痠痛沉重關卡，妙境就會出現。太極拳功夫就是肩、臂、腰、胯、腿、腳在熱麻、痠疼、脹痛的反覆經歷中獲得的，唯得苦練也。」

練拳要去掉僵力是對的，但如說要「讓自己累得不想多使用一份力氣去完成動作時，才能真正體會到用意不用拙力的鬆柔感覺。」似乎要打個問號的。

太極的鬆，是身心自然的鬆放，不是要刻意的把自己累倒、累壞到沒有力量可使，誤認這才是不使用拙力的鬆。

形意前輩說：「不著一絲拙力是謂鬆。」只要沒有使出一絲一毫的蠻拙之力，可謂之鬆矣，如果說「讓自己累得不想多使用一份力氣去完成動作時，才能真正體會到用意不用拙力的鬆柔感覺。」是值得再思維的。

陳大師說「力氣沒有用完之前的放鬆，絕大多數是主觀認識的鬆，並非是太極拳達標的鬆」。

力氣用完了，人也就癱瘓了，哪還能行功運氣嗎？哪還能盤架子嗎？哪還能去體會真正的鬆柔嗎？

伸筋拔骨，只是意念帶著肢體的微拔、微伸，是會有微痠的感覺，主要的目的，是要讓內氣注入。不是要刻意的把韌帶筋骨拉到極限的痠脹疼痛；痠脹疼痛是警告你練錯了的訊號，如果誤以為痠脹疼痛是正常的身體反映，你就被掰了，將來老時，筋骨痠痛病變，再來喊冤，已晚矣。如果練到痠痛難耐，趕快停下來休息，不是忍耐過這一關，妙境就會出現的。

所以說「太極拳功夫就是肩、臂、腰、胯、腿、腳在熱麻、痠疼、脹痛的反覆經歷中獲得的。」是值得質疑的。

練拳要有智慧，就像學佛一樣，不是修苦行，不是盲修瞎練，佛陀六年一麻一麥的挨餓苦修，終不能悟道，只有依智而修才能開悟明心。如果苦練到要歷經無數的痠疼、脹痛，而且認同此說，是為無智之人。

陳師說：「比如站馬步樁，腰塌胯沉時，練過二、三分鐘後就使大腿肌肉痠痛、發燒或下肢顫抖，這樣才能在難受的時刻把拙力換成不同層次的鬆沉勁力。待下肢的筋骨強度提高了，血氣的轉換品質也提高了，自然使初練階段的肌肉痠痛消失或減少。再如練習沉肩墜肘功時，當肩關節、肩胛骨不夠鬆時，可能造成腰背、胳膊肌肉痠痛，這是地球引力用肌肉的痠痛來提醒你身體的這些部位是僵緊的信號，自己宜想方設法進一步放鬆肩關節和肩胛骨才好，這樣才能在難受的時刻把拙力換成不同層次的鬆沉勁力。」

如果說，在大腿肌肉痠痛或下肢顫抖，就能在難受的時刻把拙力換成不同層次的鬆沉勁力，那麼能成就太極內勁功夫的人，就會如過江之鯽，多如牛毛了。然而事實並非如此，坊間練太極者，很多都是能吃苦耐操的，但是並沒有因此而成就太極內勁功夫。

陳大師謂：「二十幾年前，一位南寧的拳友與我聊心得體會時說：『前些日子，重點體悟沉肩墜肘，肩膀胳膊痠痛了幾天，較為難受，我以為練傷了，就拿跌打藥酒搽抹了兩三天，不再堅持練下去。過後看了新買的拳書才知

道換勁這回事，哎呀！誤用藥酒把我所換之勁搽去了，可惜啊！』聽來真逗。有位前輩說：『練習太極拳的初級階段和中級階段，就是要練你的筋骨，磨你的心志，餓你的體膚，只要持之以恆，有了紮實了基礎，這太極拳就有望練成了。』所以說換勁是真正體味太極功夫的門檻，能換勁才是入門進階，也有很多不能正確理解認識太極拳練習要領的愛好者，雖練拳多年卻無緣入門進階的。」

我不知道陳大師的那位南寧的拳友，是看了哪一本拳書，才知道換勁這回事，那位拳友自認為肩膀胳膊痠痛了幾天，是種換勁的情況，還很可惜的認為誤用藥酒把他所換之勁搽去了，可惜了半天；這話聽來才真逗呢，真是顛倒啊！

孟子曰：「天將降大任於斯人也，必先苦其心志，勞其筋骨，餓其體膚，空乏其身，行拂亂其所為，所以動心忍性，增益其所不能。」

這意思是說，上天要把重大使命降落到某人身上，一定要先使他的意志受到磨鍊，勞累他的筋骨，讓他忍飢挨餓，使他受窮困之苦，做事不能順利。這樣來磨鍊他的心志與性情，增長他的才能。

但是，你不要練拳練到滿身痠痛，到老一身是病，這並不是我們練拳的目的。很多老拳師，老來病痛纏身，雖然練到了功夫，又有何意義呢。太極拳經原註云：「欲天下豪傑延年益壽，不徒作技藝之末也。」練太極拳主要目的，在於強身健康，延年益壽，若是練到滿身毛病，真不知所為何來？

另有師謂：「太極拳求形意勁，形意拳求太極勁。」這個說法不知是否正確呢？

太極勁與形意勁有差別嗎？練出來同樣都是一種內勁質體；太極由柔練成就內勁功體，這個內勁功體在用時可以極堅剛的，因為它是氣的一種瞬間爆發。

形意先練明勁，後練暗勁；明勁階段並不是用蠻拙力打拳，它只是外形呈現開展與豪放，出拳緊湊，邁步大方，一般不解形意之人，乃誤會這是蠻力、硬力，其實並不是。若是的話，形意將會被排除在內家拳之外。明勁轉入暗進階段，也不是換勁，只是轉變為柔練而已，所成就的內勁也不會更換，還是那個不變的質體。

復有師謂：「整勁修煉得體，自然轉化為混元力，就可以進入到混元力的修煉階段了。」

「混元力修煉有成後，就應該尋找一種虛無的狀態，化混元氣為天一真水，進而由後天轉先天，進入靈勁階段。」

「混元勁向靈勁的轉換，關鍵在於能否化混元氣為先天。」

「待識神退盡，元神經養煉自然精純、堅固，此時一覺獨靈，周身無礙，靈勁成矣。」

「靈勁上身，身體也必需要轉形換質。」

「練成靈勁之後，心中會空空蕩蕩，進入到了自然虛無的狀態。元神就會在這種杳杳冥冥之中得到修煉，變得純正而堅固，轉化為道心與佛性，逐漸地，你的拳道合一矣！」

這些話語，似乎有些「說玄道奇」，故示武功高超。此師之意，也是在敘述勁的轉換，他說的比較玄奇，整勁轉化為混元力，混元氣化為天一真水，由後天轉先天，進入靈勁階段，靈勁上身，身體也要轉形換質，進入到了自然虛無的狀態，元神就會變得純正而堅固，轉化為道心與佛性。

我們凡夫練拳，講求實際理地，只要老實練拳，一步步的，腳踏實地，決定可以成就內勁功夫。勁的靈敏，須透過推手的練習，練到精熟時，觸覺神經產生了敏捷的反射作用，謂之懂勁階段，也是功夫層次較高的階段。

所以，整勁轉化為混元力，再轉化為天一真水，再轉化為靈勁，似屬神道境界，在凡俗的世界裡，似乎是高不可攀的。

練拳要以平常心而練、而求，要以拳經、拳論、行功心解等經典，做為指導的依循參考。

一干大師、名師之言，不宜全部信受，要用自己的智慧去辨識，不可人云亦云。

名師之論述有錯謬之處，要有膽識提出辨正，否則是為鄉愿之人，若在網路分享錯謬論述，或按讚，即成為邪師之幫凶，也是有過失的。

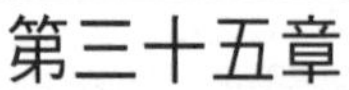

形意拳單練、走步與套路

形意拳的練法，大致上分為單練、走步與套路。

單練，就是在定步中，專練一式。一式裡面，又可以拆練。譬如，本門練劈拳，把它分為三個動作來練，就是採拔、鑽、劈。

採拔，又分左右單腳退步採拔，及左右單腳進步採拔；單腳進退採拔熟稔後，再練左右腳交換步的採拔，使步法活絡靈敏。

一般拳師是「教拳不教步」，原因是怕「教步打師傅」。本門教法不同，是「教拳先教步」，是「教步好師傅」，這樣才符合教拳傳承的初衷，也是身為拳師的一種責任與氣度。

若是為了防患惡徒弟的忤逆，就來個「師傅留一手」，恐怕不得堪稱一個好師傅，因為他識人不清，而且沒有把自己的徒弟調教好。

步法含攝樁法，以及運樁與打樁。

練拳初始，就是要練站樁，把樁功基礎打好、打穩，這樣才能為將來的運樁與打樁預建初胚。

打拳架或做基本功，都是要運到腳樁的，若是不會運這個樁，這樣，拳打起來，都是空心的，都是花拳繡腿，是不能長功夫的，也練不出內勁的。

為什麼這麼說呢？

當樁功基礎打好了，那麼就要開始學運樁，透過腳樁的對稱二爭力，而連帶營造出腿、腰、胯、肩、肘、手等等的二爭力，又因二爭力的互爭而營造出重重疊疊的阻力，在二爭力與阻力的牽引中，體內的筋、脈、膜、韌帶、骨骼等等所有經絡都會被拉扯伸展開來，使得內氣能夠注入其內，斂聚累積不為人知與不為人信的內勁能量，這是我們修煉內家拳的標的與方向。

若沒有認清這個標的與方向，就是盲修瞎練。若已知這個標的與方向，卻不安於本份，想一夕成功，不可能也。如果不能安分的老實練拳，從基礎練起，一步一腳印的，那麼就會應了那句老生常談「練拳不練功，到老一場空」的諺語了。

因此，在下盤的樁功成就以後，無論做基本功或練拳架，都要運到這個腳樁的，也因腳樁的拖曳運使，使得上盤的手臂筋脈等都被這些二爭力與阻力機制的運輸而伸展鬆開，而利內氣的灌注，成就了手的掤勁。

而且在此練習的同時，能使得丹田氣的運轉鼓盪更加強烈茁壯，而在打樁時，由於丹田氣的挹注，令這個樁打下去，更快速、凝聚、脆厲、磅礴。

站樁、運樁都是練體，這個功體必須先成就，才有以後的打樁這一回事。

打樁是屬於「用」法，也同時適用於練「體」的功法。

學會了打樁，在蹬步出拳攻擊時，會增進無比的威力。在形意明勁練習階段，你會打樁，這個明勁，打起來就氣勢磅礡，意氣風發，丹田內氣吞吐鼓盪雄偉，始能展現出形意的豪邁氣度。

形意的暗勁階段練習，更是需要打樁，但這個樁，打的是暗樁，腳樁的暗潮洶湧，外表身形是看不到的，只有自己才知道。

但是，你如果沒有練就樁功，你在那邊裝模作樣、裝神弄鬼的，內行人還是會一眼瞧破，因為使了腳樁的暗樁，身形氣勢都是不一樣的，它有沉斂的感覺，有抓地、入地的感覺，有水中划槳、陸地行舟的感覺，有二爭之力及阻力的感覺，是騙不了別人的。

現在有一干人，樁功無成，不會運樁；明勁未就，硬要來練這個形意的暗勁，以為慢了、鬆了，就是在練形意的暗勁。其實是一個空心蘿蔔，他的鬆是一種頑鬆，他的慢是一種虛慢，是故意放慢腳步，放慢身形的虛慢，這個慢，只是時間的一個拖延，與動作的遲滯罷了。所以，這種暗勁的練法，事實上，只是一個「形意操」而已，是出不了功夫的。就像「太極操」一般的頑鬆、怠慢，只是在練體操罷了。

打樁是發勁所必須的要件，會發勁就必定會打樁；會打樁，透過練習就會發勁，這是互相連帶的。

不會打樁，雙手奮力一推，才把人推出去，這不是發勁，這屬於拙力範圍。練出了內勁功體，也深諳打樁神技，則發勁只是一個作意而已，在意到時，丹田氣一鼓盪，樁已打入地底，勁也同時崩出，都是剎那間的事。所

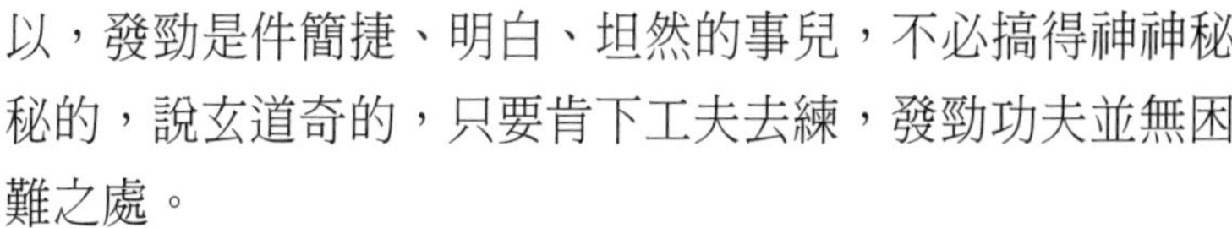

以，發勁是件簡捷、明白、坦然的事兒，不必搞得神神秘秘的，說玄道奇的，只要肯下工夫去練，發勁功夫並無困難之處。

形意母拳五形，子拳十二形，都可以單練，都可以拆開成為一式動作的單練，不要小覷單練，也不要嫌棄單練太單調乏味，練拳愈單調、簡約，愈能長功夫。

走步，形意的走步，大部分是直來直往，走到一個固定的盡頭，扣步回身，再往回直走，也有走斜步或橫步。十二形裡，有雞形的雞步、龍形的龍剪步及猴形與燕形的縱跳步。

走步練習，主要是練蹬勁。蹬勁是形意的特色，蹬勁練成了，就是撞勁的成就。形意名家尚雲祥求師於李存義，李存義一個跨步就把尚雲祥跨倒了，因此拜師在李存義門下。

這個跨步，就是形意的蹬步。蹬步成就了，就有了撞勁，有了這個撞勁，才能一個跨步把人跨倒。

蹬步，不是用跳的，一般人練蹬步都會患上用跳的毛病，或者在跟步的時候，腳會拖泥帶水，在地上拖行，這是大致上的缺點。

蹬步，要用到丹田氣去打腳樁，那個樁要實，要入地，抓地力要穩固，這樣蹬出去才有勁道可言；若不如此，雖然也是蹬出去，但身體是飄浮虛幌不實的，是空洞無物的，這只是在練腳力，練腳瘦而已，練法稍有偏差，就與蹬勁無緣了。

走步打拳，不論是練明勁或暗勁，都是要會運樁與打樁的。所以，沒有樁功基礎，練起形意，只是徒耗體力，消除一些體內的熱量而已，對於形意功夫的求取，是無益的。

練明勁，是打明樁，身形外勢看的清清楚楚，氣勢雄偉，風度翩翩，瀟灑自然，置地鏗鏘篤定，不拖泥帶水。

練暗勁，打的是暗樁，因為是暗藏的樁，所以聽不到蹬步聲響，動作是慢條斯理的，是從容不迫的，是徐徐而行的。

然而，暗樁入地，身體前行時，阻力是非常強烈的。身體要向前走，好像有人阻拉著你，讓你走不了。這個暗樁愈強，所產生的阻力愈大，手的掤勁就愈容易成就。

所以，練暗樁，練暗勁，是要拖泥帶水的，愈拖泥帶水愈好，內暗勁愈能加速成就。

但是，這個拖泥帶水，絕對不是空空無物的故做拖延與遲滯，而是暗樁入地時，所引生的摺疊阻力，令自己的筋脈拉著骨肉而行，要有沉著與斂聚的感覺，要有裹勁束身的味道。

在暗勁當中要有運勁如抽絲的法味；在明勁的運使當中，要有發勁如放箭的氣勢。

套路，為一般初學者所嚮往。但是在基礎未打好前，打套路，就像「弄屎杯（台語）」，一點都不好看的，一點都不像樣的。

形意的套路，有五種：五行連環拳、四把、八式、十二橫拳、雜式捶等，後人又創造各種連拳套路，不在話下。

練完形意母拳五行，大部分的學生就急於想練五行連環拳套路，因為認為打起來會蠻像一回事，遠比單練與走步更多采多姿，個個都會興致勃勃。

五行連環拳套路，其實招式並不多，記憶力好的，一學就能記得，就會比劃比劃。然而，這個比劃，只是一個雛型，離真正的套路演練，還相去甚遠的。

初學者，練形意五行連環拳套路，因為尚缺乏樁功的基礎，手的掤勁也尚未成就，丹田氣更未飽足，因此，就不會運樁，不會運丹田氣，不會打樁，所以，蹬步無力，出拳無勁，也無法連綿貫串，這樣打起套路，就會顯得「離離落落」，蹣跚嬌懦，氣勢不足，自信缺乏。

練套路，要常常複習，至滾瓜爛熟，不用透過腦想就能夠打出來，這樣才不會忘掉。

練拳如果會忘掉，等於沒練。所以，還是得用點腦筋去記憶，好像唸書背句子一樣，要儲存在電腦記憶體裡面，隨時都用得上來，隨時打得出來，這才算是有心練拳。

若是隨練隨忘，一點都不在乎，這樣只是在浪費自己的時間、體力與金錢，到頭來也是一場空。

我教拳，比較注重單練，單練出功夫，單練長功夫。

走步也是必練的，走步裡還有一種划步，在前腳前進後，後腳不是跟步置於前腳邊，而是跨越前腳，進到更前面去，這樣，就可以為未來的「硬打硬進無遮攔」而做預習的前方便。

當你的單練，明勁練出來了，走步的蹬勁也練出來

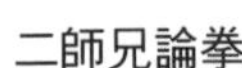

了，接下來，內暗勁相續成就了，這時打起套路，才會有一個樣兒。

套路是拳勢功力的呈現，單練、走步練習，都是要互相配合演練的，整合起來，才是完美的形意拳，有形、有意、有勁、有氣勢、有藝術。

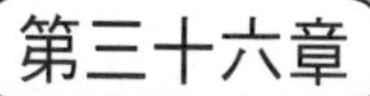

現代武林誌

離阿志老家五十公尺，有一座儀應公廟，小廟只有五坪大，前臨曹公圳河，河上有一小橋，可通鳳山國小後門。

阿志孩提時，就讀鳳山國小，每天上課都要走過這座小橋，課餘，阿志常溜到小橋下戲水游泳、抓大肚魚。

小廟後方有棵百年老榕樹，面臨復興街，老榕樹枝葉茂盛，陰涼無比，榕樹下攤販聚集，一些販夫走卒路過大榕樹，都會停下來歇歇腳，喝一杯楊桃冰，在樹蔭下小憩片刻。

有一次儀應公廟會，整條復興街擠滿了攤販，還有歌仔戲、布袋戲，好不熱鬧，而阿志獨獨喜歡那「打拳頭賣膏藥」的。賣藥的總是口沫橫飛，天花亂墜，好一會兒，賣膏藥的終於要表演「打拳頭」，阿志屏氣凝神靜待著。

那師傅擺出一記「請拳」，意謂五湖四海皆兄弟。之後開始運氣，馬步一紮，右拳一記「黑虎偷心」猛力打出，接著「惡虎撲狼」、「翻山倒海」、「雁落平沙」、「橫掃千軍」、「白蛇吐信」，拳拳都是虎虎生風，震地有聲，阿志看的好不過癮，連連鼓掌叫好。

阿志從小，心靈上總是嚮往著遊俠的生活，漫畫中的諸葛四郎是阿志的偶像，阿公口中的岳飛、關公，是阿志心中的英雄，阿志很希望能練就一身好功夫，長大以後可以行俠仗義，遊走江湖，做個英雄好漢。

阿志曾對母親說，要跟當時鳳山很有名氣的「大鼻師」練「拳頭」。大鼻師也是跑場子賣膏藥的，他家院子總是披曬著各種草藥，經過煎、切、炒、煮、煉泡，製成各種藥粉、膏、丸、散等，大部分是傷藥、運功散、行氣丸之類。

但是大鼻師並不想收徒弟，這對當時的阿志來講，是一件非常失望的事，阿志的夢想落空了。

大鼻師對阿志的母親說：「叫阿志每天用手掌拍牆壁，就可以練出功夫。」

阿志每天很認真的用手掌拍打牆壁，打的手掌紅腫疼痛。經過一段時日的苦練，阿志只感覺他的手掌變厚了，變硬了，神經沒了知覺，阿志自己知道他並沒有練出什麼功夫來。

這段往事，使阿志在日後的成長中有一些感慨，藏技而不傳承是不對的，不過也還好，要是當時跟了大鼻師練拳，頂多也僅是練個硬拳系統的架子而已。

隨著年齡的增長，阿志受到升學壓力的影響，每天被功課壓的喘不過氣來，也就忘了練武這檔事。

阿志高中畢業，沒能考上大學，在家賦閒一年多，就被徵召入伍了。在那空閒一年多的時間裡，阿志買了很多武術的書籍，按圖索驥，瞎練一通，沒得要領，阿志知道武術是不能無師自通的。

阿志被徵召入伍，當了憲兵，在台北縣五股鄉憲兵訓

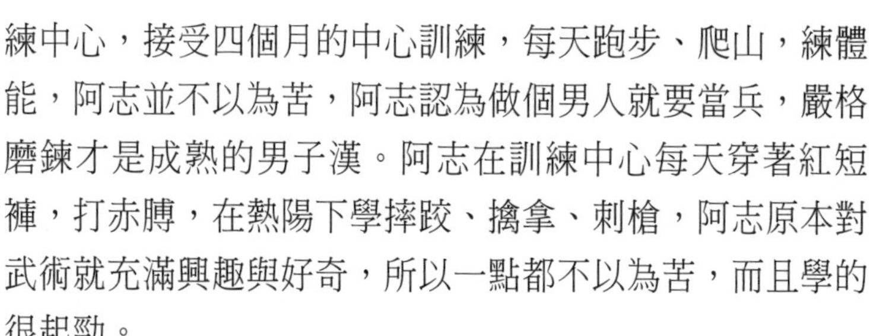

練中心，接受四個月的中心訓練，每天跑步、爬山，練體能，阿志並不以為苦，阿志認為做個男人就要當兵，嚴格磨鍊才是成熟的男子漢。阿志在訓練中心每天穿著紅短褲，打赤膊，在熱陽下學摔跤、擒拿、刺槍，阿志原本對武術就充滿興趣與好奇，所以一點都不以為苦，而且學的很起勁。

在軍中，有一次為了排班衛兵的事情，與同志發生爭執，對方一言不合，一拳揮了過來，阿志沒有提防，被擊中鼻梁，流了很多血，一點招架還擊的機會都沒有。

事後，阿志深深的思考，他那麼認真的苦練摔跤、擒拿術，為何一點都派不上用場，武術真的那麼難練上手嗎？阿志心中暗暗發誓，將來一定要找個好的武術老師，要練就一手好功夫，否則絕不罷休。

兩年很快就過去了，阿志退伍了。然後結婚生子、工作就業，一晃又五、六年過去了，歲月磋跎，阿志從來沒有忘記練武的事。其間，雖也去練過跆拳及外家拳，但均不合味而放棄，阿志要學的是真正的內家功夫，只有內家功夫才是真正的武學，可是一直都沒有機緣遇到一個好的武術老師。

民國六十九年九月，阿志從鳳山體育場內的游泳池出來，看到一群人在草場上打拳，阿志不由自主的驅前觀看。

指導老師是一個四十多歲的中年男子，他的身材並不是很魁梧，中等體重約六十五公斤左右，他的肌肉不是很堅硬，外表看起來是柔韌而有彈性，他的動作輕靈而沉穩，快慢適中，節奏有序，柔中有剛，剛中帶柔，看似棉絮內包著鋼鐵一般，雖不用力鼓氣，卻隱隱的散發一股無窮的內勁，瀟灑自然，意氣風發，這正是阿志尋覓多年，而始終沒有機緣遇上的武學。

那老師演練的是形意拳五行連環拳套路，全套共二十餘個招式，演練完畢，氣不發喘，面不改色，向阿志投以親切的微笑。老師姓林，阿志已經決定跟林老師練功夫。

林老師家住新營，每星期有兩天的時間，在鳳山傳授內家拳。

林老師練拳有一番傳奇，他原來在鳳山救國團與一位太極拳老師學太極，幾年後太極拳老師對他說：「我已經沒有功夫教你，你如果想再上一層樓，可到台北找〇老師。」

於是林老師準備上台北學藝。某個星期六，林老師先到台中，預定辦完一些雜事，隔日中午趕往台北。

當天，林老師夜宿台中，次日清晨，他習慣早起練拳，這日，他遇見王老師傅（阿志要稱他為師爺），在台中公園教拳，一群學生跟著王師傅在大樹下練推手及散打。

林老師在那兒津津有味的看了半個鐘頭，有一點躍躍欲試，王師傅看在眼裡，把他喊了過去。「來，試試看，隨便用什麼招式打我」，林老師卯足勁，一拳往王師傅腹部打去，王師傅也不招也不架，只見「碰！」一聲，林老師被震出丈餘，莫名其妙的傻楞在那裡。

這麼好的老師傅，是可遇不可求的，何必再到台北求

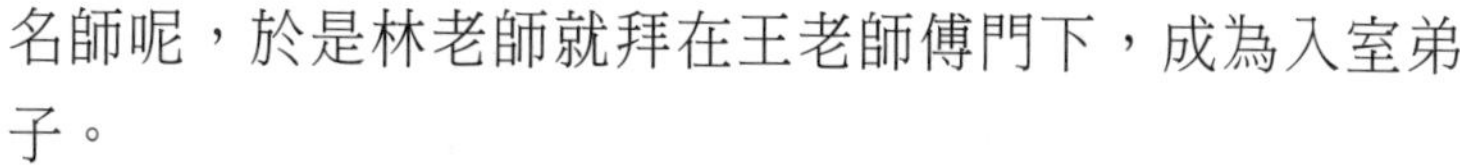

名師呢，於是林老師就拜在王老師傅門下，成為入室弟子。

林老師每星期六坐火車，從新營趕到台中練拳，星期日回家，如此十年，功夫大成，林老師的功夫就是如此辛苦練出來的。

而王老師傅在當時是聲名大噪的，有一次，他受日本武術界邀請，參加武林大會，在大會中，各國武術高手皆上台表演，有空手道、跆拳道、合氣道、泰國拳、摔跤等等，好不熱鬧。

王老師傅最後一個表演，他表演的是八卦遊身掌，王老師傅身高一百八十餘公分，體型魁梧，然而，走架，身輕如燕，沉穩而不漂浮，忽而彩蝶穿梭，左閃右騰，忽而老鷹獵食，直撲而下，忽而遊龍騰雲，呼風喚雨，忽而老虎出閘，氣勢如虹，往復擺扣，迅如閃電，綿綿不斷，一氣呵成，贏得滿場掌聲雷動。

表演完畢，王老師傅說：「走空拳，是死功夫；這樣好了，我站在擂台上，任憑各位好手出招，拳腳皆可。」於是各國高手爭先恐後的上台，有拳打，有腳踢，有頭撞，王老師傅毫髮未傷，那些高手，用力愈大的，被震出愈遠，個個心服口服。

武林大會散場時，日本人跪在門口，不讓王老師傅回去，請他留在日本傳授武藝。現在，很多日本人在學王老師傅所傳承的這一套內家拳，包括形意、八卦與太極。

中國武學繁雜，門派很多，一般武術家，把武術大致分為兩類，即內家拳與外家拳。

外家拳著重外練，以練外力為出發點，藉著舉負重物，或挑水，或劈柴，或依靠藥物、藥洗，練成銅皮鐵骨，而無懼重力之打擊，如少林拳、太祖拳等。

內家拳則以練神、練意、練氣、練柔為主，不藉外力外物，以吸納先天自然正氣，以意導運，而達意、氣、勁、神合一，將氣內斂入骨，經過長時有恆的鍛鍊，累積無窮的內勁，附著於筋脈之內，在運用時，以意導氣，意到氣到勁到，剎那發出爆發內力，那種瞬間的爆發力，就彷彿炸彈的爆破，威力無窮，而且愈老內勁愈渾厚，不似一般硬拳系統，會隨著年齡的增長而逐漸退化消失。

武術界很多名人，初練外家，終而轉至內家，成就非凡。內家拳，就是形意、八卦與太極。

阿志找到正歸武學門路，跟著林老師認真學練內家拳，由站樁紮根，鞏固下盤，內勁單練，及氣功導引，每日至少練兩個小時，睡前還要練站樁，有時太太已睡了一覺，醒來看阿志還在站樁，以為阿志練拳練痴了。

功夫是練出來的，是時間累積起來的，下多少工夫，才會得到多少功夫，阿志勤練了五年，已小有成就，無論推手走化，散手發勁，阿志的功力，在同門師兄弟中，已算是佼佼者。

阿志是正式入門的弟子，排行老二，遵循古禮，三跪九拜，大家都稱阿志為「二師兄」。

阿志的悟性好，記憶力佳，老師教的拳，阿志一看就會，而且外形內意幾乎跟老師一模一樣。老師教拳甚嚴，不苟言笑，師兄弟們都有些怕老師，因此有些拳式教過之

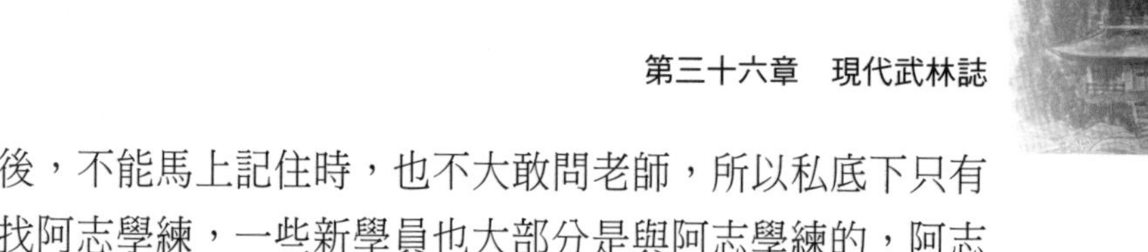

後，不能馬上記住時，也不大敢問老師，所以私底下只有找阿志學練，一些新學員也大部分是與阿志學練的，阿志已儼然是一個小師傅。

民國七十一年，高雄市太極拳協會舉辦第一屆活步推手比賽，阿志戰敗群雄，得到冠軍，此後大小戰役，省賽、全國中正杯，國際推手比賽，成績蜚然，阿志已經是身經百戰了。

然而，阿志並不滿足，也不驕傲，仍然勤練內家拳，他知道比賽得冠軍，並不真正代表功夫好，推手只是武術的一部分，非是全方位的，很多高手都是默默無名的，不與人爭勝的。

阿志的師伯，黃師伯就是一個典型的例子。黃師伯身高不到一六〇公分，但是內勁極為渾厚，他的走化才高呢，你如用力推他，他不會左扭右閃的，只是氣一落沉，已將你的力量化為烏有。

跟黃師伯練習推手，他會幫你餵勁，讓你很容易體會發勁的要領，阿志日後的功夫有成，很多訣竅都是從黃師伯處學得的。

黃師伯小時候，身體瘦弱，中學時，有一個大塊頭同學，老愛欺負他，甚至把他的便當搶走，不讓他吃，黃師伯發誓必報此仇。他去練舉重、拳擊、柔道、空手道，每一樣都練的很好。

但是當黃師伯在台中遇到前面所說的王老師傅時，卻是不堪一擊，一敗塗地，他終於認識了內家拳的厲害，於是拜師學藝，苦練十年，終於大成。

黃師伯與與林老師算是同門，只不過學拳早了十餘年。

黃師伯一心想找大塊頭報仇，但是一晃二十餘年都碰不到。一次，在台南街上遇上大塊頭，然而大塊頭染病在身，落魄潦倒，瘦的不成人形，黃師伯哪還有心情報仇，他除了同情以外，只有感慨，練了一輩子的功夫，只為了小時後的一念報仇之心，而當機會來時，卻一點也用不上了，猶自心軟的掏了五百元給大塊頭。

阿志知道黃師伯功夫好，有空就會找黃師伯指教，幾年下來阿志得到很多內家拳的心得。

黃師伯說，功夫要好，先求下盤穩固，再求腰胯身手鬆柔，一定要勤練出內勁才能致用，在運用時不可使用蠻力，在不丟不頂中去覓尋契機，要在得機得勢中，輕鬆的將對方彈出，不是死纏硬打，拖泥帶水，最重要的是借地之力，發出整勁，寧可退敗，不可死頂。

阿志還有一個師伯郭先生，住在高雄。

郭師伯的散手很好，出手快如迅雷，內勁雄厚，為人謙虛，深藏不露，到七十餘歲，還不曾收錄弟子。

阿志知道，推手只是武術的一個階程，武術的終極目標在攻防技擊，也就是實戰，如果不練習散手、對打，在實戰上，是還有一段距離的。

在高雄地帶，很多推手冠軍的「高手」，在他們的觀念當中，以為推手功夫已經很了得了，就貿然去參加搏擊比賽，各個都是一敗塗地，不知天高地厚。

終究，推手比賽還是得靠一些先天力及體能耐力，台

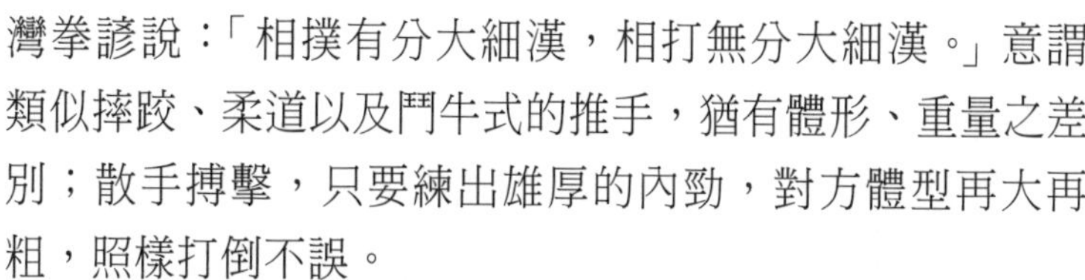

灣拳諺說：「相撲有分大細漢，相打無分大細漢。」意謂類似摔跤、柔道以及鬥牛式的推手，猶有體形、重量之差別；散手搏擊，只要練出雄厚的內勁，對方體型再大再粗，照樣打倒不誤。

阿志也時常找機會請郭師伯指導散打，郭師伯體型高大，內氣充足，他的腹部可當阿志的靶子，任由阿志擊打練習。

數年後阿志已逐漸體悟內家拳的真意，由明勁轉入暗勁，由暗勁漸入化勁，內勁功體逐日渾厚。

在一次與郭師伯的散手練習後的第二天，阿志到郭師伯家泡茶談拳，郭師伯拉起上衣，指著身上的點點瘀青，告訴阿志說：「你的內勁雖已練出，但還不夠雄厚，只能傷及表皮，不能透裡到內臟深處。」

而事實上是郭師伯的化勁好，是以內氣化掉阿志的打擊。而阿志把郭師伯的話當做一種鼓勵，一種增上緣，更加努力練拳。

阿志有一位拳友叫崑財，體材碩壯，是一塊練武的材料，崑財年幼既開始練鶴拳及柔拳，根基很好，推手比賽常得冠軍。

崑財是泥作師傅，專做磁磚工程，他在貼做磁磚時都是單腳站立，另一隻腳抬起放磁磚，這樣的自我要求，把拳融入工作與生活之中。

崑財遇上郭師伯時，知道內家拳裏面有許多好東西，因此就跟著郭師伯練八卦掌及形意拳，並且正式拜師成為郭師伯的第一個入室弟子。

後來崑財的朋友今雄、阿基、小陳、小吳等，也先後拜師。

阿志善觀人相，他看出郭師伯的弟子當中，今雄與阿基企圖心很強，心機也重，在和郭師伯喝茶閒談中，曾有意無意的提醒郭師伯要提防此二人之言行，然而郭師伯並沒有在意。

今雄練過鶴拳及形意拳，手勁很重，常四處拜訪高手，與人切磋時，很會察言觀色。

今雄與人推手，從不客氣，出手從不手軟，將人推倒。有時因為急攻，反而吃了敗仗。今雄推手曾敗在高雄葉氏手裡，這事知道的人很少，但卻是阿志親眼所目睹。

大陸陳○旺來台獻藝時，今雄當場邀陳○旺推手，兩人有些鬥力，走化得不是很鬆柔，然而陳○旺看來是略勝一籌，今雄想一舉成名，未能成功。

阿基身材粗壯，孔勇有力，接觸內家拳後，始知內家拳功力深厚，與郭師習練內家拳一年多，以為已得內家拳的內涵。

今雄與阿基時常向各地高手切磋，也在網路下單，並在媒體發表說明會，介紹他們形意八卦的師承，把一些的拳界名人都說是自己的師父，以提高他們的身分地位，而對郭老師的名字卻隻字不提。

今雄曾在網路上稱，他的功夫是高於郭老師的。郭老師對他的這些行逕也不予計較。

阿基現在功夫，在網路上有些名氣，聽說也常到日本及國外教拳，但從未曾提到過他的師承中，有一個郭老

師。

然而，阿基與今雄拜郭老師的事，南部高雄人，很多人都知道的，儘管他們有意或無意的想隱瞞，或不承認，但都有拜師的照片可茲證明的，實證勝於雄辯。

拜師應該是一件光榮的事，似無隱瞞的必要，除非想高推自己，自認功夫超勝於老師。

阿志練拳到第十三年，林老師有一個小徒弟叫光寶，才十二歲，老師把光寶交給阿志教，阿志經老師認可，從那時起開始教拳，至今阿志教拳也有三十餘年，學生不多，來來去去，潮來潮往，沒有幾個肯老老實實，認認真真的練，到目前為止，阿志還找不到一個可以真正收錄入門的弟子，這也許還得靠機緣吧，阿志以為，這種事寧缺勿濫，要審慎篩選，這入門的弟子必須品德良好，謙虛有禮，尊師重道，悟性好而能持恆不斷，能光耀師門，最重要的還得互相投緣。

你永遠聽不到阿志的功夫如何了得，及一些傳奇的故事，阿志永遠是那麼平凡，那麼低調虛心，他還在默默的求進步當中，阿志知道功夫是無止境的，好還能再好，功夫是個無底洞，永遠填不滿，經營多少，收穫同等，高人之後還有高人，遇到功夫比自己好的，要放下身段，虛心求教，功夫才能有所進境。如果成天想出名，向人挑戰，惹事生非，沽名釣譽，不知修心養性，那麼即使功夫再好，還是得不到別人的尊敬的。

阿志練拳將近四十餘年，得到一個啟示，品德好，修養佳，懂得內斂與修行，才是真正的武功高手。

第三十七章

落胯、落勁、落樁與落筋

「落」字為何意？

落，是落沉、落實、落坐、落地。

落，是指外形的肢體與體內的丹田氣的沉墜，而落實於身軀的各個「根節」，這個「根節」涵蓋肘肩、腰胯、及腳之根等等。

氣，不只要落，還要沉。如果，只是落，但是沒有沉到各「根節」的底，尤其是下盤腳根的底，這樣就是落而不實；也就是說，沒有落實到底，沒有落實到應該落坐的地方，這樣就是沒有「落實」。

「落實」之後，還要「落坐」，坐的平平穩穩，坐的中定平衡，而且能善於變化虛實。

「落地」了，才能生根，身體的重量要落地，丹田的氣更要落地，只有丹田的氣，真正的深植地底，屹立不搖，才是真正的落沉。

「落地」涵蓋了三盤，上、中、下三盤，上盤是肩胛肘手，中盤是腰胯，下盤是腳根，這上、中、下三盤都落地了，謂之「三盤落地」。

三盤落地並不是說上、中、下三盤都要落觸到地面去，不是手、腰、腳都要落觸到地面才叫三盤落地。所謂「落地」，是指「氣」的落沉，三盤的氣要落沉到與地面

相接觸。

上盤的胳臂掤提起來，筋骨伸拔展開，曲中求直，似鬆非鬆，在鬆開而伸筋拔骨中，可以感覺到氣的落沉，這個落沉，涵蓋筋的落沉、氣的落沉，及勁的落沉，這個落沉，是氣的內斂所呈顯的能量，因為落了筋、落了氣、落了勁，在落筋、落氣、落勁當中，受到地心引力的牽引，整個手臂就落沉到與地面相接、相通，手臂落沉的氣感與地氣互相感應、觸通，這就是上盤氣的「落地」。

中盤的腰胯，盛承著丹田氣囊的內氣，腰胯愈鬆透，丹田氣就愈積沉，愈累愈充實飽滿，愈飽滿則愈沉墜。太極十三式歌云：「腹內鬆淨氣騰然。」腹內是指丹田，丹田的鬆淨而能承載丹田氣，需要腰胯的坐落來支撐，所以腰胯的落插，也需要與下盤的腳根來串連。丹田氣落沉了，就會直落於腳根與地面相接，這就是中盤的落地。

再來，說到下盤的腳根。腳根是一個基樁，承載著全身的重量，這個基樁若是不穩固，則一切就免談了。

樁功是在練氣的落沉，氣要入樁，樁要入地，氣要入地生根。腳樁之氣的落沉，是靠丹田氣的驅策壓送，這個驅策壓送不是使力鼓氣，而是意導，以意導之，只是一個作意而已，會運轉丹田氣的人，意念一動，丹田氣一轉，氣就落沉到腳底去了。

三盤各有根節，各盤的根節，要根根相連，節節互串。

那麼，要如何才能互串、相連呢？只有三盤的氣都落沉了，三盤的根，三盤的底都有氣的落沉，底底相連，底底相接，三盤串成一盤，成為一體，才是真正的「三盤落地」。

「**落胯**」，是指身體的重量與丹田氣，皆落沉、落實、落坐於胯這個地方。

胯，就像一座頂「鼎」，這個鼎字的字型，真的很有意思，下面似兩隻腳頂著胯。胯頂著「目」字，這個「目」字就像我們的上半身，兩隻腳及胯，頂負著人體上半身的重量，這是「鼎」字的形象意。

有師謂：「坐在太師椅上，把椅拉開，就是落胯。」我曰：「非也。」

因為，這樣，上半身的體重，只能靠膝腿來承擔，只會練成膝瘦及膝傷，不是落胯。

很多人練平馬樁或渾元樁，故意蹲的很低，以為這樣就是落胯，以為這樣就能練出功夫，但結果只落個膝瘦與膝傷而已，很冤枉的。

落胯的目的，除了承載上半身的重量之外，最主要的是讓內氣能安舒的落沉於丹田，這個胯，承載著丹田這個氣囊，就像鼎腳，承載著鼎身，使它固定、安穩，有所依附、依靠、與依偎、依歸，也就是令氣在丹田氣囊內，有所依恃、依怙之意。

丹田氣若能很安舒、安穩的落沉、依歸、依附於丹田氣囊之中，那麼在長期的養氣當中，在長久的培育丹田氣當中，這個丹田氣就會集結、累聚而不散漫、失落。

落胯，有前落、後落、側落。不管是前落、後落、側落，這個胯要直直的落插下去，落坐下去，也就是說，胯

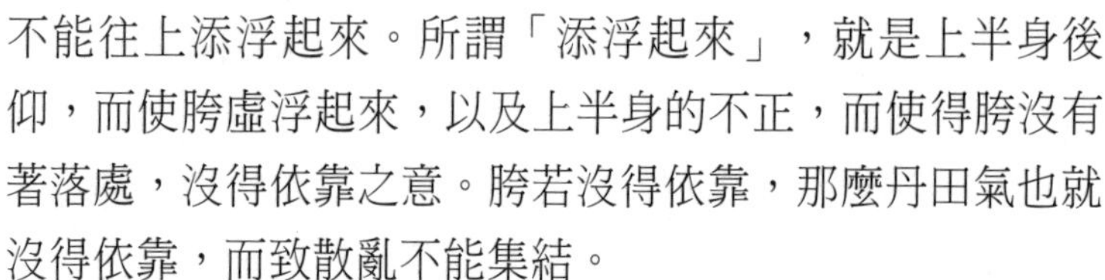

不能往上添浮起來。所謂「添浮起來」，就是上半身後仰，而使胯虛浮起來，以及上半身的不正，而使得胯沒有著落處，沒得依靠之意。胯若沒得依靠，那麼丹田氣也就沒得依靠，而致散亂不能集結。

胯的著落處，在於腳根，胯承載著上半身的總重，要全部著落於腳根，所以說，胯要落插，要直落而插著於腳根，也就是讓腳根來承載全身的重量。

為什麼要這樣呢？

因為腳根承載全身的重量，不僅能夠避免膝疼與膝傷，而且能令丹田氣落沉於腳底，使丹田氣能落地生根，培植下盤樁基的實力。樁功也是這樣而成就的，所以說，樁功也不是在練腳痠，而是讓氣匯歸於腳底，成就下盤功夫。

「**落勁**」，是內勁成就以後、沉勁成就以後，才有的說詞。

落勁是沉勁成就以後，更進一步的運用。前面說過，落，是落沉、落實、落坐、落地。當你成就了內暗勁、沉勁等等，你要運用時，還得會「落勁」才行。

什麼是「落勁」？

把內暗勁落實到人家身上去，或落實到自己拳架上該歸位的地方，謂之落勁。在施勁時，除了沉勁之外，把暗藏之內勁，以內意暗施於敵身或己身的拳架上，以意導，將內暗勁加壓，落實到敵身或己身之拳架上。

這個「落勁」，是鬆沉的，是鬆沉中的意導。不是用些拙力去壓迫人家，如果沒有練就內暗勁，那麼，著到人家身上的力，是僵拙的，是硬滯的，是一種矯揉造作而不自然的，是感覺得出來的，是隱瞞不了人的。

內暗勁成就的人，你落了勁，對方並不會預先知覺，等到察覺時，勁已落到，要逃也逃不及了。

查探一個人的內勁是否厚實，看他的手臂是否夠沉重，而這個沉重，並非說手臂有多少斤兩重量，而是看他的手夠不夠沉，他會不會落勁。

手夠沉，放下去頂多也只是十斤或大不了二十斤，有固定的質量。會落勁的行家，勁落下去，不是死沉沉的壓著你，在鬆柔中，只能感覺那個勁的落與沉，帶著虛靈與尾隨黏附，是種鬆柔的活勁，卻讓你爭脫不開。

所以，老師傅的手臂讓人感覺特別的沉重，並不是他的胳臂真的很重，只是他已成就了內暗勁，而且深諳「落勁」技巧，而讓你感覺他的手臂很沉重。

「落勁」，除了手臂的沉勁之外，還涵蓋了腰胯的落沉、以及下盤樁根的落沉，最重要的是丹田氣的落沉，所以，「落勁」的施為，是一種「整勁」，是「完整一氣」的。

如果只有手落，而腰胯、腳腿不落，或下盤樁根不落，或丹田氣不落，那麼，這個「落勁」是無法成立的。

落勁時，手附著於敵身，是種依附、拈附，它的落沉感是依附於胯的落沉、丹田氣的落沉，及腳樁的落沉，也就是說，手的落沉，實是依附於胯、丹田氣與腳樁的；反過來說，就是腳樁、丹田氣與胯，去拖曳著手的一種落沉，而這個拖曳，並非全是體重質量的一種拖曳，而是除

了體重之外，所涵蓋的內氣與內暗勁的落沉。

鄭曼青大師夜夢斷臂，夢醒覺得手臂鬆沉了很多，這是大師的悟境。事實上，這個鬆沉，是種自我感覺。手臂的筋，鬆透了，內勁滲入了，就會有落沉的感覺。而實際上，那個落沉的質量，是有限的。只有透過「落勁」，才會有真正沉重的感覺。

但是大師並沒有說出「落勁」這層道理，只有懂得「落勁」這層道理的明師，才能道出「落勁」與「沉勁」之間的相互關係與差別。

「**落筋**」，是透過筋的伸拉、拔展，使得筋鬆開、鬆透，而令氣滲入筋脈、骨骼之內，累積成一種肉眼看不見的一種能量實體，內家拳把它稱之為「內勁」。

筋鬆開了，透過意導，氣就滲入了，而且累積愈久，質量就愈厚實，所以手臂伸放出去，就會有落沉的感覺。

筋是有彈性的，是機動的，可以快速的彈抖。筋是全身遍佈的，涵蓋了腰胯、腿腳等等，所以要成就彈抖勁，必得先修煉伸筋拔骨，使得黏附於筋骨周邊的經絡、脈膜等全部鬆開，好讓內氣滲透其中，累積勁的質量。

當全身的筋脈等，都充滿了內勁質量，這個富有彈性的筋，就能伸拉自由，機動而快速，這樣才能真正的成就彈抖勁。

發勁，是完整一氣的，是一個整勁。所以，發勁是要落胯的，是要落筋的，是要落樁的，是要落勁的，全身的整勁都要落沉的，都要互相搭配貫串連結的，如是才能稱之為完整一氣。

落胯要先開胯，練開胯有各種方法與動作，譬如本門的「內勁單練法」基本十式，都是在練開胯、鬆胯的動作，久練後，胯鬆開了，腰圍的筋也伸展開拔了，無形間，彈抖性就生出了，若能配合腳樁的二爭力暗勁的互相撐蹬，那麼彈抖勁、摺疊勁就慢慢會累積而成就。

用雙盤腿來靜坐，也可以使胯鬆開落沉，連結大腿的臀骨、髖骨，是一個「鼎」的基座，承載著丹田氣，及負荷上半身的體重，盤坐功深時，體內的氣自然的落沉於丹田腰圍胯髖之間。太極十三式歌云：「刻刻留心在腰間」、「命意源頭在腰際」，此之謂也。

也只有胯開了、胯落了，才會有氣沉丹田的效果，才會有氣沉腰間、氣落腰際的實益。所以，落胯而氣沉，實為養生之大計；而且，落胯而氣沉也實為武功技擊修煉的一個不可或缺的層面。

盤架子，要落筋，要伸筋拔骨；盤架子，要落胯，要氣沉丹田；盤架子，要落樁，要氣植地底；盤架子，更要落勁，因為落了勁，可以使氣更沉，使筋骨更伸拔；落了勁，可以使胯更落插，可以使樁基更深植地底，入地生根。

落筋、落胯、落樁、落勁，都是互相牽連的，都是互相牽動的，要使一個沉勁或發勁，必須落筋、落胯、落樁、落勁，缺一不可。

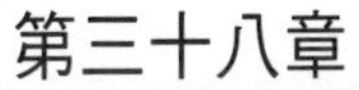

第三十八章 誰說形意都是直來直往——形意也是走圓弧的

一般人談形意，都謂形意樸實明快，大多直來直往，一屈一伸，花招少，特別是在攻防方面，強調快攻直取。

形意的樸實明快，是事實，花招少，也是事實，在攻防方面，強調快攻直取也是事實。

但形意的修煉，並非都是直來直往的。形意的走步，大多是直來直往沒錯，因為形意的拳架走步練習，都以單式練習為主，都是一直蹬步走去，到達一個盡頭再扣步回身，回身後也是直走。

形意的步法是比較定式的，不像太極，一套拳架打來，步法是多變的。因為太極打的是一個套路，不管它是37式、42式，或108式等，都是一套長拳的套路，所以步法就有很多的轉折變化。

形意也有套路，步法上就機動變化多了。而且，形意的套路，打起來快慢相兼，蓄放有緻，剛柔並濟，看起來就精彩多了。

形意的單式走步，雖說直來直往，但這是指路線而言的。而事實上，它的身形、手形等等，也是呈螺旋的圓弧的。

若是將形意打成直線條的模樣，那就誤會了形意的內涵與內質了。

譬如形意母形，劈拳的單式練習，在三體式中，兩手微向前伸，再往後拔採，再往前鑽劈而出，都是走圓的弧線，右拳劈出成掌，由上往下劈，也是呈圓弧線條的。這中間，腰胯的左右旋轉、擰扭也是圓轉摺疊的。手臂的往復曲伸，也是摺疊而圓轉的，而且小臂的外翻擰裹，更是圓狀的旋轉。

由腰脊的小圓自轉，引伸外圍的公轉，它的拋物線都是圓弧的。劈拳如此，其他各形，亦復如是。

形意的回身扣步，有八卦的影子，從擺扣步法的圓中，帶動身法與手法，步圓、身圓、手圓，全身皆圓。

若有人說，形意直來直往，是不懂形意者，是不會形意者，是誤會形意者。

形意暗勁修煉階段，都是在鼓運丹田之氣。丹田是一個圓球狀的氣囊，丹田氣的鼓運，丹田氣的內轉，都在這圓狀的氣囊中活潑動轉，所以，這丹田氣的動轉，也是圓活而靈動的，不是像練硬氣功一般，憋著氣在那邊硬綁綁的。

丹田氣的內轉，呈現一種立體的圓弧走線，隨著拳架的往來牽動，而有不同節奏的圓弧驅動與鼓盪，展現了一副多采多姿的立體環轉動畫。

這就是形意的美，有曲有伸，有蓄有放，有展有斂，它在直中有圓，在剛中有柔。有鐵漢的霸氣與剛氣，也有大丈夫的柔情與溫婉。

第三十九章
基　座

建築物、橋樑，或其他結構性的物件，都必得有一個基座，做為墊底的基礎。拳架也有基座，而且有多個基座。

一、腳根是一個基座

腳根是承載全身重量的支柱，就像是房屋建物或橋樑的基底，以及一個物件的底盤，若沒有這個基座，就沒有高樓大廈的起建，及橋樑與物件的建立。

腳根這個基座的建立，在於站樁。站樁是一切拳術的基礎，沒有樁功則下盤不穩，還有什麼拳術可言呢？

以前的人練拳術，未打拳先練樁，形意拳常說：「入門先練三年樁。」主要目的就是要先奠立基礎。

站樁是在練意、練氣、練神，每天站個幾十分鐘，日久而氣沉丹田，落入腳底而生根，下盤日漸穩固，這個基座就慢慢建立起來。

站樁不是在練腳痠，而是透過丹田氣的鬆沉，令氣匯歸而落沉於腳底，氣沉了，身就穩定了。

樁功的成就，不是像建築物、橋樑，或其他結構性的物件，只是讓基座穩固而已，樁功的成就可以發揮很多的功能與作用。

譬如：

1、**運樁**

樁功成就了，不是只有求到下盤的穩固，不是站著讓人推不動而已，透過運樁，讓樁功發揮更多、更大的作用。

運樁有定步運樁及活步運樁。

定步運樁，如本門基本功的單練，每個動作皆要運到兩腳樁的撐蹬二爭力，配合丹田氣的鼓盪，及腰胯的擰轉，使腰胯形成一個立體圓弧的旋動，增強了阻力的催促，強化了運勁的效果。

在這樣的運樁當中，上盤的肩肘也會自然形成摺疊狀態，更加強氣的推動，使手的掤勁逐漸加強。

活步運樁，如形意暗勁階段的練習，及太極的盤架，都會運到樁的。發勁更要透過運樁去打樁，這樣發勁才會有真正的效果。

2、**打樁**

打樁是樁功成就後的成果表現，由樁功的成就而學會運樁；運樁嫻熟了，才進入打樁的階段，因此，發勁與打樁是互相連結的。

正確的打樁，是樁功、內勁及丹田氣圓實飽滿，在作意的剎那，完整一氣的打樁入地。

打樁是意與氣之神妙運用，打樁，看不到身形、曲膝，只是氣一沉、一凝、一聚而已。某些名師發勁，屈身彎腰曲膝，蹲低身體，奮力一推，是為不會打樁、不會發勁之人。

二、胯是一個基座

胯像一座鼎，鼎字，下面有兩隻腳，上面的「目」字，像身體。

真實的鼎有三隻腳，而人只有兩隻腳，這兩隻腳要承載著鼎身的重量穩固，除了腳樁的立基之外，要依靠這個胯來分攤負荷。

胯這個基座，如何承載身體的重量？答曰：「落胯」。只有落胯後，因為胯骨的落沉，形成一個鼎的支柱，才能支撐身體上半身的重量。

「落胯」，是指身體的重量與丹田氣，都落沉匯聚於胯這個地方。

落胯除了承載身體的重量外，是要讓內氣能安舒的沉殿落聚於丹田，使體內的氣有所依靠。那麼，在長期的培育內氣之中，這個內氣就會集結累聚，而成就飽滿圓實的丹田氣。

胯的著落處，在於腳根，所以，胯的落插，要直落而插於腳根，讓腳根來承載全身的重量。

太極十三式歌云：「刻刻留心在腰間」、「命意源頭在腰際」，只有落胯才會有氣沉丹田腰間、氣落腰際的實益；所以，能落胯而令氣沉於丹田腰間，乃為養生之劑方；氣斂腰際亦是武功修煉的重要方法。

練拳要善用胯這個基座。

練拳架，腳樁的撐蹬催動，腳的運樁，都要催運到胯這個地方。也就是說，腳根與胯要連成一體，腳的撐蹬

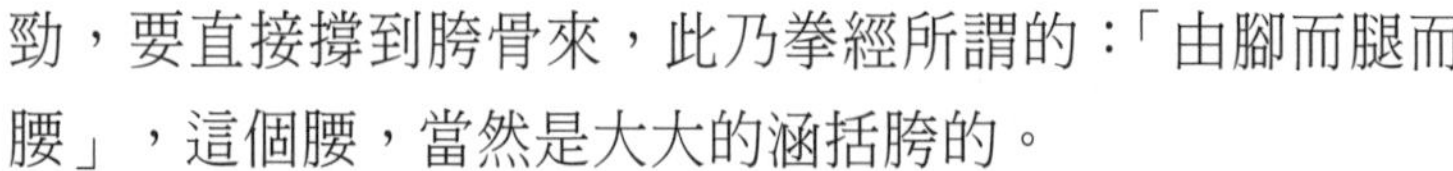

勁，要直接撐到胯骨來，此乃拳經所謂的：「由腳而腿而腰」，這個腰，當然是大大的涵括胯的。

發勁若腳根的暗勁沒有連接的胯部，腳勁沒有撐到胯，那個勁是沒有威力的。

三、肩胛是一個基座

肩胛是上盤的一個基座。在盤架子時，或發勁之時，肩胛是互依的，肩胛的筋要撐著，要緊緻的，不可鬆垮垮的，若是呈現頑鬆狀態，是無法發勁的。

盤架練功，肩胛到手掌整條筋，都要撐拉著，都伸展拔放的，兩手往前伸放時，肩胛是要撐持著的，唯有這樣，兩手向前催動運氣或發勁推打，肩胛這個基座才會有所依靠，若沒有這個基座的被依靠，那麼氣、勁的催動將會落空，因為沒有基座被其所依靠。

沒有肩胛這個根盤做為依靠，則梢節的手將失去著力點，這樣，打拳架或發勁的時候，將成為一個頑空狀態，不能發揮運氣與運勁的效果。

有師主張「肩要空，使得肩對於手臂僅是提供身軀力量傳遞至手臂的輸送通路，是不給予主動力量的，或者說，就力量的提供與支撐而言，肩就像是不存在似的」。

在實際的運用上，鬆肩是必要的，可以使對手失去著力點。但在練拳架或基本功或發勁時，肩雖然要鬆沉，但不能空掉。

肩若是空掉，那就白練了，因為肩是整隻手臂的根，若無這個根部做為基座，若是這個基座不存在或空掉的

話，就是失去了根。

肩胛可以鬆沉，不可以頑空；氣的質量要落沉於肩胛，不是空空無物，若肩空掉了，或呈頑鬆狀況，則不是沉肩墜肘的真鬆。

肩胛是上盤的基座，若失去了這個基座，就沒有手的掤勁可言了，更沒有發勁之可言說了。

腳根、腰胯、肩胛，是下、中、上三盤的基座，三個基座是相依相附的。

腳樁的運樁、打樁，氣勁到要相連到胯與肩，此乃拳經所謂的「貫串」，也唯有三盤的基座，互相連接貫串，才是拳經所謂的「由腳而腿而腰」的「完整一氣」的整勁。

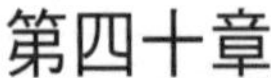

第四十章 抓扣、沾黏與敷蓋

抓，是抓住對方的雙手或衣領或袖子。

抓，是柔道或摔跤或擒拿常用的手法。在太極推手或內家拳的推手當中，是反對抓的，除非在實戰之中，要去施用擒拿或摔拋，才會有抓的情況。

為什麼在推手中，要去反對抓呢？

因為抓，在推手當中，涵蘊了頂與抗的成份，是太極一向主張鬆柔中的大忌。還有，你用力的抓著對方，會讓對方感知你的力向與力重，等於告知對方你施力與走化的趨向，是一種切切實實的挨打架子，所以高手在推手陣中，是不會去抓住對方的，只有不諳推手技者，才會一直抓著對方。

你抓著對手，在轉換為攻擊的推按時，誓必先放掉抓力，這就等於預告對方，我要做攻擊動作了，只有傻子才會這樣做。

扣，是用五隻手指的末梢鉗住對手的關節、穴道、韌帶或肌表等等，讓人失去使力的能力。

與扣相關的動作是「拿」。

扣住以後就是拿開或提領，增加扣的作用。扣拿，就像五鉤指吊車，五指先扣住物件，然後提拎移開。

在推手遊戲規則中，扣、拿等動作是被禁止的，因為

比較會發生傷害情事。有些不肖者會暗中施用扣拿伎倆，是為缺乏武德、武品之人。

沾黏，是推手聽勁技法，是用手掌輕輕的沾著對方。沾，有碰觸到對手的肌膚，但力量沒有下去，只是輕微的沾貼著，不會讓對方感覺到有壓力施上去，但己方卻能因為這個「沾」而感知對方的動向。

黏，是附而不能分離，也就是黏隨而不分離之意。黏與粘字是同意，有人用黏，有人用粘。

打手歌云：「引進落空合即出，沾連黏隨不丟頂。」八字歌云：「果得沾連黏隨者，得其寰中不支離。」意思是說，沾連黏隨是不丟不頂的，沒有一絲一毫的抗拒與丟失斷離，若能掌握沾連黏隨的技巧，就能引進落空的把人輕鬆的打出，就能得到推手技中的中心要點。

「沾連黏隨」，是老前輩王宗岳先生的歌論，可說是太極拳活用推手當中的首部曲。之後有武禹襄先生的「敷蓋對吞」，李亦畬先生的《撒放密訣》之「擎引鬆放」。

先來談李亦畬先生《撒放密訣》中對「擎引鬆放」的描述：

擎，擎起彼身借彼力。

引，引到身前勁始蓄。

鬆，鬆開我勁勿使屈。

放，放時腰腳認端的。

「擎引鬆放」是「敷蓋對吞」的續曲。

擎，是「擎起彼身借彼力」，所以不是用拙力將對方擎起或托舉起來，而是誘使對方，向我使力，把他的力量先牽引出來，有「引蛇出洞」或「引君入甕」之意。

引，是「引到身前勁始蓄」，先把對手的力量牽引出來，進入到我預設的圈套之內，也就是誘到我好打的勢力範圍內，有引敵深入之意。

鬆，是「鬆開我勁勿使屈」，在擎引之後，對方的力量朝我直來，我突然全身一鬆，讓對方一晃，這一晃，對方正好失神，腦筋一時空白，我則冷不及防的全身一抖，放勁出去，對方必然跌出

放，是「放時腰腳認端的」。放，是發勁之意；端是開端；的，是目標。這是說發放勁之時，要以腰腿為發勁之源，然後始可順利的射向正確的標靶，把對手打出去。

為什麼發勁要以腰腳為端的？

這邊的腳，是指下盤的根，是指樁功而言的。樁功有了基礎，才能運樁打樁，才能真正的發勁。

太極拳經云：「其根在腳。」不論是練架子或發勁運用，都是要「其根在腳」的，都是要運樁與打樁的，都是要藉著運樁與打樁的入地，所產生的摺疊反作力，回饋到腰與手，完成運勁與發勁之「端」與「的」。

腰是丹田氣鼓運的主宰，若沒有這個腰際的丹田氣去鼓運打樁，那麼這個樁也發生不了作用的，如果沒有丹田氣的運為，那個腳樁只是一個局部的拙力，不能產生完整一氣的整勁效果。

再來談武禹襄先生的四字訣「敷蓋對吞」，四字訣原文：

敷：敷者，運氣於已身，敷布彼勁之上，使不得動也。

蓋：蓋者，以氣蓋彼來處也。

對：對者，以氣對彼來處，認定準頭而去也。

吞：吞者，以氣全吞而入於化也。

敷，是以雙手輕輕的敷在對手的手上或遍布於全身，與「沾」大約是同一個意思。所以這個敷，也是不著一絲拙力的。武氏謂，運氣於已身，敷布彼勁之上，使不得動也。是以無形無相的氣去敷布於對手的勁上面，控制對手的動向，使他不能動彈。

武氏謂，**蓋**者，以氣蓋彼來處也。似乎是比較抽象的說法，氣是無形無相的，肉眼看不到的。敷是輕沾，蓋是落放了氣與勁。

對，含著對付之意，也是以氣對著敵人出勁使勁的力向點，回打而去。

吞，是吞掉，把對方的來力吞掉，這是指化勁而言。

我們來回顧這三部曲。王宗岳前輩的「沾連黏隨」，講的是不丟不頂，不丟開，也不頂抗，太極拳講求的就是捨己從人，所以是以高超的聽勁技巧去沾連黏隨，掌控對方的來勢來力，達到人不知我，我獨知人的深妙境界。

王宗岳之後的李亦《撒放密訣》中的「擎引鬆放」，並沒有跳脫王宗岳的「沾連黏隨」。武禹襄的四字訣「敷蓋對吞」，以抽象的氣來提高他的說法，然而依然離不開王宗岳的「沾連黏隨」之範圍。

綜而觀之，李亦畬《撒放密訣》中的「擎引鬆放」，並無密訣可言；武禹襄的四字訣「敷蓋對吞」，亦無新意可說，只不過是把玩一些文字遊戲，食前人之唾涎罷了。

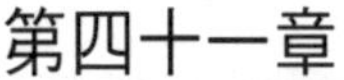

第四十一章 筋骨分離

有師謂，拳練到一個境界，會出現骨頭與肉分離的情況，謂之「骨肉分離」。師謂，譬如貓科動物，全身的肌肉非常鬆，具備了相當的拉伸度，抓一大把，跟骨頭是完全分開的。

師說，人練拳也是如此，經過長久的鍛鍊，顫抖勁出來以後，一個抖身，全身的肌肉都在顫動，肉與骨的分離感就出現了，此時功夫已臻相當程度，這是骨肉分離帶來的效果。

這些論述，是古時的拳師常說的，現時的名師，人云亦云，也拿來冷飯重炒，以示與古人齊名。

事實上，骨肉是無法分離的，這種分離感，只是一種感覺，一種個人練拳的感覺。

依我個人練拳的心得，在這種狀況下，宜說「筋骨分離」比較妥適。

當我們在練拳時，全身鬆透之際，我們的筋，會有被伸拉展開的情景，練拳架，是筋帶著骨肉而行的，不是骨帶著肉而行，也不是肉帶著骨而行，若是骨帶著肉而行或是肉帶著骨而行，都會含有拙力成份參雜在內，與行拳時的鬆透是有所衝突的。

筋在鬆透的情況下，會被伸張而開展，會被拔放出

去，會有微痠的感覺，這個微痠，不是施用了拙力所產生的疲乏狀態，而是筋被鬆開拉拔後，注入了氣場，因為有氣場的注入，因為有氣的質量之挹注，所以就會有微痠的感覺。

在行功運氣的走拳當中，筋領著骨肉而行，骨肉受到地心引力的牽引，而此時的筋是捧提著的，好像一條橡皮筋，提吊著一個物件，這個物件的重量，受地心引力的牽引，連帶把這一條筋也往下拉，筋被拉開、拉長，氣就會注入而斂聚，所以會有微痠的狀況，在這種情況下，會產生一個良性的循環，氣愈沉，筋就愈被拉開伸展；筋愈拉開伸展，氣就更容易斂入。

若以貓科為喻，肌肉雖鬆可以抓一大把，然而，肌肉的鬆弛，是屬於頑鬆的狀態，但這種肌肉的鬆弛垂下，肌肉的下墜，或全身的肌肉都在顫動，卻是練拳的一個累贅，這個肌肉的重量，會造成我們行動中的一種拖累，會遲延我們行動中的速度與機動性，無論在推手或搏擊中，都會形成負面影響的。

太極拳或內家拳，若是真正練鬆了，全身的肌肉，不會是鬆弛到軟趴趴的狀態，不會是鬆弛到可以抓一大把；而是鬆中卻富有彈力的，它是彈活的，就像一塊揉透的麵團，是Q彈的，是有韌性的。

所以，練拳不宜求骨肉分離，因為骨肉一旦分離，肌肉的鬆弛，會成為骨的行動中的累贅。

筋是有彈性的，它有伸展性，也有伸縮性，也有機動性，它可領骨肉而並行，不會造成被拖累的情況，也不會在拳架、推手，及格鬥的行動中造成累贅。

而且，筋有彈力，不僅不會在拳架、推手，及格鬥的行動中造成累贅，它的彈簧性、彈抖性以及摺疊性，能發揮極其快速的抖勁、摺疊勁，是武功中，較為高層次的境界。

彈抖勁是筋的彈性所發揮的作用，不是全身肌肉的顫抖。

再者，筋的提舉、伸拔、展放，是造就掤勁修煉的一個過程，也就是說，必得透過筋的提舉、伸拔、展放等過程，始能令氣場注入，而成就掤勁。

所以，這種分離的境界，是筋骨分離的境界，不是骨肉分離的虛幻境界。

因此，宜說「筋骨分離」，不宜謂「骨肉分離」。

而「筋骨分離」，只是一種練法，只是一種感覺法，在實際應用時，筋、骨、肉是互相牽連的，是無法分離的。

鬆的目的，不是讓肌肉鬆弛癱塌，這樣是屬於頑鬆狀態，打的是空拳，無法成就功夫。鬆的終極目標，在於伸筋拔骨，使筋脈增加彈性，注入氣場，成就掤勁。這個法訣，很多名師都弄不明白，有些則是暗藏，不肯相授，所以真正成就掤勁的人，並不是很多。

伸筋拔骨，不是侷限於手臂，因為我們的筋是全身遍布的，所以全身的筋骨，都要拔放伸展開來，令氣場注入。譬如，行功心解云：「牽動往來氣貼背，斂入脊骨。」還有曰：「腹鬆，氣斂入骨。」在在的說明，這個鬆，是透過伸筋拔骨的過程，使得脊背、腰間的筋脈開展伸拔，這樣才能「氣斂入骨」，才能「氣貼背」，成就全身各處的掤勁，這就是「氣遍周身」，終而達到養生、健身的目的，也成就了太極拳及所有內家拳的內暗之深妙武功。

第四十二章 我的兩個真心拳友

是FB上的朋友，從未見過面。

一個是：郭○○先生，居住桃園，從事印刷業工作。

2017年2月15日他在FB發一個簡訊給我，他說可以幫我們「鳳山形意拳」社團設計一個形象標誌，他說他常看我的文章，腦海有一個logo跑出來，要免費幫我們設計「鳳山形意拳」的logo標誌。

2017年5月1日，他又傳簡訊說，希望把本門的形意之拳架及特色的重點帶進logo裡，並用毛筆字把「鳳山形意拳」五個字放在logo上，他試過用電腦上的金梅字去試排，但覺得太過匠氣，不然就是有骨無肉。每次設計都做了又改，經過N次的電腦掃描試排，總覺沒把意涵做好。

從未謀面的網路朋友，卻是這麼有心，真是令我感動，也感激不已。真的謝謝郭先生，感恩再感恩！

一個是：台南的謝○○老師。

2017年2月17日，我在「鳳山形意拳」社團發佈一個擬在台南地區籌劃開班授課的公告。謝老師看後留言說：「我是台南武術協會崑山訓練站的站長，你們如果有要在台南開課的話，我這邊的場地可以借你們，我這邊下永康交流道約五分鐘就到了！」

我真的揪感心，感覺非常的溫暖。

我感受到謝老師的盛情，真是無限的感恩。

雖然後來因為開班因緣不具足，沒開成。

謝老師說：「沒關係！如果未來有要來台南授課再跟我聯絡！」

兩位從未謀面的網路朋友，如此的貼心，打從精神上來支持我，使我覺得人間還有溫暖、善意與愛心，讓我覺得並不孤獨。

真正的朋友之交，不在物質與利益。

每天跟你聊天、泡茶的朋友，不一定是交心的朋友。

再次感恩郭先生與謝老師。他們兩位都很低調，不想把名字公佈出來，但我還是覺得一件充滿著愛與溫暖的故事，是值得與拳友們及讀者們共同分享的，所以就把它收羅到書中來。

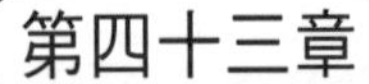

第四十三章 是丹田在呼吸

呼吸是所有動物的本能，所有動物也依靠呼吸而存活，沒有呼吸，生命就不存在了。

人類比較聰明，除了靠呼吸而活命之外，還會利用呼吸來健身，利用呼吸、吐納、調息來增進五臟六腑的運作功能，達到益壽延年的效益。

養生學家更善用呼吸運轉的功能，創造了順、逆呼吸法，除了鼓盪橫膈膜之外，還可以令體內的氣，透過意念的導引，循著督任兩脈，運行大、小周天，以期成道做仙。

武術家藉由呼吸而養丹田氣，運用丹田氣的鼓盪作用，令氣遍布周身；更藉由丹田氣而修煉內功，斂氣成勁，成為技擊格鬥中的無形武器。

呼吸的管道，是鼻腔，透過鼻腔的出入息，才能吸納空氣與吐出廢氣，促成體內氣血的循環交替作用，讓生命在有生之年的時空中，運作不息。

內家拳的練家子，運用鼻間的呼吸出入息，透過鬆柔的修煉與運氣法，將吸納於體內的氣，匯聚儲藏於腰間的丹田，使之圓實飽滿，謂之養氣。

養氣飽滿後，再運用丹田的鼓盪、壓縮、驅策、內轉等等修煉方式，將內氣輸運到全身各處，令氣遍布周身，

斂入筋骨之中，成就內勁能量。

丹田是養丹、納氣的場所，因此中國的丹道士、氣功師們，就把它稱之為丹田，或稱之為氣海，因為它就像大海，能吸納百川之水，而不溢滿。

內家拳所稱的丹田，不是指一個穴位，而是一個氣囊，它像一個球狀，可以伸縮、擰轉、摺疊與彈抖等多元功能。

呼吸與丹田的運作，雖是息息相關，但在內家拳的行功氣中，是丹田在營呼吸的，鼻間的出入息呼吸，只是一個橋樑，一個管道。

行功心解開宗明義的說：「以心行氣，務令沉著，乃能收斂入骨。」已經點出「行功」之重點，就是沉著。在鬆柔不著一絲拙力之中，令氣沉著；氣的沉著就是要讓氣沉聚於丹田這個氣囊之中。

待丹田氣飽滿圓實後，透過行功運氣，而令氣騰然，終而斂聚於筋骨內，成就內勁能量。

這些行功運氣，靠的都是丹田的運作，也就是丹田的呼吸，這丹田的呼吸，涵蓋了氣的牽動、鼓盪、壓縮、驅策、擰轉等等。

行功心解說：「極柔軟，然後極堅剛。」

「極柔軟」是指在鬆柔之中，借著「丹田呼吸」，將氣藉由吞吐、鼓動、摺疊、轉換、蘊蓄等等法訣，令氣轉化沸騰，匯聚沉斂成為實質能量，也就是極堅剛的內勁。

所以，要成就極堅剛的內勁，是要靠丹田的呼吸去鼓運的。

行功心解云:「能呼吸，然後能靈活。」

意思是說，想要有靈活的動作表現，想要能夠知所變化，必需要學會應用呼吸。

呼吸，大家都會，然而行功心解所說的「呼吸」，不是一般生理上的呼吸，不是指鼻腔的出入息，而是指「行功」時的呼吸。這個行功的呼吸，就是丹田的呼吸。

打拳，雖然還有鼻間的呼吸出入息，而實際上，大部分內氣的蘊蓄、吞吐、鼓盪、摺疊、轉換等等，都是丹田在運為的，鼻腔的呼吸出入息，只是被依借的管道而已，它是處於配角地位的。會運氣的拳家，憑藉丹田內呼吸之吞吐、鼓盪、摺疊、轉換，使得拳架富有生命，使技擊產生極致的效果。

會「呼吸」的練家子，能由意念牽引丹田氣，去行功運氣，或蓄勁、化勁與接勁，這就是「從心所欲」。

能「從心所欲」，就是已臻「靈活」的境地。這就是「能呼吸，然後能靈活。」的真義。

行功心解云:「行氣如九曲珠」、「運勁如百煉鋼」、「蓄勁如開弓，發勁如放箭」、「曲中求直，蓄而後發」、「往復須有摺疊，進退須有轉換」，這些都是在講丹田的呼吸運作的。

太極陰陽訣云:「太極陰陽少人修，吞吐開合問剛柔。正隅收放任君走，動靜變化何須愁。」陰陽就是虛實變化，吞吐開合就是丹田的呼吸與運氣；能呼吸運氣，即知變化虛實；能變化虛實，即得靈活；能靈活，即能「收放任君走，變化無須愁。」

太極拳講求借力、借勢；鼻腔呼吸，是被借的勢，被丹田所借的勢。丹田的運作，不能缺乏氣的流動、牽引；丹田氣的流動、牽引，要借鼻間呼吸氣息的引助。所以，行功運氣或蓄放勁，它的主角是丹田，但卻不能離開鼻腔這個配角。

鼻腔配角，雖不能或缺，但在行功運氣時，暫時忘掉這個配角，不要太在意它的存在，因為在「不要太在意」中，它依然是存在而相伴隨的，不會因此而缺席。

氣功中有六字訣，吹、呼、嘻、呵、嘘、呬，離不開丹田呼吸運作。

太極拳有「拿住丹田練內功，哼哈二氣妙無窮。」之語。

關於哼哈二氣，其來源可能與明代小說《封神演義》哼哈二將有所關聯。

根據維基百科的敘述：哼哈二將，為明代小說《封神演義》作者根據佛教守護寺廟的兩位門神，附會而成的兩員神將。形象威武兇猛，一名鄭倫，能鼻哼白氣制敵；一名陳奇，能口哈黃氣擒將。

《封神演義》上說，鄭倫原為商紂的部將，拜崑崙山度厄真人為師。真人傳給他竅中二氣，將鼻一哼，響如鐘聲，並噴出兩道白光，吸人魂魄。後來被周文王擒獲改邪歸正。

陳奇也是商紂王的部將，曾受異人秘傳，養成腹中一道黃氣，張口一哈，黃氣噴出，見之者魂魄自散。

在姜子牙封神時，敕封鄭倫、陳奇鎮守西釋山門，宣布教化、保護法寶，這就是民間所流傳的哼哈二將。

不管哼哈二氣是否與哼哈二將有否關聯，他們相通之處，就是將鼻一哼、張口一哈，這將鼻一哼、張口一哈，靠的是丹田的運作鼓盪，才有洪鐘般的音響氣勢。

有人說，他有一個師傳口訣，謂：「拿住丹田練內功，哼哈二氣妙無窮；還有咳字走當中，聲音乃是法根由。」他說，發勁時的發聲，不僅所發之勁的方向不同，就是發聲的部位也不同。

哼，所發勁的方向為斜上方，為鼻音；哈，所發勁的方向為斜下方，為口音；咳，所發勁的方向為極遠方，為喉音。

這個說法，是值得置喙的，發聲的部位，不管是鼻，是口，是喉，它的主力部隊還是在丹田，若無丹田氣的鼓盪運作，鼻、口、喉皆無法發生作用。

還有，發聲與發勁的方向不同，這就有些耍奇的，有些標新立異的，學者有須加以明辨的。

「拿住丹田練內功」，這個「拿」字，是個比喻詞，把丹田運用來練內功。

如何拿住丹田，靠的就是丹田呼吸，丹田運氣。會利用丹田來呼吸運氣，就是會練內功的人。

哼哈二氣為什麼會妙無窮？

因為哼哈二氣，也是丹田的產物，透過丹田的運氣而發聲，才有驚天動地的震撼力，若只是鼻、口、喉在那邊呼聲喊叫，起不了威懾作用。

若說，哼，發勁的方向為斜上方；哈，發勁的方向為

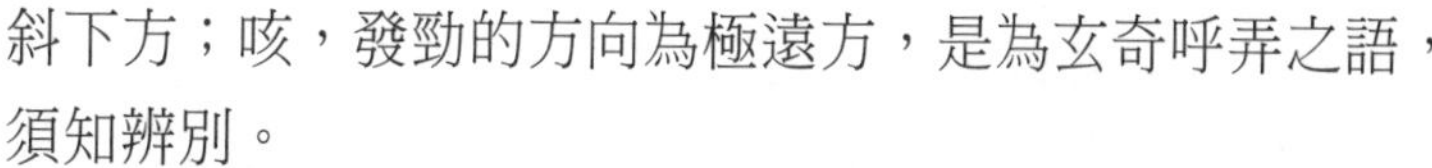

斜下方；咳，發勁的方向為極遠方，是為玄奇呼弄之語，須知辨別。

「咳」字，若用丹田來發聲，聲音不會洪亮，也無震撼力，而且「咳」字，令人聯想到咳嗽、咳痰，是種病兆、病徵；若以「咳」字為音走當中，絕非即是法根由。

唱歌是丹田在運氣，吹嗩吶、喇叭是丹田在轉氣，練拳是丹田在內轉，都是丹田在營呼吸，鼻腔只是被依藉的出入息的一個通道。所以鼻腔是不能運氣的，丹田才是運氣的主角。

因此而說，是丹田在運功，是丹田在營呼吸。

第四十四章 握拳有二爭力嗎？

這個問題值得玩味與思維。

若從外表形勢上來看，握拳只有向內一個方向，會有二爭力嗎？

事實上是有的。因為在我們行功運氣當中，氣會充滿於手掌之中，會有膨脹的感覺與現象產生，此時手掌的氣，是向外擴張的，所以就形成了一個力向，一個往外擴張的力向，這樣就與曲指向內拳握拳的力向，產生了相抗衡的暗勁力道，也就是一種暗勁互抗互爭的二爭力。

所以說，握拳是有二爭力的。但這個握拳，不能使上拙力、硬力，若使上拙力、硬力，暗勁就會被拙力所阻，而生不出來，這是要特別留意的。

所以，握拳做攻擊動作時，握拳只能鬆握，不可握的死緊的，若握的死緊，出拳的速度與力道，反而會被自己的拙力所阻礙，造成負面效果。

在練渾元樁的時候，雙手抱圓，也是同這個味道一樣，意念中，把抱圓的空間，當作是一個球，一個充滿氣的球，球內的氣體，被我們的雙手一環抱，會產生一股反彈的反作力，與我們的雙手含圓，產生一種二爭力。

這個二爭力，可促成氣向兩小臂外圍擴張，使手臂的筋被拉扯而伸展開來，筋就會有微痠的感覺，這是因為內

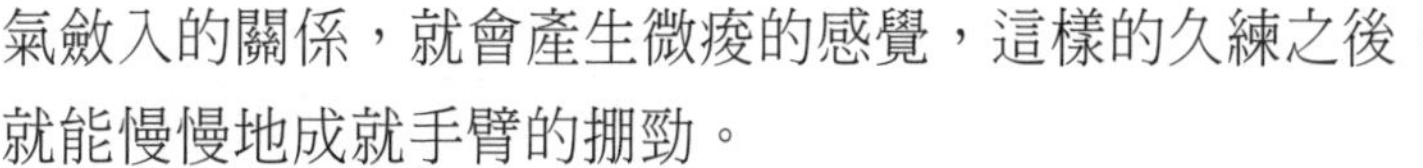

氣斂入的關係，就會產生微痠的感覺，這樣的久練之後，就能慢慢地成就手臂的掤勁。

但是，如果使上拙力去提臂撐圓，雖然也會產生痠感，然而這個痠，是因為使上拙力而致之的疲乏，只會練出痠痛與勞累，不能成就手臂的掤勁。

在涵胸拔背當中，背脊與肩胛周圍的筋，也有上拔下墜與前涵後貼的二爭力，所以肩胛背脊也可以練出掤勁。

左右的腰胯、膝、腿、腳，都可以自行去營造這個自我對抗的暗勁二爭力，形成一個全身立體圓弧的二爭力。

因此，而可說全身均有二爭力，全身均可成就掤勁。

第四十五章 二胡與拳

拉二胡與練拳，有很多相通、相同的地方，也可以說，拳在日常生活當中，它的實作與運用，其道理和很多事物的運作，是互相貫通的，就如拉二胡。

我的二胡老師說，二胡的拉弓與推弓，是運用手臂的自然放鬆之力，拉弓時，手臂輕鬆的外張，往回推弓時，手臂就像一條被拉開的橡皮筋，因為它有伸縮性的反彈回力，促使手臂自然回彈而推弓，是沒有用到拙力的。在拉與推的往復中間，會造成一個「摺疊」與拳的「摺疊」是相似的。

指法中的回弦，不可只用手指單一的運作，而是要利用手腕去帶動手掌，連帶牽動手指，這樣，手指才不會使上單一的局部力而致勞累疲乏。這與我們練拳的根節帶動梢節的道理是一樣的，也與「一動無有不動」、「一動皆動」的原理是互通的。

顫弓時，手腕更要放鬆，若是用上拙力，腕部就會僵滯，無法拉出顫弓美妙的音質。

握弦的手指，不可用力壓住或壓扁弦線，只讓指梢的肉輕貼著弦，這樣聲音才不會悶暗而不清脆。這與太極的不丟不頂及沾連貼隨的道理不謀而合。

二胡老師說，練一首曲子，要分解開來練，一小節一

小節的練，一段一段的練。一首曲子當中最難拉的地方，要抽出來單練。待各個節、段都熟稔了，再練全曲。

二胡老師的教學方法，與我的教拳方法是相同的。我教形意拳，與別人不同，光一個劈拳，就要把它分為採拔、鑽、劈三個動作來單練。

採拔又分後撤步與前蹬步，以及前蹬交換步與後退交換步；又可以變化成一前一後、二前二後，或一前二後、二前一後等等步法的變換，務使步法熟稔而靈活起來。

這些基本動作，每次上課都要反覆練的，只有這樣才能出功夫。有些學員不明白這層道理，他只想練一些新花招、新花式，然而這樣的練法，是不能練出功夫的。有些學員不想這樣磨，就離開了。去者不留，不識者不留，有緣份者就留下來吧。

內家拳要出功夫是稍微慢些的，但是只要功體練出來了，它是可以保任而不流失的，到老依然存在。但是有智慧的人畢竟是少數，他們不想吃太多的苦，他們想的是快速成就，一夕而成。但是內家拳就是沒辦法一夕成就，或一年成就；若是不能持恆不輟的堅定練習，莫說十年，到了驢年，仍然是一介凡夫。

拉二胡，要不要用到腰，我特別的請教了老師，老師的回答是肯定的，老師說，而且要用到丹田氣來運使。

是的，其實任何的運動，都是要用到腰的，要用到丹田氣的。腰可以貫串上身與下身，成為一個整體，在拳中，稱之為「完整一氣」或「整勁」。拉二胡需要這個「整勁」與「完整一氣」來配合，這樣，二胡的旋律才會有陽剛的氣勢，及柔和的音感呈現。

二胡的初練，聲音像殺豬般的難聽，光一個拉弓與推弓，就要練上好幾個月，才能慢慢地順手。這好比練形意的蹬步，初練時抓不到要領，不是用跳的，就是後腳跟拖地，得要練上一段時間，才能把蹬步練好。

二胡的新手，最怕練快弓，使快就亂掉了，一方面是心裡緊張，一方面是手指不聽話、不聽指揮，總是會亂成一團。

打形意，明勁階段，是有些使快的，動作要一鼓作氣，要一氣呵成。在練划步時，前腳一出，後腳立即向前划進，落步時就要出拳到定位。

快而不亂，是二胡與拳相同的原則。

拉二胡，講求節奏，每個節拍都要抓得很準。打拳也是要有節奏，一來一往，一呼一吸，都是有一定的節拍的，動作與呼吸是要互相搭配的。練形意明勁，因為要蹬步，練腿力與速度，所以是非常耗體力的，若是抓不好節奏，呼吸就會急促，亂成一團，然後就上氣不接下氣，而致氣喘吁吁。

在我們團隊練形意明勁，是比當兵還操的，有些人受不了這樣的操練就離開了。每個男人都要當兵，操練出來才像個男人，你若沒當過兵，來練形意，比當兵還更男人。若受不了這些微苦，是不能成就大事業的。

二胡老師說，有同學提問，左手（或右手）握著琴把，正確的握法該如何？老師說，正確的握法是，虎口要與食指尖成平形，食指若太低，會造成腕部的疲乏，使得

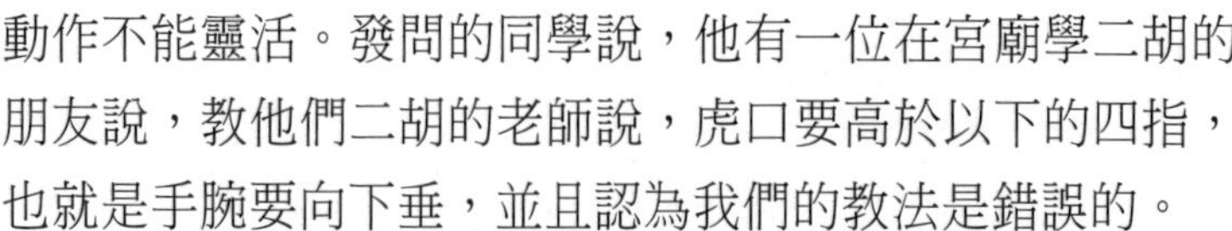

動作不能靈活。發問的同學說，他有一位在宮廟學二胡的朋友說，教他們二胡的老師說，虎口要高於以下的四指，也就是手腕要向下垂，並且認為我們的教法是錯誤的。

一些宮廟的老土師，大部分是土法煉鋼，沒有正確的音樂素養，以及音樂常識，總是自以為是，自以為對。這跟學拳一樣，沒有拳的理論作基礎，往往以為自己學練的是正確的，先入為主的觀念，永遠無法改變錯誤的認知，而到處與人辯駁。網路上的一些文戰、筆戰，概皆由此而起。

二胡老師的教法才是正確的，虎口與食指尖相對，握把時，可以穩定琴把，而且在換把時，可以靈活的往下滑移，在把位多變的情況下，可以靈活移動變化。若是虎口高於以下的四指，那麼腕部就會吊吊的，久了手腕就會僵硬痠痛，是為不正確的教法。

我問二胡老師，如何記住樂譜？老師說，常聽、常唱、常練，不必死記。

是的，死記樂譜、死背樂譜沒有用，還是會忘掉。你多聽、多唱、多練，樂譜就會自然的烙記在腦中，不必死記、死背。

練拳也是一樣，只要天天打，天天練，招式自然會被記憶起來，不必去背拳譜，記招式名稱。拳練萬遍，其理乃現，拳練深了，功體行深時，很多用法、打法，會自己生出來，真的蠻玄妙的。

老師說，學二胡，嘸撇步，勤練而已。

學拳亦復如是，嘸撇步，勤練而已。

第四十六章 與誰爭力

二爭力，是成就內暗勁的唯一途徑與方法，若無二爭力的運使，那麼，所有的盤架子之行功運氣都是假的，都是空泛的，也可以說，打的拳都是空拳，都是體操式的舞弄，只是運動運動而已，是出不了功夫的。

內家拳的打拳、盤架子、行功運氣，都是在拉筋拔骨，使筋骨伸展拔放，增其彈性與伸縮之張力，而令內氣注入其內，成為內勁能量，而成就往後的技擊發勁之戰鬥資源，以及接勁與化勁之所本。

修煉內家拳，若不能成就這個內暗勁，則無法以柔克剛，無法以弱搏強，無法以小勝大，那麼在先天條件的差別之下，瘦弱者將無法克服強敵，將永遠成為被欺侮霸凌與挨打侮辱的一方。

人類有智慧，先天的力量不及野獸與同類中的壯碩者，在物競天擇的環境中，為了保護自己，潛心研修開發內功的爆破能量，藉此而屈服頑強的人獸。

內家拳依藉呼吸吐納調息，而強化內氣，斂氣成勁，成就不可思議的內勁能量，故能在弱肉強食的惡劣環境中，以無力勝有力，以小搏大，以弱服強，以柔克剛，成為武功拳術中，不可忽視的一環。

內暗勁的修煉，二爭力與鬆，是唯一途徑。而鬆是二

爭力的前提要件，若沒有這個「鬆」作條件，則「二爭力」的使運，即成為拙力方向，只會練成滿身的蠻力，無法練成內暗勁。

但是，如果只有鬆，而沒有二爭力的行使，這個鬆就成為一種「頑鬆」，是一種空洞虛幻的鬆，也就是說，這樣的鬆，是無法成就功體的，是無法成就內暗勁的；這個鬆，只是徒具形式，只是讓肢體得到短暫的休息，卻是沒有功能作用的。

所以說，徒具形式的鬆，沒有內涵的鬆，在內家拳術來說，是練不出功夫的，這種鬆，頂多能讓肢體在放空的情況下，使血液得以循環的較為順暢，對於健康是有某些程度的效果；然而這種頑鬆，是得不著功夫的。

一般人練內家拳或太極拳，不明白這層道理，只是一味的附和人家，說鬆、鬆、鬆，結果鬆了一輩子，卻沒有練到內暗勁功夫，終而自己頹喪的承認傳統內家拳與太極拳，無法對抗外家拳，無法與格鬥技相抗衡。

想成就內暗勁功夫，二爭力的修煉，是不能或缺的。因為，只有二爭力所營造出來的阻力，才是行功運氣之所本。打拳，沒有阻力，就是打空拳，就是「弄屎杯」，弄來弄去，到老還是一場空，這都是由於「練拳不練功」的關係。

練拳中，要練的「功」，有很多種，譬如站樁、基本功、拳架等等；然而，這些樁、功、架的修煉，都要有二爭力的引入，才能得到練樁、功、架的效果。否則，練樁功，只練到腳痠；練基本功，只是扭擺身體；練拳架，只是做體操，都是不能出功夫的。

二爭力的作用，是在營造阻力，阻力營造出來，行功運氣或運勁，才會有真正的效果。因為有了二爭力所營造出來的阻力，能使得在體內被運使的氣場，得到壓縮、伸展、灌注，增強轉運功能，使得氣場更為強烈壯擴，活化氣血機能，令氣斂聚於筋脈骨膜之內，成就不為人信的內暗勁能量。

二爭力要如何行使呢？

行使二爭力，約略有三種方法：

第一、與地爭力：

地，是如如不動的，如何與它爭力呢？就是靠著它的不動，才有辦法與它爭力；它若是滑動而不固定，你一動，它也會移動，這樣就無爭力可言了。

你後腳往前一蹬，大地如如不動，大地有「地心引力」，身體騰空的時候，自然會被地心的引力所吸引，成為一個落體現象，你腳一蹬，就是與這個引力相抗爭。

內家拳的練家子，會善用腳根入地的內暗勁，去做撐、蹬的二爭力，也就是前腳向後撐勁，後腳向前蹬勁，利用撐與蹬的暗勁二爭力去練站樁，去練基本功以及盤架子，在二爭力的行運中，營造出重重疊疊的阻力，阻力一出，氣場就來了，氣就強烈起來，終而騰然起來。

在鬆柔中，加上二爭力運使所營造出來的阻力，而致腹內的氣，騰然起來。氣騰然之後，就會凝聚而斂入筋脈骨膜之內，累積成內暗勁的能量，此乃太極十三勢歌所謂的「腹內鬆靜氣騰然」之理。

拳經拳論中，雖未明示，氣騰然之後即是內暗勁的斂聚，然而，智者當可思而知之。而且，我們也可以從行功心解中的「以心行氣，務令沉著，乃能收斂入骨」之語句而得到印證。

行功心解說，用我們的意念、識覺來行氣運功，一定要保持鬆柔沉著，這樣就能使氣斂入骨內，這個骨是包含骨膜筋脈的，這個被收斂的氣，注藏於骨膜筋脈之中，就是內暗勁之能量，無須明說，即而可解的。

第二、與己爭力：

依靠自己的兩腳、兩胯、兩肩、兩手等等的互相交對，來行使二爭力。

譬如，站樁時，後腳前蹬，前腳後撐，兩腳互爭，這個二爭力的互爭，使運的是內暗勁，是一種柔鬆之勁；若使運了硬力、拙力，就變成蠻牛之力，腳下的氣反而會虛浮起來，沉不下去，這樣就無法成就樁功。所以，只能用鬆柔的暗勁去撐蹬，在暗勁的撐蹬之中，氣才能沉入腳底，久而成就樁功。

腳根所使的暗勁，要傳到兩胯來，要傳到兩肩來，要傳到兩手來，這叫根根相連、相貫串，如此，則兩胯、兩肩、兩手連成一氣，也都有了二爭之力，形成一個立體渾圓的二爭之力，這才能稱之為「完整一氣」，才能稱之為「整勁」。

鬆腰，是大家所主張的，鬆腰的目的，在使腰內的丹田氣，得到舒放而不結滯，讓氣能通行無阻，而氣遍周身。所以鬆腰是必要的，但是腰如果鬆到空頑，那就是一個空洞的腰，無法成就功夫。腰不僅不能空，還要涵束，形意拳說「束身裹勁」，要束身裹勁，完全要依靠這個腰來束裹，把丹田的氣整束起來，包裹起來，使得丹田氣能集結而不散漫。

還有，腰也要練出二爭力，增加它的彈簧性及彈抖勁，腰的彈抖及摺疊，是內家拳快的本源，內家拳的快速出拳，靠的就是腰的活絡，靠的是腰的彈抖與摺疊，而這個快速的彈抖與摺疊，它的根源，就是腳的打樁所引生的反彈回饋力道，所以歸根究底，還是「其根在腳」與「主宰於腰」。

肩，是成就手的掤勁的源頭，所以肩是要鬆而沉的，在鬆沉之中，整隻手臂要伸展拔放出去，隨曲就伸，似曲非曲，在微曲當中，筋骨是要伸拔的，這樣才能使內氣注入，久而成就手的掤勁。

有名師主張「空肩」說：「肩對於手臂的動作，僅僅是提供身軀力量傳遞至手臂的輸送通路，是不給予主動力量的，或者說就力量的提供與支撐而言，肩就像是不存在似的。『不存在似的』也就是『空』的。因此，練太極拳者之肩關節放鬆也可以稱為『空肩』。這就是說：如果肩關節放鬆沒有『空肩』的效果，那就不是太極拳的肩關節放鬆。」

在走化當中，鬆肩是必要的，鬆肩可讓對手的施力，失去著力點，而達到落空的效果，是正確的。但在行功運氣的盤架當中，肩雖然要鬆沉，但不能空掉。肩若是空掉，那就白練了。

肩是手臂的根盤，若失去了這個根，若這個根空無了，則將成為一種頑空的假鬆。太極拳的沉肩墜肘，不是教人把肩空掉，而是教你要沉肩。

唯有沉肩的去行使二爭力，才有氣的質量落沉於肩的感覺；所以，鬆肩不是空空無物，不是連氣也不存在的。

第三、與氣爭力：

氣分為外面的空氣，與體內所發出的氣場。

大家都知道，在虛空之中，有空氣的存在。空氣是有質量的，所以人體與空氣相觸，會有阻力產生。

水有阻力，這個大家可以感覺的到，若水沒有阻力，游泳就不能划動，若水沒有阻力，則無法泛舟。因為有水的阻礙，所以去划動它，它的回饋力，才能促使你能前進或後退。

空氣是有質量的，只是肉眼看不到；空氣也是有阻力的，只是人們沒有去特別的留意。

善用空氣的阻力，彷彿陸地行舟，把空氣假想成水，划動空氣就如划水一般。練家子把空氣當成水，在拳架的牽動往來當中，由腳、腰、肩、手的二爭力，營建出身體在拳架的牽動往來當中，產生一波波的阻力，產生層層疊疊的阻力，這樣，筋骨就被強烈的氣場所牽動，注入更為飽滿的內氣，斂聚成為內暗勁的能量。

我們在行功運氣當中，內氣充盈，遍布全身，我們可以藉著肢體動作，去與這個飽滿的氣，行使二爭力。

譬如，氣脹滿於手掌，手掌的氣，是向外擴展的，形成了單一往外擴張的力向；當五指向內捲曲鬆握時，就與手掌向外擴展的氣，產生相抗衡的力道，也就是一種暗勁互抗互爭的二爭力。

在練渾元樁時，雙手環抱，把抱圓的空間，當作一個充滿氣的球，球內的氣體向外擴張，被雙手一環抱，產生反作力，之間就有一股互抗的二爭力產生。

在氣遍周身時，全身的氣充盈飽滿，有向外伸張的感覺，憑著這個感覺，在拳架的牽動往來中，去與外在的空氣相磨盪，就會有阻力的感覺產生出來。

阻力，是成就內暗勁的本源，沒有阻力的拳架，是天馬行空的畫符伎倆，是裝模作樣的體操把式。

二爭力，是阻力產生的基本，沒有互爭之力，就沒有阻力；沒有阻力，就是打空拳、盤空架，求不到內暗勁功體。

二爭力，有「與地爭力」、「與己爭力」、「與氣爭力」。

再再的強調，這個二爭力，不是頑拙之力，不是蠻硬之力，而是鬆活的暗藏之勁。若是會錯意，則失之毫釐，差以千里。

第四十七章

太極拳需要神格化嗎？

太極拳究竟是一種拳術？還是一部陰陽學呢？如果是一種拳術，則一干名師皆無需老是將太極拳，附會於陰陽、五行與八卦當中；若太極拳是屬於陰陽學，則所有人，即無需再論太極拳武功的精密與奧妙，只把它當成一種文學、文化來研究就好了。

太極拳既名之為拳，冠與「拳」字，它當然是屬於拳術的。中國人自古受道家思想的薰陶，幾乎所有的事物，都要把他附會於陰陽、五行與八卦之中。

網路上有一篇文章，題名為「一部精典的陰陽經——《太極拳論》」，作者是莊〇成老師。

莊師說：「說起《太極拳論》，拳者無不知曉。然諸多拳師以文解文，以拳析文，有違拳論隱意，有損拳道傳承。筆者感悟，拳論精妙在於體悟拳道『陰陽』。《拳論》開篇曰：『太極者，無極而生，動靜之機，陰陽之母也。』一語道破太極天機——陰陽。陰陽，在常人眼裏，亦虛亦幻亦玄。然陰陽實為太極拳道之綱，非輕重、虛實、轉換、折疊所能為。簡而言之，陰陽就是宇宙自然規律，如白晝與黑夜，日出而作，為動為陽，日落而息，為靜為陰，動靜之機，週而復始，陰陽天成，生物生長，太極和合而一。」

《太極拳論》是前輩王宗岳先生的著作，他修煉太極拳有成就，所以寫了這篇拳論傳承於後世。寫一篇論說文章，總有個開題語，因為這是一篇敘述太極拳的論文，不免與太極陰陽說有所牽涉，所以開題語就說「太極者，無極而生，動靜之機，陰陽之母也。」這也是文章書寫的一種破題方式，因此，似無需以此而認定王宗岳先生此論全是在解敘陰陽的隱意。所以，如欲硬將陰陽強冠為太極拳之綱要，不免有些牽強附會了。

莊師說：「然陰陽實為太極拳道之綱，非輕重、虛實、轉換、折疊所能為。」此言是有矛盾語病的，他既說陰陽實為太極拳道之綱，就不應再說：「非輕重、虛實、轉換、折疊所能為。」因為輕重、虛實、轉換、折疊等，實已含攝了陰陽內涵之意，故莊師之言說，是有矛盾的。

莊師謂：「《拳論》句斟字酌，引用『動之則分，靜之則合……英雄所向無敵，蓋皆由此而及也』等30句157字精言，析解太極陰陽之象。無論動靜、開合、曲伸、剛柔、順背、緩急、輕重、隱現、仰俯、進退等十大拳架動作表像，『雖變化萬端，而理唯一貫。』『蓋皆由此而及也』，即由陰陽衍變而生，如此方可『人不知我，我獨知人，英雄所向無敵』矣。故而，太極拳術是陰陽變化之機，非攻防動作之義，更非套路技巧所能矣。」

《太極拳論》第一段30句157字，是在論述太極拳術修煉的「體」與「用」，在體、用的鍛鍊當中，當然是離不開虛實的變化，所以要把它說成是陰陽變化之機，並無不可，因為虛實與陰陽的道理是相通的，並無違背。但莊

師後句卻說「非攻防動作之義，更非套路技巧所能矣。」顯然又是自語相違的。

套路是練體，攻防是用法，二者都含攝了虛實陰陽之理，莊師既謂「太極拳術是陰陽變化之機」，則不應再說「非攻防動作之義，更非套路技巧所能」，因此二說是相矛盾的。

莊師謂：「《拳論》解象之段落亦云：『然非用力之久，不能豁然貫通焉』。此『力』非本力、非拙力，應為『心意之力』或『念力』。先賢亦指明拳道之路，『由著熟而漸悟懂勁，由懂勁而階及神明。』然『著熟』非『招熟』，若以拳架招式研讀，則謬之千里也。筆者體悟『著熟』應為『陰陽之質元——細胞』，即練腰培本固元，恢復、鞏固、增強『內氣』，豐富陰陽之本。『懂勁』亦然，非『聽勁』，『懂勁』應為啟發先天氣機，啟動神經質元，增強神經本能反應，賦予陰陽之靈性。『神明』非大力所喻，應為色空境界，『念力』無邊，方為『天人合一』之陰陽大道矣。」

莊師說：「『然非用力之久，不能豁然貫通焉』。此『力』非本力、非拙力，應為『心意之力』或『念力』。」此語差矣！非用力之久的「力」字，正確的意思，是努力用功之意，拳論整句之意是說，修煉太極拳要達到懂勁而階及神明的境地，沒有下很長久的時間去努力用功，是不能豁然貫通的。莊師把這個「力」字，解成「心意之力」或「念力」，真是天地懸差，這是會誤導學者的，是有過失的。莊師在這他這篇文章開頭就說：「諸多拳師以文解文，以拳析文，有違拳論隱意，有損拳道傳承。」然而，莊師自己卻依字解意，誤會《拳論》之意，似乎有些拿石頭自砸腳根了。

莊師以為「著熟」非「招熟」而是細胞、「懂勁」非「聽勁」而是先天氣機、「神明」應為色空境界。這就把太極拳，玄奇化了，因為念力無邊，與天人合一之陰陽大道，似乎已脫離了現實境界，走入了虛幻的思維岔路。

莊師謂：「《拳論》同時以『斯技旁門甚多……雙重之病未悟耳！』等20句篇幅詳解違背陰陽之象。類比壯欺弱、慢讓快、有力打無力之『用力而為』與四兩撥千斤、耄耋禦眾之『用意（陰陽）而為』之別，寓意『有形之快』難能『陰陽之意』，亦深刻指出『數年純功，不能運化者』，致陰陽失衡，終『自為人制』，危於『雙重之病』矣。故而，太極之功僅苦練勤練尚不足為道，非默識揣摩、靜心思悟，難以從心所欲矣。」

拳論此段係在描述太極拳與其他的甚多的斯技旁門拳術，做一個分析比較，太極拳與硬拳系統之區別，太極拳不求力，不求快，因為這些壯欺弱、慢讓快、有力打無力等等，都是先天自然之能，無關功夫。

太極拳在用的時候，要求中定平衡、活腰、沉隨、虛實變化得宜；若是無法靈活的變化虛實，就會成為挨打的架子，因為掌握不到虛實的變換，即成為雙重的局面，就要落於敗勢。

莊師謂：「《拳論》析解『雙重之病』，開出『陰陽良方』。『欲避此病，須知陰陽。』無論『粘與走，走與

粘』，皆不離陰陽。惟陰陽相濟，善陰陽運化者，方為懂勁。告誡拳者保持清心和氣，從心所欲，捨己從人，方謂無為健康之拳道矣！故而，『雙重』之病在意不在形、在己不在彼、在內不在外。欲解『雙重』之惑，惟內運求之、陰陽求之也。太極拳就是陰陽拳。陰陽運於內，形於外，運動有規可循，受動於人，而不受制於人，運於無形無相，發於不知不覺。是為拳道也。」

他這一段有些是說對的，值得置喙的是「『雙重』之病在意不在形、在己不在彼、在內不在外。」事實上，雙重之病，在意也在形、在己也在彼、在內也在外。因為，意與形、己與彼、內與外，都是屬於兩邊，也是一個陰陽，陰陽不得落於一邊，若是落於一邊，就是陰陽不相濟。應該是陰不離陽，陽不離陰，才是懂勁境界，才是神明境界。若言：不在形、不在彼、不在外，是為不懂勁之人，莊師懂勁否？

莊師最後結語謂：「《拳論》精闢，寓意深邃，合易理、循醫道、守佛禮、蹈武矩，富有儒釋道之哲理。立論、辯論、證論，層層直率明瞭，惟拳者癡迷難返。是謂：陰陽本無相，變幻亦自然；拳道皆至簡，庸人自擾之。」

《拳論》的立論、辯論、證論，合於易理、醫道沒錯，然而易理都是正確無訛嗎？都與佛理相合嗎？且聽證悟的菩薩如何說，有悟道者說：「太極唯臆想，根本實真識；無明生兩儀，萬法由茲生。」

證悟的菩薩說，無極、太極的思想，都是凡夫愚者們自心的忖度臆想；宇宙實相的根本，是眾生皆具有的真識如來藏，因為眾生的無明，不明白這個真識，所以才會有太極陰陽兩儀的思想生出。

太極拳，是一種拳術，是一種武功，它所牽涉到的陰陽範圍，已經涵蓋於虛實變化之中，明白虛實變化之理，就是諳於陰陽變化之理。

虛實就是陰陽，陰陽說的也是虛實，只是遣辭用字不同，義實同也。若是硬要把太極拳套進深奧的陰陽之理，去說奇道玄，才是真正的庸人自擾之吧？

練太極拳，老老實實的練，方法對了，時間夠了，就會出功夫，無需成天的自框於陰陽、五行之中，不必把太極拳神格化，整天弄一些自欺、騙人的鬼把戲，真正要拿出來時，卻一無是處。

二十秒、十秒、七秒，被ｋｏ，傳統武術要不要向前走出一步呢？還是要一直劃地自限，搞些神格化的騙人把戲？

這齣戲演那麼久了，也該要閉幕了吧？

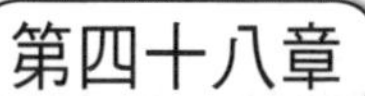

第四十八章 局部力阻礙了整勁

打形意明勁，很多人會使上手的局部拙力，這是天生的本能。在初練時，你手不出力，就感覺好像不是在打拳，所以初學者，多多少少，都會犯上這個毛病，要經過老師很久的糾正，才能慢慢地改過來。

大家都知道，打拳要求的是一個「整勁」，也就是一個結構完整的力道，這個完整一體的結構，如果之間遭到局部性的阻撓，那麼整體的力量就會受到破壞。

打拳或發勁攻擊，它的整體結構是「其根在腳，發於腿，主宰於腰，形於手。」這個由下而上的完整結構，是一體成形的。這中間，如果手臂，使上局部的單一拙力，這個結構體就會受到阻撓與破壞。

這道理怎麼講呢？

譬如，拔河比賽，一組十個人好了，如果這十個人的力量都是相同一致的，那麼所集結的力量，就非常的完整，非常的大；若是其中一人，出力的時機點不一樣，那麼，整體來說，這整組的力量之削減，就不是減一而已，而是減掉一個倍數以上的，因為它不是一種減法，而是一種倍數乘法，它的阻撓與破壞性，是非常大的。

又譬如，骨牌連鎖遊戲，一長串的骨牌，順暢的話，一個壓一個。若是中間有一個出岔，那個行進的力道就會斷掉。

又譬如，器械機件中的連鎖齒輪的運轉，它也是一個整體的運作結構，若其中一個齒輪故障不動了，則所有的齒輪將連鎖受到影響而停擺，甚至損害其他齒輪的機體。

在拳的立場來講，道理是一樣的。你上部位的手，使上單一的局部力，就會使得「由腳而腿而腰而手」的整體結構，在手部中受到夭折，而這個夭折的破壞力道，不是減一而已，而是一個倍數以上的乘法。

太極拳及內家拳講求鬆的道理，除了讓肌肉、神經、筋脈等等，得到舒緩，而增進氣血的順暢，以達到健康養身的目的之外，另一層作用，就是卸掉拙力，使得內勁增長。

因為身體越放鬆、越不用拙力，內勁就越增長、越強大；相反的，身體哪個局部位緊繃用力了，內勁就在那個地方斷掉了，而且就如上面所敘的，它不只是斷掉一分勁，而是破壞數倍以上的勁道的。

一旦使上了局部的拙力，像淤塞的管路阻塞了水的流通一般，肌肉神經等等越用力，就越緊張、越收縮，越阻礙氣血的流通，使得內勁閉塞不生。

所以，培育內勁的重要關鍵，在於一個鬆字。但這個鬆，只是不用拙力，只是不用局部力，不能鬆到頑空的。

所謂「頑空」就是什麼都沒有，沒有伸筋拔骨，沒有行氣運功，是一個空中樓閣，是一個空幻境界，這種頑空的鬆，是出不了功夫的，是練不出內勁的。

第四十九章 鐵砂掌與沉透勁

網路上播放一支太極拳名家李英昂的太極拳、鐵沙掌，及技擊術的片子（https://www.youtube.com/watch?v=zW-G7sX7Ttw），看後我有些茫然，就在裡面留言：「太極拳與鐵沙掌？意與力，衝突了吧？」

不久有讀者回應說：「不會衝突。」我說：「若練鐵沙掌則不必練太極，因為是不同的功法。」

他回曰：「練鐵沙並非把掌練硬，而是練沉透勁。」我說：「非也，沉透勁非由鐵沙掌而可得。」

我去蒐尋有關李英昂先生有關鐵砂掌的資訊：

在（http://blog.goo.ne.jp/soft5454/e/57dce8548be4f231fe2fe7743631b9fd）網站有這樣的記載：

「鐵砂掌是中國武術相當著名的絕技之一，練成之後，可以劈石斷磚，知名的武術家包括顧汝章、李英昂、沈茂惠等（都有練過）。

顧汝章（1894 - 1952），（這是一張相當有名的照片。）

顧汝章力破14片磚頭，在當時是很轟動的一張照片，但是現在已經被證明是造假的一張相片。就事論事，一次要擊破14塊磚頭，是不可能的一件事，就連大山倍達也只能擊破兩塊而已。

至於現代的武術家，沈茂惠是比較有名的鐵沙掌老

師，多次上電視表演擊破石頭。平心而論，手刀破石，其實只是街邊賣藝的小伎倆，只要掌握到訣竅，不出一個月的練習，很多人都可以做得到，秘訣就是石頭碰石頭。

然而，很多師父把它當成是祕傳的絕招，說好聽是秘傳，說白一點就是賺錢。斯等所堅持的理由不外乎，鐵砂掌威力驚人，不可外傳，以免害人，須經由師父考察，始可外傳。

修煉鐵砂掌，需使用藥洗，不用藥洗，將導致修煉的手，因為擊打鐵砂造成殘廢，眼睛更會因此失明，秉持著上述的理由，修煉鐵砂掌的人必需要繳交很多的學費、拜師費、藥洗費才可以學到所謂的鐵砂掌。

但是，鐵砂掌真的有這麼厲害嗎？未必，在真實的格鬥當中，鐵砂掌的實用率很低，手掌的硬度，和格鬥時的殺傷力並沒有太大的關係，如果只是一味的追求所謂的鐵砂掌，一味得將劈砂破磚當作練習的目標，那和80年代注重擊破的空手道，沒有分別。這些空手道家，在90年代的比賽，一個一個的被西洋武術給擊敗，也證明了擊破的無用論，這與有無佩帶拳套沒有關係，格鬥重視的是速度與技巧，而非硬梆梆死板板的擊破或是鐵砂掌。

顧汝章擊破14片磚頭，已被證明是造假的，就沒有再提及他的必要。

沈茂惠先生與我有數面之緣，年輕時去參加全國性的太極推手比賽，沈茂惠先生當過我比賽的裁判。我很欣賞他作裁時的果斷，與開戰時比手勢的那種氣勢，那是無人能及的，遠非現在那些受訓幾週就出來當裁判的菜鳥所能

及於萬分之一的。

2008年我參加美國「新唐人電視台」舉辦第一屆「全世界華人武術大賽」，到美國去參加決賽，沈老師與我同機，而且坐在一起，我們聊了很多拳事，他是被聘請去當裁判的。沈老師並未提及有關他練鐵砂掌的事與成就，他的專長是擒拿，他在「全世界華人武術大賽」當中，也表演了一段擒拿技，獲得滿場的掌聲，但沈老師並未表演鐵砂掌。

李英昂先生的著作有：砂掌圖說、太極十三槍譜注、中國腿擊法、二十四連環腿、國柔術護衛法等等，李師學過外家拳及形意與太極，學拳範圍甚廣，著作頗多。他對武術的貢獻，是可以被肯定的。

然而，上舉網路上播放李英昂先生的太極拳、鐵沙掌及技擊術的片子，把內外家的練法混為一譚了。拳術本來雖不分內外家，只要對身體健康有益，並且能達到技擊格鬥的要件，都是好拳。

只是，內外家練法相異，內家練氣成勁；外家練力求重，練法是各異的。練鐵砂掌，是練力，不是練沉透勁。練力，短期內可以看到成果；練勁則需長期修煉，考驗意志力。

練鐵砂掌，光拍打沙包是不夠的，要用一些鐵砂或礦砂，經過消毒後才可用手去插炒，插炒後要用藥洗塗摩按揉，稍有不慎，就會造成傷害，若是維護不當，有可能會傷及視覺神經，造成眼睛的病變。

太極拳主張用意不用力，一旦使上了拙力，內勁就被閉塞鎖死了；練鐵砂掌是一種用力方式，是可以把手掌練成像鐵一般剛硬，但是絕對不能成就沉透之內暗勁，因為一用力，氣就散漫了，或者就結滯了，就與內暗勁絕緣了。所以，將鐵砂掌與太極連為一譚而敘說，顯然是不當的。

李英昂先生拍攝這支影片，或許是想顯示他會太極，也會鐵砂掌，他有內功，也有外功。但是在內行眼中，這樣混雜的敘述，似乎是不宜的。

一干阿師，練太極拳，後來也都成了教練或老師，可是他們的某些教法是受到質疑的，譬如某師教人推樹，每天推五百下，說就可以練出按勁，推手就可以無敵了。

我孩提時就對武術有興趣，鳳山的大鼻師有練過拳術，到處去「打拳頭，賣膏藥」，我請阿母去向大鼻師說，我想跟他學拳，大鼻師對母說：「每天以手掌拍地或打牆壁可也。」

還好，我沒跟大鼻師學拳，否則也僅僅練一些「斯技旁門」的雜技而已。

邪師誤人，其罪是蠻大的，一個人的思維方向被誤導時，所有的思想、主見將根深柢固，難以救拔。

學習太極拳搞錯了方向，走入了岔路，將與目標背道而馳，越行越遠，乃「非常悲哀」之事；邪師誤人，毀人芽種，實在是「非常可惡」的事。

「逢轉必沉」何希奇？

「逢轉必沉」被楊式太極拳輩視為練拳的重要口訣，更有人把它當成不傳之秘。然而這個「逢轉必沉」是否有那般的希奇？值得吾人揭開神秘面紗，一探究竟。

「練架子須逢轉必沉」是楊家太極拳葉大密先生所說的一個練太極拳的口訣與要領，主張身腰有所轉動，就必須先鬆沉一下。

事實上，「逢轉必沉」這個論述，早在大陸人民體育出版社1962年出版的《太極拳運動》一書裡就有這樣的說法：「拳架時，無論進退或旋轉，及由虛轉實的動作，腰身都要有意識地向下鬆垂，以幫助氣的下沉。」

所以，「逢轉必沉」這個拳訣，並不是葉大密先生的創見，因為許多太極拳家都是有這種意思說法的。葉大密先生是楊氏太極拳的傳人，他的師承輩楊澄甫先生等，所傳授的太極拳要領中，是必然有逢轉必沉的，只是葉大密先生將其歸納總結表述而已。

太極拳行功心解開宗明義的說：「以心行氣，務令沉著，乃能收斂入骨。」又言：「發勁須沉著鬆淨，專主一方。」這邊行功心解已經說出了兩個重點：

第一是，在盤架子的練習當中，一定要身心沉著的，身體要鬆沉、舒暢，心情要和平安靜，這樣的修煉，久之自然能氣斂入骨，成就內勁。

第二是，內勁成就後，在發勁時，要沉著鬆淨。

發勁時，若心不平，則氣不和；身不鬆，則體不沉，體不沉，則氣虛浮、散漫，無法專主一方，也就是說這個勁，力道不能集結凝聚於一處、一方，無法發揮強大脆厲的威力。

所以，這個「沉」是修煉太極拳中，不可或缺與忽視的要領。然而這個「沉」不只是腰身的鬆沉而已，更重要的是丹田氣的鬆沉。

太極拳論云：「虛領頂勁、氣沉丹田。」又說：「活似車輪，偏沉則隨。」由此可見，這個沉的重要。而且可以綜觀，這個沉，是涵蓋身腰的鬆沉，與丹田氣的鬆沉的。

行功心解云：「腹鬆，氣斂入骨。」這個腹鬆，是涵蓋著腰際腹部周圍的鬆，與腹內丹田氣的鬆的，是要內外具鬆，氣才能沉的，才能氣斂入骨的，這樣才能成就內勁的。

所以，如果將「沉」理解為腰圍外在身軀及屈膝下蹲的鬆沉，是不對的。

而是內裡丹田氣的沉，這股內在的沉去牽引帶動身軀腰胯的連帶下沉，方為正確的。

葉大密先生編了一套太極拳，稱為葉式太極拳，強調「逢轉必沉」，說太極拳可以有無數個「沉」，只要自己感到胯的鬆沉消失，就應該再鬆沉一下。這是葉大密先生的訴求主張。

事實上，太極的沉，非定要在「轉」時，才要「沉」

的。

「沉」有其修煉過程的階段性，在初練時，在養氣階段時，藉由心境的平和與身體的舒放，令氣自然的沉落於丹田。如此的每日養氣，使氣匯聚於丹田，而日漸飽滿圓實。

丹田氣蓄養完成，是拿來用的，是拿來運轉的，透過運轉、鼓盪、驅策、壓縮等等機制，而令氣遍於全身，達到健康的目的。所以，養氣圓滿之後，要會去運用這個丹田氣，而不是一直讓它呆在丹田裡，成為一灘死氣。

譬如一個水庫，用來蓄水，蓄水完成後呢，要拿來做灌溉或發電等等用途，而不是置放著讓它成為一灘死水。

丹田氣的沉墜，以練拳的立場而言，是有其作用的，譬如，利用這個氣的沉墜去壓縮丹田這個氣囊，讓氣在體內向四面八方運輸流動，這不只是使得氣的循環產生良好的作用而已；另一方面，依這個氣的催促驅策作用，可以促使我們的筋脈骨膜等等有伸展拉拔的效果，而令氣滲入筋脈骨膜之中，斂聚成為內勁能量。

我們在練拳盤架當中，身體四肢是不停的來回轉折的，在牽動往來之中，體內的氣也是來回轉折牽動的，內外是要相隨相合的。所以，在往復摺疊當中，有氣的催化作用，這個丹田氣的催化驅策，須由「沉」與「昇」兩個修煉方式而達成。

譬如，我們利用逆呼吸運氣法，微微慢慢的吸一口氣，丹田壓縮下去，丹田氣就貼於背脊，然後循著督脈上走至百會；吐氣時也是微微慢慢的，廢氣由鼻孔徐徐的吐出，體內的氣卻循著任脈往下沉到丹田。

體內的氣，是可以兵分兩路或兵分多路的運行的，在行拳運功中，丹田氣下沉時，可以分多路去走，例如，一股走向兩掌，一股走向腳底；練家子可以指揮著氣，走向他所要行使的地方，無所滯礙。

打太極拳，它的重點，除了肢體的運動之外，要擺在體內氣的運行。一吸一呼、一蓄一放、一來一去、一轉一摺等等，都有氣的昇與沉，都有氣的壓縮驅策，透過昇與沉，及壓縮轉折，使氣產生強化作用，而增進筋骨的伸拔，注入更深化的氣，終而能成就內勁能量。

發勁是要打樁的，這個論述是比較少人提及的，但是在我的書中卻是一再的論及的。發勁如果不會打樁，或者沒有配合打樁，那麼，這個就不是發勁，而是使用了拙力將人推出去或打出去，但這樣的打法，是屬於不會發勁之人。

發勁時，鼻內暗哼一口氣，丹田氣已經沉到腳底去，瞬間打一個樁，就靠這個摺疊反彈的回饋力道去打人，去發勁。所以，發勁只是一個氣沉，而這個氣沉，涵蓋了打樁、摺疊、瞬間彈抖等等，這豈是那般阿師奮力一推所可比擬的。

在打拳運氣當中，蓄勁吸氣前，我會先做一個吐氣的沉，這是一種微妙的「作勢」，隨著這個「勢」的運作，使氣的運行更加順當，也使得所蓄的氣勁有加強效果。

會打拳的練家子，氣的運行，都是自然而行的，哪時該沉，哪時該昇；哪個動轉該昇、該沉，都會自然去配

合。所以，不只是「逢轉必沉」而已，一吸一呼、一蓄一放、一來一去、一轉一摺等等，都有昇沉，所以，不是只有轉才有沉，不是逢轉才必沉。

譬如，你做跳高或跳遠動作，身子蹲下去，一躍而上，此時，必須借地之力，往地下一撐，身體才能被送出去。外形是如此，但是只靠外形是不夠的，你蹲低時，丹田內氣也要往下沉，打下一個暗樁，才有反彈摺疊的力道，回饋上來。

因此，這個沉，不只是外部的身沉，還有內部丹田氣的落沉；發勁是如此，打拳架也是這樣。打拳架，不是逢轉才要沉，而是處處均有氣的醞釀，及沉的參與滲入的。

譬如，太極起勢，兩手提舉，要蓄勁，氣要昇蓄到手臂上；下按時，身要沉，丹田氣更要沉，氣，兵分兩路，一路運到手掌，一路運到腳底，腳底打一個暗樁，令氣產生摺疊反彈勁，再回饋到手掌。這個過程中，身體並沒有轉動，那麼，氣有沒有沉？有，身體沒有沉？有。

所以，在沒有轉身或轉腰的情況下，很多的動作，依然是有身沉與氣沉的，不是全部都「逢轉必沉」的，不是全部都逢轉才沉的。

「氣沉丹田」、「以心行氣務令沉著」、「發勁須沉著鬆淨」等語，皆在太極拳論及十三勢行功心解中，早有敘說，楊家前輩及後輩另創「逢轉必沉」一辭，以為其創見，事實上是了無新意，只是食了前賢的唾涎，玩了一場文字遊戲罷了！

楊家太極拳，將「逢轉必沉」視為自家宗門的練拳口訣，無可厚非。但若欲將「逢轉必沉」定調為不傳之祕，似無需要，也無其必然性與正確性；若將「逢轉必沉」一句，刻意染上一層神秘面紗，而說奇道玄，炫耀於無明後輩，日後恐將遇上明理拳家，勇於戳破這道裝飾的面具吧？

第五十一章

發勁結構

每一個物件，都有它的結構組織。

譬如汽車，它的組成要件有引擎、車體、輪胎、電機等等。因此，結構是指事物構成的要件及相互間的連鎖作用，是缺一而不能獨自成立的。

結構有主結構與細結構。人體的主結構，外表為眼、耳、鼻、舌、身等；內部有心、肺、肝、腎、胃等等；細結構有筋脈、血液、淋巴、細胞等等。

物件的主結構，如房屋的樑、柱、牆面、樓板等等；次結構如擺飾、裝潢等。

拳術的主結構，是手、腰身與腳三大部分。外形不離身法、手法與步法。細結構內涵，不離意、氣、勁。

拳術的練法則涵蓋了樁法、丹田氣鼓盪法、掤勁與發勁鍛鍊等。

發勁結構，有：一・丹田氣、二・手的掤勁、三・沉勁、四・打樁與摺疊、五・彈抖、六・作意等。

一、丹田氣

圓實飽滿的丹田氣，是發勁的第一要件。

發勁是一種氣爆現象，氣爆的元素就是丹田氣。所以，想擁有發勁的效果，要先培養圓實飽滿的丹田氣。

丹田氣的養育，最好的方法就是站樁。站樁不僅可以培養丹田氣，也可以透過站樁而紮實下盤的根基。還有，站樁時，經由手臂的捧提，而成就手的掤勁。

站樁，不是在練腳痠，而是藉由落胯以及腹鬆的鍛鍊，令氣沉落於丹田。胯的落坐，就如一座鼎撐著鼎身，胯落插了，丹田這個氣囊，就被兩胯依附支撐著，當腹內鬆淨時，體內的氣就會積沉於丹田，日久而飽滿充實。

當丹田氣飽滿充實後，要把它拿來「運」，這個「運」就是輸送的意思，它的方式有壓縮、驅策、鼓盪、摺疊、環轉等等，透過這些機制的修煉，丹田氣就可以兵分多路的輸送到身體各處，形成一個周天循環，而氣遍通身。

氣的驅策輸運，主要的重點有兩處，就是手與腳。手的捧提，鬆柔之中要伸筋拔骨，令氣驅入，成就掤勁。

丹田氣另一路，要走下盤，命丹田氣匯歸於腳底，氣要入樁，樁要入地，而且要入地三分，植於地底。

樁功的成就，是發勁的第二要件。發勁時，丹田氣要挹注於腳底，打下一個樁，如果不會打樁，就不會發勁，因為發勁是一種氣爆，藉由丹田氣的瞬間爆破，而這個爆破需有一個引子，這個引子就是打樁，這打樁就如卡賓槍的撞針，經由彈簧的伸引撞擊，令子彈瞬間彈射而出。

打樁有強烈的撞擊力，這個撞擊可以產生摺疊反彈，將丹田氣打地的力道，回饋到手上，這就是太極拳經說的：「其根在腳，……形於手指」。所以，**手的掤勁乃是發勁的第三要件**。

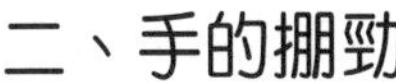

二、手的掤勁

掤勁，不是一種死力，不是一種硬力。你如果整天去練重力練習，去舉重、打沙包，或去劈磚、砍柴、推樹，這些都是練死力、硬力，不能成就掤勁。

掤勁，是一種張力，一種膨脹力，它有伸縮及彈簧效果，可以瞬間彈抖發勁打人。掤勁，是一種承載力，就像海水，能承載萬噸的巨艦而不沉沒。

掤勁成就之人，可以將對手的強大來力，透過手臂的張力掤勁，承接到下盤的腳底，由腳根的樁基來承載這個重力，化解對手的逼迫打擊，達到「任他巨力來打我，牽動四兩撥千斤」的神妙境界。

三、沉　勁

沉勁的造就，是一個「鬆」字，鬆是沉勁的因，沉勁是鬆的果。練太極拳一向都是講求用意不用力的，都主張要鬆柔的。但是如果只是一味的頑鬆，是無法成就沉勁的，因為頑鬆就是空無，是一種虛幻的鬆，不能成就功夫。

所以，在鬆中，在拳架的往復來回當中，要把筋骨伸展開拔起來，使全身各處的筋骨，都能經由丹田氣的輸運，而注入聚集飽滿的氣。

當丹田氣注入了手臂的筋骨之中，氣的本身就有質量的，氣的沉重之重量，會自然的拖曳手臂往下墜落，形成一個沉肩垂肘的狀態，是一種自然形成的沉落，當這個氣的質素，變化成內勁，那麼，手臂的沉勁就逐漸成就了。這個時節，手臂捧提起來，就有沉重感，在「落勁」的情況下，手臂就比一般人更沉重。

這個沉勁會延伸到下盤的腳根，使得我們的樁基更穩固紮實。在發勁時，手的掤勁，搭配「其根在腳」的腳之沉勁，上下相隨，力道就非常的驚人。

行功心解說：「發勁須沉著鬆淨，專主一方。」所以，沉著鬆淨是發勁的首部要件，只有成就了沉勁，發勁才能沉著鬆淨，才能專主一方。

四、打樁與摺疊

摺疊不是某名師所說的：「摺疊乃是手臂相沾，互相翻覆，虛實因以轉變。」摺疊也不是「翻雲覆雨」的變相。大師的「釋義」，似乎值得質疑的。

什麼是摺疊？海水前浪去了折回，後浪緊接而至，會有一個碰撞，把前浪又推擠向前。這種前後來回，所產生的碰撞推擠，就是摺疊。

我們打拳架、練基本功，都是往復來回的，也會有海浪似的碰撞與推擠。在行功運氣當中，這個摺疊式的推擠，可以使我們的氣場，更為渾厚與強烈，使氣的運行發揮最大的效果，內勁、掤勁、沉勁因此而得以成就。

譬如，太極的攬雀尾，後捋與前擠，向後捧提與向前推按，中間就有往復的摺疊，與內暗勁的壓送。這個摺疊、互碰與推擠，可使得體內的氣場深化，發揮最大的運氣功能，也使得我們的筋骨被伸展拉拔得更深長，注入的

氣更多、更厚實，內暗勁、掤勁、沉勁，都是藉此而成就的。

發勁時，引爆丹田氣，打下暗樁，這個樁打下去，地面會產生一股反彈力，這就是摺疊所產生的回饋力。所以，發勁是要打樁的，只有打樁所引生的反彈力，折回到手上，再放勁出去，才是真正的發勁，餘者都是屬於拙力範疇，都是內勁沒有成就之人，都是不會發勁之人。

五、彈　抖

彈抖與摺疊是關聯的，有摺疊才有彈抖，彈抖是摺疊的深化。想成就這個涵蘊摺疊的彈抖勁，依然要具備三個要件，就是培育飽滿圓實的丹田氣，成就樁功及手的掤勁，缺一不可。

太極拳的攻略，是採用彈抖勁，不是直來直往，是採用彈抖方式，因為彈抖的速度，比一般直拳速度還要快，因為它的出拳，全是丹田氣的引爆，連結打樁與手的掤勁，三者合和，透過摺疊所涵括的各個關節的連鎖快速推擠與氣的折衝壓縮，所產生的反作力去出拳，它的勁道及速度才會驚人的。

彈抖勁，本門把它稱為「蒼龍抖甲」，這個抖，就像狗狗抖落身上的積水一般，所以這個「蒼龍抖甲」要須樁功有了成就，腳根的抓地力暗勁要深入地底，才有辦法使這個「蒼龍抖甲」的彈抖勁。

如果打太極拳，手指一直刻意不停的抖動，這是巴金氏症，不是真實的彈抖勁。

六、作 意

作意是發勁中的細結構，如果沒有意的驅使，是無法發勁的。

作，是一個動詞；意，是指意念、意識或一個念頭。作意就是用意念去執行一個命令，使之產生作用。

打拳要作意，以意導氣，以氣運身。發勁也只是一個作意而已，念頭一閃，丹田氣瞬間引爆，打下暗樁，勁就發出去了。所以發勁，只是剎那間的事，意動氣爆是同時同步的，是真正的唯快。

透過站樁、盤架子以及作意，把氣挹注於腳底，成就樁功，是為發勁的要件之一。

透過站樁、盤架子以及作意，雙手捧提，作意將氣導向手臂，成就手的掤勁，是為發勁的要件之二。

透過站樁、盤架子以及作意，將氣落沉於丹田，斂聚圓實飽滿的丹田氣，是為發勁的首要條件。

當拳練到一個深度，一個層次水平，這個「作意」是自然而動而行的，無須「刻意」去「作意」，而意已在其間。在發勁時，自然意到勁到，勁到意到，意與勁已經連為一體，不可分割了。

發勁結構，大約如此，主結構、細結構必須完整具備，也就是說，所有主結構的功體必須先要成就；細結構中的意念與精神，也須圓滿的結為一體，互相貫通配合，發勁才會有效果。

第五十二章
「命門外撐」需要嗎？

很多太極拳名家主張打拳時，要「命門外撐」或「命門後撐」，不知是否必要？

命門，是一個穴位，在背後的兩腎之中，與臍相對。命門一詞，顧名思義乃生命的門戶，命門有維繫督脈氣血流行的作用，人體的生命之本，故名命門。

也許，就因為這個緣故，一些氣功師特別重視命門的修煉；也許，也因為這個緣故，一些太極名師，特別強調這個命門的運氣方式，而有「命門外撐」的說法。之後的太極拳學習者，也人云亦云，說打太極拳要「命門外撐」。

網路上有一支形意拳前輩張烈先生，打形意劈拳的影片，有人評論說張老師腰胯錯了，沒有命門外撐。

而這個網站也在它的視頻有這樣的回應描述：

「網上很多不明究裏的人都喜歡說張老師腰胯錯了，沒有命門外撐，我也不知他們是從哪裡學來的命門外撐，你站直的時候，坐直的時候，腰那裏都是有一個正常的生理弧度的，這才是正常的脊椎形態，若按照他們的邏輯，駝子的脊椎才是他們夢寐以求的脊椎形態，因為駝子一天到晚不論行走坐臥，都是命門外撐的。」

所謂「命門外撐」，是說你打拳時，腰背後的命門處，是要往外鼓起的，是往外撐開的，讓命門有突出的形像。

某太極系統特別重視命門部位的鍛鍊，注重「命門外撐」，認為手臂向前運勁或發勁時，背部要有後撐的微動。

事實上，命門外撐只是一種感覺，是一種意到氣達的感覺，你會運氣、會逆呼吸，在吸一口氣時，丹田這個氣囊會自然的縮收，把氣輸運到背脊這邊來，這就是太極拳行功心解所說的：「牽動往來氣貼背」之意旨，這個「氣貼背」的覺受，已然涵蓋了「命門外撐」的狹義說法。所以，「氣貼背」是涵蘊著命門、兩腎，及整個脊柱周邊的筋脈穴位的，不是侷限於狹隘的命門一處。

因此，不論是在做基礎功或打拳架，一蓄勁，就會把丹田氣運送到脊背來；在發勁時，因為必須配合雙腳的「打樁」，也因為打樁所引生的反彈摺疊勁，會回饋到上半身來，使整個脊背都有因為被反彈回饋而自然的有「撐持」的動作反應出來，這個自然的「撐持」，就會有「氣貼」的反應被感覺出來。

所以，脊背的「撐持」與「氣貼背」都是一種自然的運氣輸送與摺疊反彈的回饋現象，無須再去主張「命門外撐」或「命門後撐」的另類說詞。

因此，若刻意的把「命門外撐」或「命門後撐」的說法，視為自家宗門的創見、發明，只能唬弄一些不明究理的初學者，及一干學拳很久而尚未徹悟拳理的無智者。

初學者及缺乏智慧之人，若受到「命門外撐」或「命門後撐」說法的影響，不明究竟的練成「彎腰突背」或「塌胸翹臀」，那麼，主張「命門外撐」或「命門後撐」之人及宗門，乃為始作俑者，如果沒有把它說明白，講清楚，是有過失的。

第五十三章 太極三催（太極極短篇）

肩催肘
肘催手
手催著空氣走
是為三催。

若沒有催著空氣走
打的就是空拳
不能成就內勁。

第五十四章
與雨共武（太極極短篇）

屋外雨滂沱
內心是寧靜，
雨天練拳
當是享受；
與拳對談
與氣對話，
雨聲、拳韻、天籟
為我所擁。
排卻世俗
悠然忘我。
太極本無極！

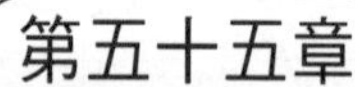

吞肩放胛

「吞肩放胛」，是一句台語話，是台灣的拳頭師常說的一句拳諺。與太極拳的「沉肩墜肘」意思有雷同之處。

太極的沉肩墜肘，著重於肩與肘的沉墜；台灣拳的吞肩放胛則側重於肩與胛的吞吐拔放。

台灣拳師常說：「吞肩放胛，起手落插；伸筋拔骨，父子相隨。」成為一句台灣拳的口訣。裡面涵蓋著運拳時的吞吐浮沉，沉肩落膊，手臂一出，身軀放長，也含有伸筋拔骨之意。

「吞肩」的「吞」，有含藏、含蓄、含蘊及醞釀之意，與太極的「沉肩」相較起來，意義更為深廣。

「含藏」，是暗藏、掩遮、蒙蓋，讓你看不到，發覺不了；也就是說，這個肩，不只是落沉而已，它的力道、內勁之含蓄，外表是看不到的，是深藏不露的。

「含蓄」，是蓄積而不顯，含蘊而不露，裹勁而不張。

「含蘊」，包括意、氣、勁之連結，意中含氣，氣中帶勁，意、氣、勁和合蘊藏集結。

「醞釀」，把肩吞入、藏著，蓄勢待發，是一種拉弓待放，積集氣與勁，準備攻擊的態樣。

「放胛」的「放」，是放長之意，把肩胛周邊的筋

脈，伸拔出去，放長遠出去。

練拳的人大部分都知道，筋是有彈性的，是能伸縮的，是有機動性的，出拳速度的快慢，取決於筋的活動性與機動性。

內家拳的練家子，知道把筋拔長伸展，有助於內氣的注入，增進彈抖力的性能；當筋脈挹注而斂聚了渾厚的氣場時，內勁的能量就更為飽滿磅礡，在發勁時，可以產生不可思議的爆破效果，因此，伸筋拔骨的鍛鍊方式，已然成為內家拳修煉者追求及不可或缺的學習方向。

肩胛骨，位於胸廓的後面，是三角形扁骨，介於第2至7肋之間。肩胛骨、鎖骨和肱骨構成肩關節。所以，肩與胛的活動是互相連結而不可分開的；胛骨的面積比肩大，它的活動力及使力的效能，自然比肩廣，胛動了，肩才能被連動起來。

依此邏輯，胛周邊所涵蓋的筋脈，自然比肩更為廣闊，胛骨放長了，所有手臂所涵蓋的肩、肘、腕、掌等邊距的筋脈，都會連帶的被伸開拔放出去。所以，若是只論述到「沉肩墜肘」這個範圍，是不及於「吞肩放胛」的。

「沉胛落肩」才是主流，才是比較落實的論述。台諺云：「查甫人要有肩胛。」有肩、有胛才能挑起重擔，負起家庭責任，所以，肩、胛是一家的，是必須同時並論而不可分離的。

太極拳輩常說：「肩催肘，肘催手。」

這句拳諺，是指打拳架時，力量由肩膀出力，然後把力量催到肘部及手部，也是運拳出力的一個流程方向。所以「肩催肘，肘催手」，已然成為太極拳的一句口訣，人云亦云。

事實上，出力的主力部隊，不是肩，而是胛。出拳時，胛周邊的筋是要伸拔而緊緻的，連帶貫串肩及肘與手，同時配合腳、腿與腰才是一體整勁，才是完整一氣。

因此，胛才是主力部隊，胛有力，肩肘手就連動有力；胛落插了，肩肘自然沉墜。

我這個論述，似乎較少有人提及的，這也不是我的發明創見，只是人體自然工學的一個常態現象，我把它特別另類的論述一番而已，一般人都是隨人之言而言，沒有自己的主張，我只是比較敢言罷了。

前面說過，出拳運功，要胛催肩，肩催肘與手，而且胛肩周邊的筋要緊緻的拉拔著，這個論述，是我一貫的主張。或許有人也有同樣的看法，但不敢說出來，為什麼呢？因為練太極者，一向主張要鬆的，要鬆的乾乾淨淨；我主張筋要緊緻，顯然與那些名師的說法相異，但我敢說出來，因為這是我透過自己實際的實踐，所得出來的體會。我大膽的提出來，如果有誤，或許幸得明家的指正，讓我在練拳的過程中，走出一個更光明的大道，何嘗不是件好事？但願有明師來指點我。

好，現場回過頭來看前面那句台諺：「吞肩放胛，起手落插；伸筋拔骨，父子相隨。」起手落插，父子相隨，是說兩手捧提起來，一前一後，就好像父子相伴隨行一般。

這裡，我有自己的解釋，父子二字，是喻肩與胛，是

相連相隨的，是互相牽連、牽動的。起手落插，是指手臂的鬆沉垂落；在手臂的鬆沉垂落當中，還要吞肩放胛、還要伸筋拔骨的。

有名師主張，練拳要鬆肩，甚至還要空肩。（詳見本書第六章，也論空肩一文）。

鬆肩是必要的，不能僵硬蠻拙，尤其是在推手走化之時，更是要鬆，不可硬頂。但在運拳及發勁之時，肩胛的筋不可以懈掉，反而是要緊緻拉拔著的，若是空掉了肩胛，就會形成一個斷勁現象。

肩胛是整隻手臂的根盤，運勁或發勁時，如果沒有這個根盤做為基座，勁是無由而發的。

所謂「鬆」，只是不著一絲拙力，只要身上或這個肩胛上，沒有著到拙力，就算是鬆了；若是頑鬆式的空掉，就什麼都沒有了，都不存在了，這就成為一種虛幻式的鬆，一種憑空想像的空，不是親身實踐後所得來的論說，把鬆神格化了，與實際狀況是脫節的。

肩胛的緊緻，是一種涵束狀態，是一種「似鬆非鬆」的狀態，在不著一絲拙力的鬆中，肩胛周邊的筋脈，是要拉拔的，是要涵束的。

所謂「涵束」，就是把身中的氣與勁，縮收集中起來，把身軀束縮著，把勁包裹著，這就是形意拳輩所說的「束身裹勁」，這個理論，在太極裡是少說的。

身一束，勁一裹，肩胛整個手臂的筋脈就彙統集結起來，內氣也就匯聚起來，拳運出去、勁發出去，才會有東西在裡面。

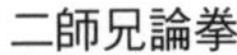

空肩，或空胛式的頑鬆，是一個空中閣樓，沒有底基的；空想式的頑鬆，是一個海市蜃樓，是一種不切實際的幻想。

我們試想，兩手拿著一根長棍，欲向前刺。這根長棍，就是手的延伸，握把之處，就如同我們的肩胛，肩胛若是沒有著勁，等同握把處沒有著勁，形成一個「空肩、空胛」狀況，也就是一個斷勁狀況。在這個情況下，如何運勁與發勁呢？

所以我說，名師的「空肩」之說，是為謬說，非是正說，宜以分辨清楚。

練拳要實際理地，講求現實。

把鬆神格化，把鬆虛幻化，不是學拳的態度；學太極拳，到了某一個層次，就要有自己的主見思路，如果以為名師之語皆是正確的，那麼，有時候是會被名師所誤，走到一個岔路去，與太極功夫的追求，愈行愈遠，驀然回首，年華已老，得來的是「到老一場空」，為時晚矣。

第五十六章
名家說「摺疊」

太極十三勢行功心解云：「往復須有摺疊。」但是「摺疊」到底是什麼？名家說法各異。

太極名家羅永平先生引述了以下各個名師對「摺疊」的論述：

武禹襄在他的《十三勢行功心解》一書中說：「往復須有摺疊，進退須有轉換，所謂因敵變化示神奇也。」

姚馥春、姜容樵於《太極拳講義》中說：「摺疊者，即變化橫豎也。其往來之橫豎，虛實不定，要有知覺，進前退後，必須變化隨機，進退轉換，亦要奇正相生，進亦是退，雖退亦仍能中敵也。」

楊澄甫在他的《太極拳使用法》中說：「與人對敵，或來或往，摺疊即曲肘彎肱之式，折背敵其身手。此係近身使用法，離遠無用。進退不要泥一式，須有轉換隨機變化也。」

陳微明在他的《太極拳術》中說：「摺疊者，亦變虛實也。其所變之虛實，最為細微。太極接勁。往往用摺疊，外面看似未動，而其內已有摺疊。進退必交換步法，雖退仍是進也。」

馬偉煥在他的《十三勢行功心解探要》中說：「舊力未過之前，新力已生，這就是我們太極拳所練的摺疊。」

郝月如說：「太極拳有摺疊之術，有轉換之法。摺疊者，是對稱的，有上即有下，有前即有後，有左即有右。如意要向上，即寓下意，意要向下，即寓上意，前後左右，皆是如此，此即謂之摺疊。」

曾乃梁認為，摺疊轉換是太極拳動作之間的銜接問題。

吳文瀚認為，摺疊轉換是針對推手而言，是指導推手的原則。

張全亮認為，摺疊轉換是太極拳運動的一個基本規律，每個式子都應該有摺疊轉換。

趙幼斌和傅清泉認為，摺疊轉換的目的就是因敵變化示神奇。

劉偉認為，沒有摺疊轉換就沒有太極拳。

太極拳名家馬虹先生認為，不懂摺疊，枉徒勞。

還有熊養和在他的《太極拳釋義》中說：「摺疊乃是手臂相沾，互相翻覆，虛實因以轉變。俗云『翻雲覆雨』，就是摺疊的變相。」…………

以上是名家對太極「摺疊」之說法，是否正確無訛，讀者須透過自己的實際修煉，用智慧去作檢擇。

摺疊到底是啥？摺疊在太極武功的修煉之中，到底有何種神妙效用？為什麼要透過摺疊來練功體，以及摺疊在技擊中如何發揮它的作用等等，應該是每個學習太極拳者要去深入探討的課題。

摺疊一辭，在我的書中是常常論說的。我就把以前所說、所述，做一個整理歸納，將摺疊作一個彙總論述。

以海浪作譬喻，摺疊就像海浪，前浪去了折回，後浪緊追而至，前後兩個浪會產生一個碰撞，後浪會把前浪又推擠向前。這種來回往復，所產生的碰撞推擠，就是摺疊，二浪互相碰觸、擠壓，產生了驚濤駭浪。

我們打拳架都是往復來回的，也會有海浪似的碰撞與推擠。這個摺疊式的推擠有上下、前後、左右及立體圓弧的折轉，這個折轉可以使我們的血液及氣場，在運行當中發揮最大的效果，使氣血的運輸更為渾厚與強烈，內勁因此而得以成就。

人的肢體，每一個關節，都是一個浪體，在練拳架的往復之中，各個關節因為被下盤的腳根所牽動的關係，它的行程就有了先後的秩序，也就是說下盤的腳根是先行、先動的，是由腳而腿而腰，最後形於手的，所以在往復來回的牽動當中，各個關節及周邊的筋脈，就會有摺疊的現象及互相牽扯擠壓，使得體內的氣血產生加壓效果；在摺疊處形成一股強大的反作力，而助於骨關節與筋脈的拉扯，使得筋骨被拉開伸展，使氣場注入筋骨之內，斂氣成勁。這個摺疊，蘊藏著不為人知的掤勁及暗勁的修煉養成，所有的彈簧勁、螺旋勁、摺疊勁、翻浪勁一併成就。

我所說的海浪理論，也就是太極拳經「其根在腳，由腳而腿而腰，形於手。」的理論。練拳架要依循這個理論而練，由下盤去牽動中盤、上盤，使我們的關節、筋骨在運功中有一個前後的順序，在往復當中，形成一個浪型的摺疊狀態，由這個摺疊所產生的加壓作用，使我們的氣血流動加強、激化，而產生「騰然」作用，成就不為人知的內勁能量。

這個由摺疊作用所修成的摺疊勁，能夠連帶的引生彈抖勁，因為在摺疊的快動中，事實上就是一種往復的彈抖，因為摺疊可以產生反作力、彈簧力，當摺疊的速度加快時，就是一種彈抖勁。

這個摺疊彈抖勁，能使出拳的速度更疾快。因為摺疊就是肢體上各個關節筋脈互相引領牽動所產生的，這種反作力，是遠勝單一面向的出拳方式的。這種快，才是真正的唯快。

發勁必須配合打樁，這個樁打下去，會有反彈力回饋到身上及手上，這個反彈力、反作力，事實上就是一種摺疊。

要檢驗一個人會不會發勁，不是看他奮力一推，把人推出去。而是看他有沒有利用打樁所產生的摺疊、反彈。懂得摺疊原理，而且練就了打樁功夫，才是會發勁之人，才是真正的懂勁之人；餘者，縱使能將人發於丈外，仍屬於「斯技旁門」之類。

摺疊，不只是身體肢節的往復伸縮擠壓，還涵蓋丹田氣的轉折，在丹田內轉及氣在脊背的往復流盪當中，亦是處處充滿著摺疊的運轉的，也只有內外相合的摺疊擠壓，才能使氣血順暢，而致「氣遍周身不少滯」。

摺疊，不是像摺棉被般的重疊相貼在一起；摺疊是肢體上各個關節筋脈的往復伸縮擠壓，藉著體內的氣場與外面空氣的互相擠壓所營造出來的阻力，而營建出更強烈的加壓效果，也是一種反推擠的暗勁。

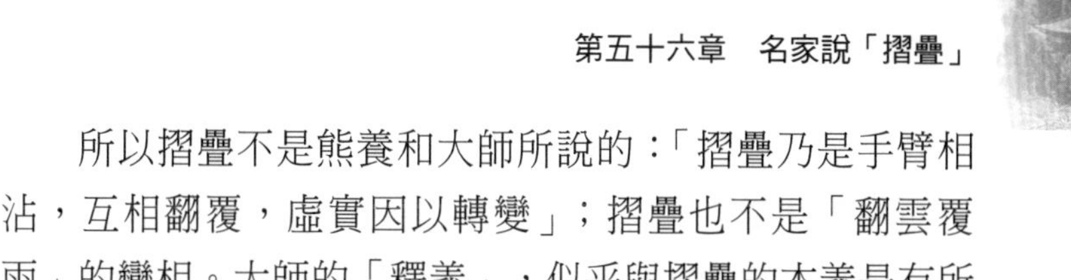

所以摺疊不是熊養和大師所說的：「摺疊乃是手臂相沾，互相翻覆，虛實因以轉變」；摺疊也不是「翻雲覆雨」的變相。大師的「釋義」，似乎與摺疊的本義是有所出入的。

摺疊也不是吳文瀚認為的「摺疊轉換是針對推手而言，是指導推手的原則。」摺疊並非全然是對推手而言，它涵蓋著拳架功體的修煉；功體的修煉，若無摺疊，難以強化氣血的輸運，難以斂氣而成就內勁。

太極名家羅永平先生對上舉大師之摺疊論述作了一個評論。

他說：筆者冒昧以為，上述各種詮釋都忽略了一個重要前提，即武禹襄講「折疊」具有什麼樣的背景？查《十三勢行功心解》全文得知，它是武禹襄對《十三勢行功歌訣》的解釋。我們知道，《歌訣》與王宗岳的《太極拳論》、《打手歌》是太極拳重要理論。《歌訣》七言24句有17句是講太極拳修煉、應用之功法。因為它是以歌訣形式反映，所以要對其進行解釋。武禹襄《心解》對《歌訣》的解釋其用意無非使太極拳者深刻、全面理解《歌訣》。請看前三句：

對「命意源頭在腰隙」的解是：「以心行氣，務沉著，乃能收斂入骨。」

對「變轉虛實須留意」的解是：「意氣須換的靈，乃有圓活之趣。」

對「氣遍身軀不稍滯」的解是：「立身中正安舒，支撐八面；行氣如九曲珠，無微不到。」

不難看出，武禹襄對《歌訣》的《心解》其實就是一種注釋。于此，筆者以為，我們看問題，解釋詞句不能就事論事，就詞說詞，而應該將這個「事」放到一定的背景或前提中去。同理，我們只有將「折疊」這個詞語放到《心解》是對《歌訣》的注釋這個背景或前提中去，才能全面、正確的理解其涵義。

回過頭來，我們再看「折疊」。「往復須有折疊，進退須有轉換」是對「因敵變化示神奇」的注釋。按照字面意思，一來一往要有折疊，一進一退要有轉換，如此，就能變化莫測了。當然，問題並不是那麼簡單。「轉換」好理解，就是這個「折疊」理解的紛紜。

如果「折疊」是「橫豎變化」？顯然牛頭不對馬嘴。

如果「折疊」是「變化虛實」？《歌訣》第3句就有「變轉虛實須留意」之句，而《心解》又對此注釋為「意氣須換得靈」，應該與「折疊」之意無涉。

再者，太極拳一動皆有虛實，處處皆是虛實。前已有虛實變轉之意，此再講虛實，有畫蛇添足之嫌。

如果「折疊」是「曲肘彎肱」？更是淺薄誤解。

如果「折疊」是「新舊之力轉換之環節」？有所達意，只是不夠全面。」

以上是羅永平先生對名家的評語，提供讀者們參考。

羅永平先生說，對拳論的釋義或解析，不能就事論事，就詞說詞。然而，如果未將經論的本義、原義敘說分明，而是用一些私自想像、憑空思維的論調來解述拳理，或以自己高調的意識形態來解讀拳論，恐有誤導學者走向

歧路之虞。

行功心解云：「往復須有摺疊，進退須有轉換。」這是句對稱語，兩個詞句是有關聯之關係，但卻是一種間接的關聯。打拳時，在來回往復當中，必需要嵌入一個摺疊，這個摺疊除了強化氣場的催動，它還有婉轉銜接的功能，所以才說打拳架，在往復之中必需要有摺疊。

進退須有轉換，這個轉換涵蓋了重心虛實的轉換、方位方向的轉換、以及步法的移形換位等等。當然，在進退、虛實、方位、步法的轉換當中，會連帶牽涉運用到這個摺疊，它們之間是互動、互牽、互連的，這是無庸置疑的。但摺疊並不全然的代表進退轉換的，它是一個獨立的言詞，可以關連而說，不可混淆而論。

把摺疊解釋成「因敵變化示神奇」、「摺疊者，即變化橫豎也」、「摺疊即曲肘彎肱之式」、「摺疊者，亦變虛實也」、「舊力未過之前，新力已生，這就是我們太極拳所練的摺疊」、「摺疊者，是對稱的，有上即有下，有前即有後，有左即有右。如意要向上，即寓下意，意要向下，即寓上意，前後左右，皆是如此，此即謂之摺疊」……等等，雖無不可，但對摺疊之本義，並沒有直截了當的訴說，沒有將摺疊的本義說明清楚，這樣會使學者墮入五里迷霧之中，尤其對初學者而言，他會聽得霧煞煞。

為了使讀者更明白摺疊的原義及附屬涵義，今再舉一個很簡單的「洗衣機理論」為說明。

洗衣機的槽筒在翻絞滾動時，一會兒是順時鐘方向，

一會兒是逆時鐘方向，尤其是在脫水洗淨時，它是要時時的順逆來回翻滾的，這個順逆來回的翻滾，能使得槽中的水，激出更強烈的力道，加速洗衣的功能，這個往復來回的翻滾，就是摺疊的原理，也是一種簡單的物理現象。

以前農家割稻，裝入布袋裡，要搬到牛車上，兩個人各拎著布袋的一邊，不能一下子就甩上牛車的，必需要來回擺盪數次，等那個力道、衝勁、速度都運足了，再加一把勁，將布袋裝了百餘斤的稻子甩上牛車。

這個來回擺盪，算不算是一種摺疊，當然算啦，這是一種變相的摺疊。智者可以因引喻而得到理解。

歸納而言，從練拳的實際面來說，摺疊是一種肢體上在活動當中，所發生的一種往復來回的折衝行動，有了這個立論作為基礎，再去引申、引述摺疊的變相，也就是物理力學上所演變出來的另一種現象，譬如說，「海浪理論」、「洗衣機理論」、「甩袋理論」等等，要這樣來申述，人家才看得懂。

有了這個主題、這個主張作為立論基礎，那麼你要把摺疊引申為「因敵變化示神奇」、「摺疊者，即變化橫豎也」、「摺疊即曲肘彎肱之式」、「摺疊者，亦變虛實也」、「舊力未過之前，新力已生，這就是我們太極拳所練的摺疊」、「摺疊者，是對稱的，有上即有下，有前即有後，有左即有右。如意要向上，即寓下意，意要向下，即寓上意，前後左右，皆是如此，此即謂之摺疊」，或說「摺疊轉換是針對推手而言，是指導推手的原則。」……等等，才能勉強說得通的。

第五十七章
意氣君（均？）來，骨肉臣（沉？）

太極十三勢歌云：「意氣君來骨肉臣。」這是說在太極拳的修煉當中，內裡的意與氣是處於君王的地位，外形的骨肉支架是臣子；君王為上，臣子為下，君與臣是主從關係。

太極拳是很重視意與氣的，因為如果沒有透過以意導氣，則無法斂氣入骨，不能成就內勁功夫。所以，意氣為君，骨肉為臣；意氣為首，骨肉為輔；意氣為主，骨肉為從。

太極名家孟〇超先生在他的「意氣君來骨肉臣，怎麼理解？」一文謂：

有拳家對此持不同觀點，認為「意氣君來骨肉臣」是一句隱語，君臣是諧音，不是比喻從屬關係的理論，而是一個實際練功的口訣。認為「意氣均來骨肉沉」是正解，即行拳走勢的一個要求：意氣均勻和緩，骨肉沉穩有勢。

楊澄甫在《太極拳說十要》中有言：「太極功夫純熟之人，臂膊如棉裹鐵，分量極沉。」

「棉裹裹鐵」這一形象比喻，正好應了「骨肉沉」的說法。

如果按「意氣君，骨肉臣」來講，強調的是練拳要用意不用力，以意氣來指揮骨肉運動的道理。

那麼，按「意氣均，骨肉沉」來講，強調的則是行拳時要意氣均勻，骨肉鬆沉，是練熟拳架後的要求，也是產生內勁的必要條件。

初練太極，不能發勁，當然也不會發勁。拳架子盤好，身體各處的關節練得鬆開，全身肌肉不用力，會自然產生一種鬆沉的勁，可謂「內勁」。不發勁時，看似溫柔，但卻蘊含著能量。人們所說的「花架子」，就是缺少這種勁的內涵。

看動物世界，老虎、獅子、獵豹或熊走路的姿態，慢慢悠悠，肌肉根本不用力，好像掛在骨頭上一樣，特別的鬆沉，但發勁卻異常迅猛。那是先天的自然發生的一種本能。其實，太極拳就是這樣一種奇怪的拳，是用骨頭架子練的，而不是用肌肉練的。

個人觀點，還是覺得把「意氣君來骨肉臣」看作諧音隱語，說是古人智慧也好，保守也罷，實則「意氣均，骨肉沉」，作為一練拳口訣，更有指導意義。

每個人對於拳論歌訣，各有看法，各有解釋，若要把它牽強的解釋為「意氣均來骨肉沉」，那麼歌訣就不會以「意氣君來骨肉臣」而流傳至今；雖說「均沉」似乎也有另一番道理，但與歌訣本義還是有所出入與差異的。

這一干名師，腦筋也真會歪，然而這不過是想突顯他的另類發想思維，及與眾不同的論調罷了。

試觀歌訣這句「意氣君來骨肉臣」的上句是什麼？

「若言體用何為準」。

「體」，是指功體；「用」，是指技擊用法。「若言體用何為準」是說如果要論說太極拳的體與用，應該以甚麼標準來看待認定呢？這是原作者王宗岳老前輩的一種自問自答的寫作方式，下一句的「意氣君來骨肉臣」則是作者的自解論述。

前輩王宗岳先生說「若言體用何為準」？要論說太極拳的體與用，應該以甚麼標準來看待認定呢？「意氣君來骨肉臣」，意氣為首，骨肉為輔，主從地位先分明，若是本末倒置，把骨肉視為第一要務，那麼太極功夫將無從成就矣。

從整個語句來看，「意氣君來骨肉臣」的說法才是正確的。只有意氣來領軍，骨肉隨從，才能斂氣成勁，才能成就太極的體與用。

如果牽強的把它解為「意氣均來骨肉沉」，雖然它的意涵尚屬無訛，但與原作之本意似有所偏離的。

所以有拳家對此持不同觀點，認為「意氣君來骨肉臣是一句隱語，君臣是諧音，不是比喻從屬關係的理論」，這是不正確的說法。

這些拳家認為「意氣均來骨肉沉」才是正解，實際上是為謬說，學者不可不詳辨焉。

孟〇超先生引楊澄甫在《太極拳說十要》中之言謂：「太極功夫純熟之人，臂膊如棉裹鐵，分量極沉。」而謂：「『棉裏裹鐵』這一形象比喻，正好應了『骨肉沉』的說法。按『意氣均，骨肉沉』來講，強調的則是行拳時要意氣均勻，骨肉鬆沉，是練熟拳架後的要求，也是產生內勁的必要條件。」

內勁產生的條件，是得透過鬆柔的程序而令氣沉斂，是沒錯；氣沉了，就有『棉裏裹鐵』的效果，也沒錯。但不能由此而謂『意氣均，骨肉沉』。

意與氣可說是一體的，有意才能領氣而行；有氣而無意導，終不能成就氣遍周身，斂氣成勁的效果。

意與氣既是一體不可分割，就沒有均不均的問題。

再來說到骨肉沉，孟〇超先生引老虎、獅子、獵豹或熊走路的姿態，慢慢悠悠，肌肉根本不用力，好像掛在骨頭上一樣，特別的鬆沉，但發勁卻異常迅猛。那是先天的自然發生的一種本能。

其實，太極拳就是這樣一種奇怪的拳，是用骨頭架子練的，而不是用肌肉練的。

孟先生此語是有矛盾及語病的，他說老虎、獅子、獵豹或熊走路都是慢慢悠悠，肌肉根本不用力，好像掛在骨頭上一樣，特別的鬆沉，但發勁卻異常迅猛。這些動物怎麼會發勁呢？應該說他們的追逐奔跑是異常迅猛才對，這是動物的先天自然的本能，與太極拳無關。

肌肉特別鬆沉的說法也是不正確的，練家子的肌肉絕不是鬆鬆垮垮的，練到某個層次水準，他的肌肉是Q彈緊緻的，不會像掛在骨頭上的贅肉，鬆鬆垮垮的，這個鬆鬆垮垮的贅肉，不是沉的意涵。

練家子為什麼可以「棉裡裹鐵」或「棉裡藏鋼」，胳臂放到人身上，讓人感到特別的沉重，這是因為他的修煉

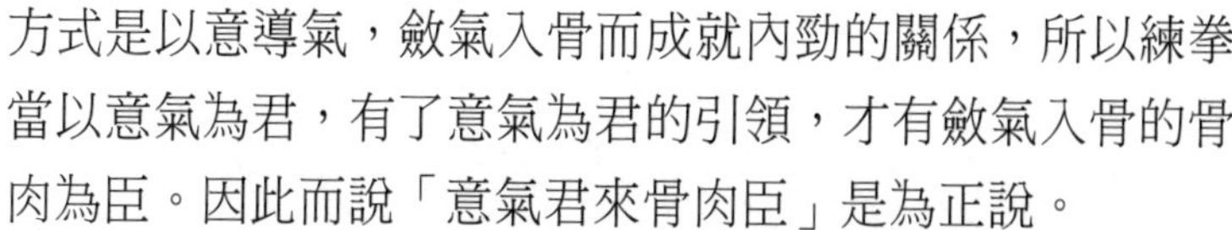

方式是以意導氣，斂氣入骨而成就內勁的關係，所以練拳當以意氣為君，有了意氣為君的引領，才有斂氣入骨的骨肉為臣。因此而說「意氣君來骨肉臣」是為正說。

再來說到內勁成就的人，為何手臂特別的沉重？這個除了因為氣入了骨增加了質量之外，他懂得「落勁」之訣。

一隻手臂能有多少重量？五斤，十斤，剁下來秤一秤就知道，但為什麼手臂落在你身上，你會感覺特別的重？事實上，他是用了意，把內勁落到你的身上的，這個勁落下去，除了內勁本身的質量之外，還「用意」暗施了一個暗勁，這個暗勁因為暗藏在身子內部，肉眼看不見，所以，你是不能察覺的。

「落勁」，是在暗中「用意」加壓使勁的，所以手臂才特別的沉重。事實上，並不是手臂特別的沉重，只是他落了勁，你不知道罷了。

「落勁理論」是我的發明，很少人說出這層道理。如果沒有成就內勁，也不會以意氣去「落勁」，手臂剁下來頂多五斤、十斤那麼重，不會讓人感覺特別的「沉」，只有懂得「落勁」這層道理的人，才能道出「落勁」與「沉」的關係；也只有視「意氣君來骨肉臣」為正說而且有深入的體會之人，才敢出來辨正「意氣均來骨肉沉」是為謬說的，餘者皆是人云亦云，似懂非懂，被一干阿師牽著鼻子走的無主見凡夫。

第五十八章

空空聽聽—論孫〇豐老師「太極拳如何做到『空』」

太極拳一向講求鬆，某系統更強調「不鬆就是挨打的架子」，因此，鬆，無形中似乎成為修煉太極的必備要件，更甚者，有人還主張不僅要鬆，還要「空」，於是坊間就有「空肩」、「空腰」等等的論說。

太極名家孫〇豐老師寫了一篇題名為「太極拳如何做到『空』」的文章。孫師說：

太極拳講究鬆、空、還有「無相」之說。鬆，如何才算鬆？各人解釋不同，理解不同，感受不同，體會也不同。我體會簡單地講，鬆就是平均、四面八方散開，像糖放在水裏融化了似的。糖融化了，就是散開了，也就看不見了。此時的糖就體現了鬆、空、無相。用這種感覺打拳，保持這感覺打拳，用這感覺推手，保持這感覺推手，但要注意尋找地心引力，是引力在呼喚你前進後退轉動流動。鬆了就會上浮，下沉是引力在作用，所以要尋找引力。千萬不要人為下沉，人為下沉那就不是沉，而是壓，壓了就不可能鬆。太極拳要做到一個「空」字。如何做到空？須達無我境界。一舉動都不從我出發，都似乎引力在喚我，對方散了我自然順著進入。想想，手往空氣裏伸出，很輕鬆吧？但也有主次問題，主動伸手就是有我。從某種意義上講那個發勁的「發」字也是不對的。發勁從我而發，必有我，但「無我」則不然，不是我發，而是自然而然被動而順著去也。

太極講鬆，是大家都在講的，但講到空、無相，牽涉到佛道境界去了，學拳似乎無須說這些玄學，弄得深奧難解，神秘兮兮的，這樣並不就表示功夫深妙。

以糖入水而融化，不見了，而譬喻太極的鬆，似乎有些不對頭；進而而喻空與無相，與拳更是無涉。

地心引力是一種自然界的物理現象，不必刻意去尋找，只能憑感覺。牛頓發覺地心引力定理前，人們對地心引力是毫無所知的。

地心引力並不能呼喚你前進後退、轉動流動，這些前進後退轉動流動必須是各部筋骨關節肌肉的運作才能活動的，而這些活動是絕對要用到力的，而這個力是一種天生自然的活動力，你不去特別去注意它，是難以發覺的。所以，鬆並不是完全不用力，只是沒有刻意的去使上拙力罷了。因此，不宜把鬆說得太希奇。只要不刻意使用拙力，就是鬆了。

孫師說太極拳要做到空，須達無我境界。一舉動都不從我出發，都似乎引力在喚我；……從某種意義上講那個發勁的「發」字也是不對的。發勁從我而發，必有我，但「無我」則不然，不是我發，而是自然而然被動而順著去也。

無我，是學佛人在講的，學拳只要腳踏實地的練。如果每一個舉動，都無我，如果力不是由我而舉，勁不是由我而發，可以自然的被動而順著去，除非是被鬼牽著走。因為如果是真正的鬆了時，力向、氣向、勁向也都是向下而沉落的，引力並不能呼喚你前進後退轉動、流動，所以不論是身沉或氣沉，絕對不可能是鬆了或空了，而可以自然而然被動而順著去的。

孫師說：王壯弘老師曾經說叫我看拳論只看王宗岳的「其根在腳，主宰在腰，形於手指」，此說法似乎並非是王宗岳說的，此話習拳的都在做，過去我也做。但現在我認為這個說法最多就是在術的層面，也就是說用這個方法搭手，會犯丟頂之病，既是勝者也逃不出手快打手慢之嫌，充其量是一個巧字。有人說要練聽勁好壞，我並不贊同，因為聽勁好的勝過聽勁壞的也難逃手快打手慢之分。當然初學者也許必需要走過這個階段？覺得最終還是要走到「空」，不空也就不可能明白人不知我我獨知人拳論之要點。試想，如果我空了，對方如何知我？對方不知我，我卻知人，能知人就能從人，能自然從人者焉能不取勝？當然，如何理解空？許多解釋不同。我理解為：不從我出發，意念都在對方，在空間，在引力。

太極拳經說「其根在腳，發於腿，主宰於腰，形於手指；由腳而腿而腰，總須完整一氣」，這是誰說的，不在本文討論範疇。但這個說法不是只在術的層面，它涵蓋著功體的修煉與技擊時的用法，是體用兼備的，不是只在術的層面。

孫師說用這個方法搭手，會犯丟頂之病。不知此見是從何而說起的？若能達於完整一氣之境，豈會犯上丟頂之

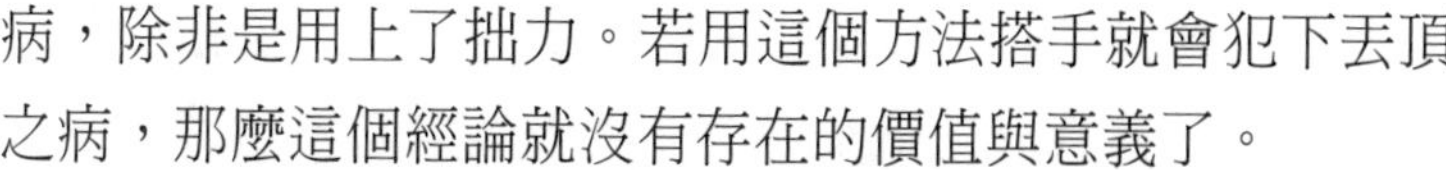

病，除非是用上了拙力。若用這個方法搭手就會犯下丟頂之病，那麼這個經論就沒有存在的價值與意義了。

太極的搭手或推手，練的就是聽勁的敏捷，是一種巧勁，是一種觸覺神經的反射作用；聽勁好，反應就快，所以這個聽勁與巧勁是修學太極拳者所追求的目標之一，孫師說用這個方法搭手，會犯丟頂之病，既是勝者也逃不出手快打手慢之嫌，充其量是一個巧字。顯然是有駁斥與不同意拳經所說的「其根在腳」理論之意，其最終目的就是要去突顯他所主張的「空」的論說，而強調他所強調的「不空也就不可能明白人不知我我獨知人拳論之要點」。

孫師說：「如果我空了，對方如何知我？對方不知我，我卻知人，能知人就能從人，能自然從人者焉能不取勝？」問題你真的空了嗎？不論你如何的虛擬妄想自己空了，身體一欉還是立在那邊的，不會真的憑空消失掉，所以不能說我空了，而要說我把對方的來力來勢化空了才對。身體是有感覺、有感應及反應的自然能力，透過聽勁的練習，才會產生靈敏的反射作用，如果只是心存幻想去虛構自己身體空了，恐怕有那麼一天，運氣不好遇上了一個實做場面，不知是會被打空？還是被打趴？

孫師說：太極拳要求做到無我，我把它解釋為不從自己出發，從地球引力出發。現在我又有新解釋：假設對手有一個密封的空間，你要走進去，不管你用力還是用意，都難，那是因為你主動出發，用你去推了對方，就會有作用力與反作用力。但是只要你思想意識幫助對方「漏氣減壓」，在對方密封的各個部位開門開窗減壓，對方沒氣減壓了，你就會很方便地被順著進去了，達到了你「推」對方的目的。因此，我們練拳不要總在自己身上琢磨，要把意放在空間運動。空間很大，隨意都可以造型，諸如螺旋、波浪等等。久了，成為習慣了也就感覺似乎是螺旋？波浪？似有非有了。關鍵字：不從自己出發、對方漏氣減壓。呵呵，一點體悟，供參考。

此段是有語病的。如果在自己不主動的情況下，只憑著思想意識就能在對方密封的各個部位「漏氣減壓」，很方便地被順著進去了，達到了你「推」對方的目的。這除非是你有神通，否則不能致也。「進」到對方的身體以及「推」對方，都必須投足舉手的，不能只憑空幻的思想意識就能達成的。

「呵呵，一點體悟，供參考。」此語似乎顯得有些自得、自傲與驕矜吧？

孫師說：關於太極拳議論的力，無論大力小力，拙力，靈巧的力？我想都是力，都是要依靠人體肌肉，骨骼，支撐而來，所以，去大力、拙力，用小力、巧力、穿透力等說法還都離不開「用力」二字。用力必有反作用力，受力點必有壓迫感。此為用力，只是用多少，怎麼用的問題。然太極拳強調不用力，關鍵是在「不用」，不用力，那就沒有什麼大小靈活笨拙之分了。

孫師此段，依然是在駁斥用力，不論是大力、小力、拙力、穿透力、靈巧力等等都是他所駁斥的，以這樣的駁斥而來突顯他所主張的「空」。

然而，依據物理原理，人體所有的活動誠如他所想、所說的，都是要依靠肌肉、骨骼等等來支撐的，事實上也是如此。沒有使力，手舉的起來嗎？腳抬的起來嗎？太極拳所主張的不用力，只是教人家不要使用拙力、蠻力去練拳、去練推手等等的，不是教你完全不用力而變成一個不能活動的死軀殼。

用力去打一個物體或身體，是會有反作用力的發生，沒錯，但不可因此而主張不用力就沒有什麼大小靈活笨拙之分了。如果都不用力，那就沒有舉手投足的活動能力與活動行為，而變成一個不具活動行為的死軀殼時，還有什麼大小靈活笨拙之所可言說的呢？

孫師說：我想對這個問題的理解至少會有兩條路，其一，由於對不用力，不十分相信，所以就尋找少用力或者靈巧的用力，以小力來對付大力等等的方式，如此這番練來練去只是一個「術」字的層面。

太極拳一向主張以小搏大、以弱服強、以柔克剛等等的，所以透過體與用的修煉而能達致這個境界，所以這個「術」的層面，是為修學太極拳者所追求的目標之一，這個「術」的功夫，是一種正面的方向層次，有什麼不好呢？然而孫師卻貶抑的說「以小力來對付大力等等的方式，如此這番練來練去只是一個『術』字的層面」，他這樣的駁斥貶抑太極拳的「術」，顯然也只是想突顯他所主張的「空」的理論罷了。

孫師說：其二，真的相信「不用力」，徹底改變用力的習慣，尋找不用力的道理取而代之。但是真正能理解能明白「不用力」的道理是非常難的，因為人的生活中都在用力。要明白「不用力」的道理，不僅要打下「術」層面的基礎，還得要有「道」層面的悟性。要尋找能不用力的太極拳之道理不換思維方式是不行的。

孫師所說的「改變用力的習慣」這一句話，是不是已然涵蓋了用力的成分呢？既然是用力，那麼與他所主張的「不用力」是否有衝突與矛盾呢？

此段後面孫師說，要明白不用力的道理，不僅要打下「術」層面的基礎，還得要有「道」層面的悟性。他原來對「術」的層面是有所駁斥與貶抑的，現在卻又說不僅要打下「術」層面的基礎，還得要有「道」層面的悟性，豈非自語相違，互相矛盾呢？

還有「道」層面的悟性是什麼呢？孫師並沒有講出來，似乎又想把太極拳帶向深不可測的玄奧境界，而顯示他的高度與我們這些凡夫俗子是不同的？

孫師說：關於放鬆的問題，當一個人昏迷的時候，非常放鬆，也非常鬆沉。因為此時人的意志不再控制身體，而身體受著自然引力的作用，自然下沉，因此非常鬆沉。由此我想，沉重、放鬆是我們本來所具有，但由於我們的意識掌控「錯」了，使其本來鬆沉的身體在運動中變得不鬆沉了。練太極拳的我們是否該換換「掌控的思維方式」，回歸我們本來所具有的「道」。

人昏迷的時候，並不是非常的放鬆與沉的，因為鬆沉的真正意義，是人在清醒時生理上與心理上的一種表現；人若在昏迷狀態是沒有意識去操縱身體與心理的，所以也沒有鬆不鬆的問題，更沒有沉不沉的問題，這種狀況下所

呈現的鬆與沉，純粹是一種自然的物理現象。因此鬆沉不是我們本來所具有的，而是透過特殊、特別的訓練才能致之的。當然，如果練習方向、方法錯誤，就無法得到鬆沉的效果。

此段後半孫師又談到令我們這些凡夫所摸觸不到的「道」。什麼是道？

維基百科如是謂：「道，是天地萬物的運行機制，中國哲學的信念之一。道決定了事物『有』或『無』、以及生物『生』或『死』的存在形式。道是從無到有、從有到無和週而復始的自然現象，是萬事萬物在道協同作用下所產生的結果。道即堅信人受地的制約、地受天的制約、天受道的制約，道受自然的制約，即『人法地，地法天，天法道，道法自然』的理念；奉行順其自然，無為而治的價值觀。此一信念，不單為哲學流派道家、儒家等所重視，也為宗教流派道教等所使用。另外，道也是基督教的重要信念。《聖經》裡提到『太初有道，道與神同在，道就是神。』（約翰福音一章1節）」

儒教、道教、基督教等等都會說「道」，而這個「道」的真正面目到底是啥？我想聖人也說不出一個所以然來。

有悟道的菩薩說：「太極唯臆想，根本實真識；無明生兩儀，萬法由茲生。」證悟的菩薩說，太極、無極、陰陽等等這些思想，都是凡夫愚者們自心的忖度臆想；宇宙實相的根本，是眾生皆具有的真識如來藏；因為眾生的無明無知，不明白這個真識如來藏的真面目實相，所以才會有太極、無極、陰陽、兩儀等等「道」的思想生出來。

我們凡夫練太極拳，有無需要把這個「道」一直擺在嘴裡？把太極、無極、陰陽這些名相一直掛在嘴上，值得智者去深入思悟。

孫師說：聚與散至少有兩個層次理解。一、在己，也就是自己散開和相聚，我們平時講的放大縮小，可以將來力散開，將來力轉向對方而聚合，散開與聚合也是通過圓轉來完成的。

此段孫師是在解釋太極推手或散打時的化與打，以聚、散而解釋化、打，這似乎也是他自己腦筋的一種忖想吧？

以通過圓轉將來力散開轉向對方而聚合，似乎是一種膚淺的走化。一個練家子的走化，會利用丹田氣的沉落，將對方的來力化解，將來勢卸於腳底，並且透過打暗樁而引生的摺疊反彈回打。若還需要在那邊思維如何將來力散開再轉向對方而聚合，恐怕會慢了半拍，成為挨打的敗勢吧？如果還須透過圓轉來走化，將來力散開轉向對方而聚合，或者以左右轉身搖晃或前腑後仰式的化打，都還是類屬低階的走化。只有丹田氣的一沉而化去來勢來力，讓對方在瞬間失去了著力點，才是高層次、高水準的化勁。

孫師說：二、在人，「槓桿原理」，也就是在接觸點上，假想出力臂、支點。力臂後端是我們的重量移動的方向，這個方向是根據對方來力而形成的。「支點」是假想的，是存意念的，是空的「支點」。力臂圍繞這個「支點」移動，因此形成了轉動，這個「支點」也就變成了一個中心，一個空的中心（也就是一個圈的轉動）。這個空的中心像水一樣流動，本著捨己從人原則在秤桿上流動，調節著力臂與力矩的長短，強化了槓桿作用，同時，這個中心也是不斷地在變化移動。

大家都知道槓桿原理，後端是施力點，中間是支點，前端是著力點，孫師說，「『支點』是假想的，是存意念的，是空的『支點』。」依據槓桿原理，省力的原則就是靠這個支點，若這個支點只是存意念式的假想，是空的，那有又要如何去借力呢？力臂又將如何圍繞這個支點而移動與轉動呢？

孫師把支點形容為一個空的中心（也就是一個圈的轉動），這個空的中心像水一樣流動，這是一種純為個人的揣度，揣測這個空的中心像水一樣流動。而事實上人體力臂所形成的支點，是一個有形質的物體，絕對不可能像水流的中心在旋渦式的圓轉中而呈現中空狀態。人體的支點不能變成一個空的中心，也不能像水一樣的圓轉流動，這個支點的變化只能依聽勁的敏捷反應而移動。

孫師說：這個「支點」流動可以圍繞對方形成公轉，形成一個圈，這個「圈」合之（捏死螞蟻）散之（五馬分屍）。

支點不能像水一般的圓轉流動而形成公轉，只有善用自己身體的支柱為圓心軸的向心力，去營造拋擲圓心所形成的離心力，才有自轉、公轉與拋物線的成立。

孫師說：這個聚合過程，與自己身體似乎沒有直接的關係。

如果與自己身體沒有直接的關係，是不是又將吾人帶向「空」的虛幻境界去呢？

孫師說：練太極拳有人說不用拙力？這句話的背後還是沒有離開用力，只是強調不用拙力，大力，蠻力等等，那就是以為可以用巧力，小力或者說什麼合理用力等等。太極拳強調「顯非力勝」，但是不用力卻要能對付來力，如何辦？這就是練太極拳人的最大疑惑，必需要換思路，否則是想不通的。

這邊孫師顯然再次的強調太極拳是完全不能用力的，不管是拙力、蠻力、大力、小力、巧力，或者合理用力等等，都是他所駁斥的，非得要符合他所主張的「空」的虛幻理論才可以的。

太極拳論所說的「顯非力勝」，並沒有強調完全不用力，而是主張以四兩撥千斤的；如果沒有四兩力，又將如何去撥千斤呢？因此，孫師所主張的唯空理論是否也將落入另類的「斯技旁門」之範疇呢？

孫師說：不用力總要有東西代替「力量」，那是什麼？是重量！自身重量像水一樣流動起來，鬆空落地而產生了上升的能量（地球給予的反作用力）。

孫師以自身重量喻為不用力的替代品，像水一樣流動起來，這完全是一種虛構幻想，自身重量如何能像水一樣流動起來呢？身體又如何在鬆空落地而產生了上升的能量呢？地球不可能無緣無故的給予反作用力，除非你做了一個施力的動作，才會有物理現象的反作用力產生。

孫師說：重量是實體，能量是虛勢，兩者要分得清

（開）又不能分離，互相圓通轉換。如果有了這感覺，將此能量用於對方，對方會感到落空、起根、無法抗拒。這中間的東西也許僅可意會了。

孫師所謂的能量，應該是指內勁能量而言吧？內勁能量可虛可實，不是虛勢；發勁得要借助力勢，不能憑空而發；要內勁能量用於對方，讓對方感到落空、起根、無法抗拒，必須有種種條件的配合，譬如打樁、摺疊、掤勁、丹田氣的運作等等，這些動作的施為，都得要藉助力勢的，不是憑空而能致之的。

結論：練拳講求實際，一步一腳印，不宜打高空，唱高調。人體與其他物質體是有所區別的，不宜與水性、空性等混為一談；說玄道奇不能顯示自己的高度。

練太極要務實。

鬆，只是身體與精神、情緒的一個無執；若執意於鬆、空的牛角尖中，虛構幻想於頑鬆的空無境界，對於拳的進境是無所助益的。

如果被一干阿師牽者鼻子走，自己毫無主張見地，也附和這些阿師口口聲聲的唱言鬆與空，那麼自己也將落入於「空空虁虁」的憨萌、懵懂的崇師情執窠臼之中。

第五十九章

從無極中求內功？

網路中的「運動大聯盟」2017年7月9日PO了一篇文章，題名為：「太極拳之內功孵化器」，並沒有寫出作者是誰，我就把他稱之為「無名師」。

無名師謂：太極者，無極而生，陰陽之母也。顯然，修煉太極內功，須向無極中去尋。那麼，到底什麼是無極？無極樁怎麼練？為什麼修煉太極內功就一定要從無極開始呢？恐怕不僅是我，也是大多數同好的疑問。……老子在《道德經》第一章中說：「故常無欲，以觀其妙」意思是說，經常在清醒而無意識的狀態下去發現宇宙的奧妙。這個清醒而無意識的狀態，其實是無極的狀態，也是修煉太極內功的核心密鑰。

以無名師的遣詞用字而言，常無欲以觀其妙，這個無欲的「欲」是指欲念、慾望，或是一種情欲嗜好，它包含了物質上與精神上的一些奢想，譬如衣、食、住、行等之物質慾望，以及育、樂方面的貪想。

慾望太多太雜，就會使得我們的精神浮躁，內氣散亂，而致身心不寧。所以聖人才會勸我們要「無欲」，從無欲中去觀察身心或宇宙間的奧妙。

無名師卻說：「在清醒而無意識的狀態下去發現宇宙的奧妙。這個清醒而無意識的狀態，其實是無極的狀態，

也是修煉太極內功的核心密鑰。」

他把「無欲」解釋成「無意識」，而謂這個無意識狀態，就是無極的狀態，也是修煉太極內功的核心密鑰。這樣作解，就成為天南地比，天差地別，天地懸殊了，稍微有文學基礎者，當不會患上這個錯誤。

無名師說：內功的修煉的狀態就是無思無慮的狀態，就是要找到從清醒而又無思的渾沌狀態中去作直覺的感應。這個清醒而又無思的渾沌狀態就是無極態，就是我們民間傳說的無極樁。

無思無慮的狀態，就是腦袋空空如也的狀態，腦袋空空的怎麼練內功呢？太極拳一向主張要用意的，要以意去導氣的，無思無慮腦袋空空怎麼用意呢？怎麼以意導氣呢？

無名師說：「要找到從清醒而又無思的渾沌狀態中去作直覺的感應。」此言是有語病的，清醒而又無思的渾沌狀態，到底是什麼狀態？既然清醒又怎麼有渾沌狀態呢？既然是無思的又怎麼去作直覺的感應呢？真是語焉不清，處處矛盾。

無名師說：這個是內功的起始，這在先古時代可是天大的秘密，這樣的秘密，就是有的人知道，也不一定知道為何是這樣。我今天不僅說出了其然，而且還將所以然也一併講出。大道至簡，關鍵核心是不僅能知其然，然後還知其所以然！

此語顯然是老王賣瓜，自抬身價，故弄玄虛了一番。他把無極中的無極樁，視為天大的秘密，這個秘密就是有的人知道，也不一定知道為何是這樣。只有他知道，不是自抬身價嗎？他今天不僅說出了其然，而且還將所以然也一併講出，是有些自高自傲的。無名師說，大道至簡，關鍵核心是不僅能知其然，然後還知其所以然！把自已高抬至「道」的玄奧層次，毫無謙卑心態。

無名師介紹了無極樁具體的練法，分為三個步聚五個層次：

師說：第一步：身體準備

練功前排除大小便，自然站立，兩腳開立，腳外側與肩同寬，上體自然伸直，微向前傾，兩手下垂，鼻尖意對肚臍。

這是一般動作，無可置言。

師說：第二步：心理準備

心中反覆默念：「我心情舒暢，神態從容。我飄飄入仙，如入雲中。我血氣運行，經絡暢通。我意守丹田，靜極生動。並慢慢找到騰雲駕霧飄飄然的感覺。

這句我就要吐槽了，他說：「我意守丹田，靜極生動。」前面不是說要保持無意識的無極狀態嗎？怎麼現在又說要意守丹田呢？不是要保持無思無慮腦袋空空的渾沌狀態嗎？這豈不是前後矛盾？自語相違？還有，既然靜極生動了，就是一種體內的氣動，那怎麼會有騰雲駕霧飄飄然的感覺呢？又要用什麼去找騰雲駕霧飄飄然的感覺呢？是用無思無慮的渾沌狀態去找嗎？

師說：第三步：意念準備

把自己想像成一個大氣球，吸氣把氣吸入體內，呼氣

時同樣也把氣呼入體內，隨著呼吸，自己的身體不斷地向外擴大，漸漸向宇宙的邊際擴大，這是，自己除了意識以外，全空了。把身體放空了，就可以逐步進入靜的領域了，《清靜經》中說，先觀空，再空觀無，再由無觀寂，再由寂入靜，找到了靜，那就恭喜你了，離靜極生動已經很接近了。……

無名師說第三步是意念準備，把自己想像成一個大氣球。此語也是動用了意念，同樣的與他所謂的無意識的無極狀態、無思無慮腦袋空空的渾沌狀態也是相違與矛盾的。

師說，隨著呼吸，自己的身體不斷地向外擴大，漸漸向宇宙的邊際擴大，這是自己除了意識以外，全空了。

這些想像，完全是種虛幻的思維發想，與實際生活是脫勾的。「自己除了意識以外，全空了。」這句話要怎麼解釋呢？意識就是含有意念、識覺與思維的；既有意識的存在，又如何全空呢？

無名師說：五個層次，第一層是觸動；第二層是凝動；第三層是流動；第四層是游動；第五層是意動。得氣之後，要勤加練習，日久功深，內氣凝聚越聚越多，內動越來越大，功力越來越強，標誌性的氣感有四種，由低到高為：水銀、水、氣、風。體感有四種，由低到高為：骨肉有分離感、關節有脫臼感、骨架有筋繃感、全身有通透感。練到此，無中生有階段功法已成。這也是先師為我取名為采天之氣的本意，能悟通此理者，必功進一成！

觸動、凝動、流動、游動、意動五個層次，我想讀者看完之後，是否知其差異及不同的層次在哪裡，筆者愚昧，真的不懂其意，說得太玄奇了。

「氣感有四種，由低到高為：水銀、水、氣、風。」「體感有四種，由低到高為：骨肉有分離感、關節有脫臼感、骨架有筋繃感、全身有通透感。」這兩句無名師沒有作說明，我也不曉得無名師在說什麼。有了氣感與體感以及三步五層次，就能成就太極內功了嗎？就是開啟了太極內功的核心密鑰嗎？

練太極拳或任何拳術，講求的是務實，腳踏實地，要老實練拳。談天說地，說玄道奇，並不會使人生敬，或以為功夫了得。遇到懂得門道的識者，會拿來拈提辨正，戳破阿師的假面具。若有知其為謬說而不敢加以辨正者，是為鄉愿之人，是為無勇無謀之人。

第六十章

摺疊與轉換

太極名家趙○斌老師，在中國國際太極拳網發佈一篇題名「摺疊轉換，因敵變化」的文章中謂：「摺疊的概念，就是通過肢體上兩個點方向櫃反的運動作用力，產生好的技擊效果。……比如左摟膝步，弓步時左手外摟右手前推，作用在對方身上是兩個方向相反的力。摟起引化，使對方偏離中心從而失衡的作用，此時前推則輕而易舉，這就是摺疊的概念。」……

行功心解云：「往復須有摺疊」，所以「摺疊」，嚴格說起來，它的前提就是要有「往復」的動作，才是構成行功心解作者立論「摺疊」義涵之基礎。因此，這個「摺疊」，不論在練法時的「體」或技擊時的「用」，都必須是有往復的動作的，在體用的往復當中，都要有摺疊的。

什麼是摺疊？為什麼練體時要有摺疊？為什麼在技擊時要有摺疊？

摺疊在我的書中，已經一而再，再而三的敘說，譬如「海浪理論」、「洗衣機理論」等等，為了增加讀者的印象，茲再簡述一下。

摺，是折返之意，肢體或物質體一個動作去了又折回來，在來回往復當中，發生一個折衝、碰撞，產生了一個衝撞力道，這就是摺疊。以肢體來作譬喻，手臂往內縮再

往前伸，肩胛肘等關節及周圍的筋脈骨骼等，都會有折衝與推擠，例如太極的攬雀尾，在擠後兩手臂後縮再往前雙按，這之間，就會有折衝與推擠。

這個折衝與推擠的「摺疊」式運功法，能夠使得體內的氣血更為順暢流行，使氣血更旺盛，更而達到行功心解所謂「牽動往來，氣貼背，斂入脊骨。」的練功效果。氣若能斂入脊骨，亦既能斂入全身各個骨節筋脈，而儲備內勁能量，內勁功體就是這樣修煉而達成的。

在技擊用法當中，透過這個摺疊，譬如腳打樁所生的上下摺疊、帶動腰胯的彈抖摺疊，以及肩胛肘的往復摺疊，能使得出拳的力道加倍，也能使得速度加快。摺疊式的出拳，遠比直接直力的出拳，力道與速度都是更勝數倍的。

好，現在回頭來探討趙〇斌老師的說法，趙師說：「左摟膝步，弓步時左手外摟右手前推，作用在對方身上是兩個方向相反的力。摟起引化，使對方偏離中心從而失衡的作用，此時前推則輕而易舉，這就是摺疊的概念。」

左手摟右手推，是兩道不同的力向，這個力向的摟與推，只有「往」，沒有「復」，也就是說，它只有去而沒有回，因為它沒有牽涉到折返所產生的反撞力道，所以這個動作是沒有牽涉到「摺疊」的，趙師以此摟膝步而引喻「摺疊」，似乎是不正確的。

我從另一個角度來說，摟膝步的用法是可以有「摺疊」的，雙腳打下暗樁，引生了上下的「摺疊」，由腳而腿而腰，把這個下盤所引生的摺疊力道，連接到腰胯，這同時腰胯也產生了左右彈抖的摺疊，進而同時的貫串到肩

胛肘，使肩胛肘也產生一個圓弧式的立體彈抖摺疊，這樣去摟推，全身均有往復折衝與彈抖，是為完整一氣的「摺疊」。

趙師說：「在弓步摟進時，腰脊的變化是由曲捲狀態到伸展狀態運動過程，起氣貼於背，勁施於前的效果，這是腰脊的摺疊。」

事實上，在弓步摟進時，腰脊的變化，不是由曲捲狀態到伸展狀態，而是一種螺旋抖盪的摺疊狀態，因為由曲捲到伸展，力向是一；只有螺旋式的圓弧抖盪，才可稱之為「摺疊」。

趙師說：「往復須有摺疊，側重手法……；進退須有轉換，側重於腿法。」

這種說法是有偏頗的，打拳時的往復，是全身都有的，全身都要貫串連結的，不是側重於手法。太極拳經說：「一舉動，周身俱要輕靈，尤須貫串。」可見這個「貫串」是何等的重要的，拳經用這個「尤」字，是一種加強語氣，要學者特別去重視這個「貫串」的，所以說「往復須有摺疊，側重手法」是為謬說。

趙師說：「進退須有轉換，側重於腿法。」轉換涵蓋步法、身法及手法的虛實變換，所以不可謂轉換側重於腿法。

轉換，不只是外表軀體的轉換，還包含體內丹田氣的虛實轉換；軀體的轉換，屬於低層次的轉換，丹田氣的轉換，才是深不可測的變化，但是能說出這論述的名師，可說是甚為稀少的。

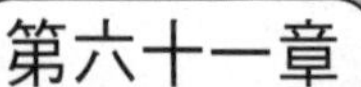

第六十一章

也談不用力與快慢

兼論孫〇豐老師的「淺談太極拳不用力和快慢的含義」

太極名師孫〇豐老師2017年07月21日在太極亞洲網發表一篇文章，題名「淺談太極拳不用力和快慢的含義」中謂：

……我們要確定不用力的定義。不用力並非是沒有力，而是不用。不用力並非指我們站立、奔走、抬手、抬腳等肢體運動依靠的基本的「自然力」（暫且用此名），而是指打拳、推手、搭手、但接觸對方的時候後超出基本自然力以外的多用的力。多一點的力一點都不能用，你的肌肉也就不會緊張了。如果一個人沒了力氣，就倒下了，翻個身都困難；而當我們在走路，抬手，移動肢體的時候，當然需要有力量的支撐，問題是，你不會以為你在用你的抬起手，用力的走路，用力的移動身體吧？顯然，我們講的不用力是有特殊定義的，此時的「用力」是超出了走路、抬手、移動身體（自然力）以外的力。

我們爭論問題，如果不接軌，那就沒法討論下去，也就沒必要再討論了。如果在這個觀點下研究太極拳為什麼強調不用力，就可以想到：在遇到外力的時候如何能夠不加一點力而如常運行？這就必須有「東西」來作用的。這

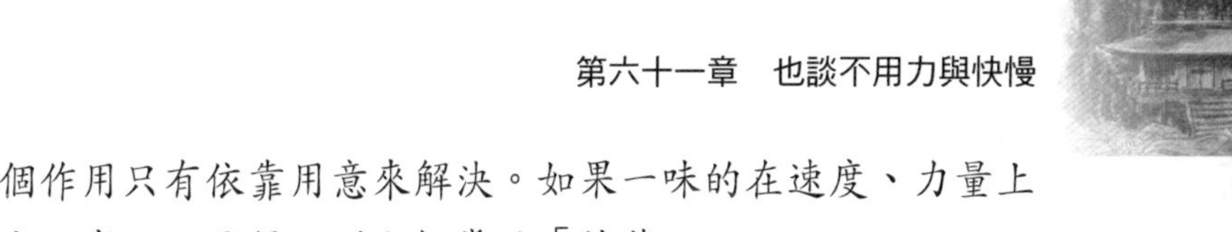

個作用只有依靠用意來解決。如果一味的在速度、力量上去思考，那是得不到太極拳的「精華」。

我們回頭來看孫師在他之前所發表「太極拳如何做到空」一文是如何說的：「關於太極拳議論的力，無論大力小力，拙力，靈巧的力？我想都是力，都是要依靠人體肌肉，骨骼，支撐而來，所以，去大力、拙力，用小力、巧力、穿透力等說法還都離不開『用力』二字。用力必有反作用力，受力點必有壓迫感。此為用力，只是用多少，怎麼用的問題。然太極拳強調不用力，關鍵是在『不用』，不用力，那就沒有什麼大小靈活笨拙之分了。」

孫師原來主張無論大力、小力、拙力、靈巧的力、穿透力，都是力，都是要依靠人體肌肉，骨骼，支撐而來，都是屬於用力的範圍，在這個範圍內的用力，都是他所駁斥的用力行為。

如今他卻為不用力下定義，說不用力並非是沒有力，而是不用。他說太極拳強調不用力，關鍵是在「不用」，不用力，那就沒有什麼大小靈活笨拙之分了。所以，他原先所主張的「不用力」是把「靈巧力與穿透力」都涵蓋在內的，如今卻說站立、奔走、抬手、抬腳等的「自然力」不是屬於「不用力」的範圍，兩相比對之下，孫師的論述是前後矛盾的。

孫師之前曾說：「太極拳要做到一個『空』字。如何做到空？須達無我境界。一舉動都不從我出發，都似乎引力在喚我，對方散了我自然順著進入。想想，手往空氣裏伸出，很輕鬆吧？但也有主次問題，主動伸手就是有我。

從某種意義上講那個發勁的『發』字也是不對的。發勁從我而發，必有我，但『無我』則不然，不是我發，而是自然而然被動而順著去也。」

他是主張太極拳要做到空的，要達到完全不用力的無我境界的，連發勁的發也是不對的，都是有我的，都是與無我的境界相違背的。他原先是認為連主動伸手都是不對的，因為主動伸手就是有我，就是用了力，就違反了不用力的原則了。

我們舉手投足或發勁或推手，都無法靠著引力去呼喚我，除了用意之外，還有自然力的引動，所以無法做到「空」的無我境界。

用意是有意識的作用，有意識的作用才能去牽動肢體去做所有的動作，所以空無境界、無我境界都是夢幻的虛無境界，都是活在現實世界中的神話。

孫師說，太極拳為什麼強調不用力，就可以想到在遇到外力的時候如何能夠不加一點力而如常運行？這就必須有「東西」來作用的。這個作用只有依靠「用意」來解決。如果一味的在速度、力量上去思考，那是得不到太極拳的「精華」的。

在這邊，孫師提到了用意，只有依靠用意來解決在遇到外力的時候如何能夠不加一點力而如常運行。此語中的「用意」顯然與他所主張的「空、無我」的說法是互相矛盾的。

在快與慢的論述中，孫師謂：王宗岳拳論說：察四兩撥千斤顯非力勝。顯非力勝——顯然不是靠力量戰勝的。

也就是我們練拳參悟不要從什麼拙力、小力、巧力，大凡從力量的角度去思考，那樣必然跑不出「大力打小力，手快打手慢」爾。如果我們能堅信練太極拳應從不用力的角度去思考，那就自然會從「其他」的方面去思考了。那樣我們學者就有了基本的判斷能力，對太極拳的「知識」有了思考參悟的方向。只有去除了「用力」，從不用力的角度去參悟太極拳，才可能有所得。當你明白了，做到陰陽相濟了，懂勁了，會用了，你會突然發現，原來太極拳是可以用肌肉力的!!!此時用力，是無根之力，無我之力，不從我出發，緣起性空（沒有反作用。一般人都不會相信）。對方會覺得莫名其妙，沒有來力方向，對手會下意識的不受大腦支配的「投降」。所謂：人不知我我獨知人，英雄所向無敵皆由此而及也。

孫師說，做到陰陽相濟了，懂勁了，會用了，你會突然發現，原來太極拳是可以用肌肉力的！！！此時用力，是無根之力，無我之力，不從我出發，緣起性空（沒有反作用。一般人都不會相信）。

做到陰陽相濟了、懂勁了、會用了，怎麼會是突然發現原來太極拳是可以用肌肉力呢？又用了肌肉力怎麼會是無根之力？無我之力？不從我出發，緣起性空呢？

懂勁了自然就會知道發勁的要領，發勁不是靠肌肉力來發的，發勁牽涉到的元素很多，包括丹田氣的引爆、打樁、摺疊、彈抖、掤勁等等的配合。肌肉力的彈力有限，筋膜才是有彈力的，所以發勁不是靠肌肉力。陰陽相濟了也與用肌肉力無關，懂勁了也與用肌肉力無關，會用了更不會單獨去使用肌肉力。

還有緣起性空，是依佛法所說的真實如來藏所生的十二因緣而說，十二因緣是依於真實如來藏而生，所以有緣起緣滅，是這樣而說緣起性空，十二因緣本性是空，緣滅時歸於無。孫師把無根之力、無我之力、力不從我出發而謂緣起性空，似為不當之喻。

孫師說：關於手快手慢的問題，這個問題同樣，快的比慢的有利。拳論指出的手快打手慢是旁門，因為所有的武術都強調快。然唯獨太極拳聯繫的時候不強調快，並非不要快，而是改思路。如果從快上入手，再練也與其他「旁門」一樣了。只有不求快，思路改了，練得是太極拳獨有的「不從我出發的」被動的反應機制打拳慢慢的，是用正確的思想強迫肢體改變反應（所以太極拳拳架是慢慢的練），觸覺的反應改了，反應慢慢變成習慣，變成條件反射，用之不必費心機了，你說那時難道不快？

拳論所謂的「壯欺弱、慢讓快、有力打無力、手慢讓手快」等斯技旁門都是先天自然之能，這些種種的自然之能，是無關乎努力學習而有成就與作為的，因為如果能透過「四兩撥千斤」的借力聽勁懂勁技巧，就不必靠著蠻拙的力量去戰勝別人。

試觀七、八十歲的老人家，透過太極拳的修煉，而能抵禦那些彪悍的壯漢，絕對不是靠著手快而能為的，而是靠著知人知己與四兩撥千斤的懂勁功夫才能致之的。

拳論這句話是在敘說有力與手快，不一定就是致勝的因素，若能經由太極武功的鍛鍊，達到懂勁的神明境界，

則可不必靠力取勝以與快打慢的。

孫師此段所述雖無錯處，但他說「太極拳獨有的『不從我出發的』」之語，還是有置喙之處，「不從我出發的」不是太極的獨有與必須，太極還有一個「引」，引進落空的引，這個引是一種虛實的變化運用，在敵不動時，可以由我主動來出發，來一個引，引他入甕，掉進我的陷阱之中，這也是一種戰略，所以，不是一切都「不從我出發的」，在戰略中有時是要主動攻擊的，並非一直要保持被動狀態。

戰鬥是詭譎多變的，如果一成不變，如果一直處於被動地位，顯然不是一種好的作戰策略。

孫師說：本人旗幟鮮明地不贊同練太極拳要「用力」或者「用勁」之說。說用勁或者說不用拙力的，其實還是在心裏放不下力，本質沒變。如果用勁或者不用拙力、用巧力的理念成立的話，也就沒有「顯非力勝」之說了。不用力並非不要力量，而指的是：太極拳的法理不是從力量、速度來理解與練習的，太極拳的法理是一種特定的大多數人都不太能理解的（甚至是不可思議的）思路或者角度去思考開悟的。「本是捨己從人，多誤捨近求遠」拳譜為什麼要講：「多誤」呢?「本是捨己從人」這句話一般人似乎都能明白其意，但是為什麼會多誤呢？如果我們反過來思考一下，也就是常規的認識認為是對的，而我們卻從「不對的」相反的另一個角度去思考一下？也許會有所得。太極拳並非是「懸念」不要把它搞得神秘，但也不要簡單的給目前自己還沒有能夠認識到的理念扣上「神秘

化」的帽子。

用勁、不用拙力、用巧力的理念是無過失的，也與「顯非力勝」之說，是無關的，太極拳論所謂的顯非力勝是在強調「四兩撥千斤」的勝妙，若能達於懂勁功夫的神明境界，就能有「四兩撥千斤」的神妙技巧，而這個「四兩撥千斤」還是牽涉到巧力與用勁的，並不是完全沒有作為的「不用力」的。

而孫師個人卻旗幟鮮明地不贊同練太極拳要「用力」或者「用勁」，說用勁或者說不用拙力的其實還是在心裏放不下力，本質沒變。

如果用勁或不用拙力，還是屬於心裏放不下力，那麼是否還是要去追求他所主張的「空」的理論，才是符合他所說的太極拳的本質呢？

孫師說太極拳的法理不是從力量、速度來理解與練習的，太極拳的法理是一種特定的大多數人都不太能理解的（甚至是不可思議的）思路或者角度去思考開悟的。那麼這個多數人都不太能理解的思路或者角度到底是什麼呢？如何去求開悟？他並沒有說清楚。

他說「本是捨己從人，多誤捨近求遠」拳譜為什麼要講：「多誤」呢？「本是捨己從人」這句話一般人似乎都能明白其意，但是為什麼會多誤呢？如果我們反過來思考一下，也就是常規的認識認為是對的，而我們卻從「不對的」相反的另一個角度去思考一下？也許會有所得。

太極拳並非是「懸念」不要把它搞得神秘，但也不要簡單的給目前自己還沒有能夠認識到的理念扣上「神秘

化」的帽子。

那麼，什麼是對的？什麼是不對的呢？他所主張的空是對的嗎？用勁、不用拙力是不對的嗎？什麼是對的、什麼是不對，恐怕孫師自己也沒有搞清楚吧？孫師說太極拳並非是「懸念」不要把它搞得「神秘化」，然而從他的論述當中，他所主張的「空」的理論，是否亦落在「神秘化」的框框之中呢？是否也在搞神秘與玄學呢？學者如果自無見地而被牽著鼻子走，被帶向虛幻的「神秘化」的「空」的「求遠」方向歧路去，實為誠可憐憫者。

孫師說：人用力習慣平時不是靠腦袋指揮的，是靠神經系統反應的。人生下來就會與地球引力抗爭，用力的習慣也就養成了。當別人一推你，你自然會反映出一擋或一頂等等？都是用力的，這都不用思考，神經系統自然反應。所以王宗岳拳論說：有力打無力，手慢讓手快，是皆先天自然之能，非關學力而有為也。

用力或不用力以及所有的決定與作為，都必須靠腦袋指揮的，頭腦指揮後才有神經系統的反應。太極拳有成就的人，他的聽勁好，反應敏銳，能迅速的起到瞬間的自然反射作用，但並非完全可以不透過腦袋的指揮，而由神經系統自個去做反應的。

人一生下來就自然的會動、會用力，這是極自然的行為，他並不知道這有與地球引力相抗爭這碼事，所以這些用力行為，無須刻意去排斥。

王宗岳老前輩所闡述的「有力打無力，手慢讓手快，是皆先天自然之能，非關學力而有為也。」這句話是要後輩學者去追求「四兩撥千斤」的神妙聽勁、懂勁神技，不要落入學習使用蠻力的練習。

孫師說：當我們明白了太極拳的拳理是用意不用力時，就需要用腦來思考改變指揮肢體的運動，腦思考所以是慢慢的，把它養成一種習慣，然後儲存為自然反應。到那時太極拳才會有用。

這句話我不曉得孫師在說什麼，腦筋思考不一定要慢慢的，盤架子才需要慢慢的。腦筋思考如果都慢慢的，而且把它養成為一種習慣，就可以儲存為自然反應嗎？到那時太極拳才會有用嗎？不知孫師這個見解是要如何來說明的？

孫師說：為什麼太極拳不求快？快慢是指速度（時間）長短，求快慢必有距離（空間），有距離所以求速度快慢，快者領先勝出。太極拳講究放鬆，講究意念，通過放鬆意念把空間都佔有了，彌漫了，自己的中心沒有了，與對手之間融為「一體了」距離也就沒了，沒有距離還要求快嗎？

太極拳講究意念與放鬆是沒錯，但是若說「通過放鬆意念把空間都佔有了，彌漫了，自己的中心沒有了，與對手之間融為『一體了』距離也就沒了，沒有距離還要求快嗎？」不知此語是從何而說起的？如果只是虛想把放鬆與意念佔有、彌漫自己的全部空間，就能與對手融為一體而沒有距離感，而與快無關了，那太極拳就不須苦練了，不練就能快了，這種虛空的幻想，是否會誤導學者？恐怕是孫師要去慎重思維的。

孫師說：練太極拳第一要把思想搞明白，從自身到對手，從內部到空間，想個明白，最起碼能自圓其說，要有想像力。

練太極是要思維沒錯，要把見解搞明白也沒錯，但是如果脫離現實狀況，是無法把拳理想個明白的；如果只靠虛擬的想像力，而說天道地，在遇到一個不鄉愿的人出來拈提辨正，最後恐怕到時會無法自圓其說吧？

孫師說：第二就是練習，練習分為兩種，其一、形體的練習。打拳似有人。也就是打拳時自己假想有人在前面不同角度擋著（可以叫人用手擋著），我如何才能「不用力」平平穩穩、輕輕鬆鬆走下去。拳理想對了想通了，拳必然也能夠打下去，拳理不對、不通，拳肯定受阻。其二、推手的時候要似無人，也就是在接觸人的時候視為無人一般。把眼睛看到的「相」視為非相。實相非相，同時觸覺接觸時也要同樣做出相同理念的反應，也就是用練拳時的符合太極拳拳理的「方法」去完成推手。

簡而言之：習拳就是在練思想，最重要靠的是一個「悟」字，練視覺、觸覺，靠的是悟出的理念且堅持不懈的走下去，不斷地更新完善進步，直至「自身能自然而然做出合乎拳理的反應，達到「用之不必費心機的境界」，太極才能算成了。

其一，這種假想，也是一種虛幻想，有了這種虛幻想，反而是一種無形的障礙，打拳本來是輕鬆的，你卻要假想有人在前面以不同角度擋著，然後再想像我要如何「不用力」平平穩穩、輕輕鬆鬆走下去，這不是多此一舉嗎？

其二，推手時的似無人之想，也是一種虛想，明明有個人在跟你推手，如何想像成無人呢？難道可以想成：對手一拳打來或推過來，我把當作「沒有」，或者假想我的身體是「空」的，你一拳打來或推來，也是打到或推到「空無」的空氣一般嗎？如果這些假想能夠成立，那麼，你我都不須這麼辛苦的練太極拳了，只要憑空想像就好了。

如果把眼睛看到的「相」視為非相（實相非相），同時觸覺接觸時也要同樣做出相同理念（實相非相）的反應，而視為就是符合太極拳拳理的「方法」，這不是正確的說法。用「實相非相」的方法去推手，如果不被打趴，我就輸你一塊錢。

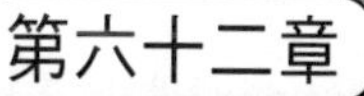

勁的過程一鬆、沉、落、放

勁的成就過程與應用，分為鬆、沉、落、放，分述如下：

一、鬆

鬆是成就內勁的不二法門，這是練習太極拳及內家拳者皆曾經聽聞的理論，但是，聽聞歸聽聞，有的人就是不相信，或者心存懷疑，或者半信半疑，尤其是身體壯碩魁武者以及練硬拳系統者，他們總認為只有練習重力，才能使自己更有力。

事實上，力與勁是兩種不同的元素。力是天生就俱有的，每個人一生下來就手打腳踢的，或大聲哭喊，這些都是要用到力的，所以，力是天生與俱的，只是隨著個人的體質而有大小之分。

勁則不同，勁需要透過特殊的訓練，才能成就。這個訓練，就是在鬆中去行功運氣，使體內的氣血流行順暢，進而達到騰然的境地，內氣在騰然之後就會凝結而斂入筋脈骨膜之內，經年累月的聚斂，終而成就了不為人知與不為人信的內勁能量，潛藏在筋脈骨膜之中，藏而備用。

身體一旦用上了拙力、硬力，那麼，肌肉、神經以及相關的系統，都會連帶的產生緊張的連鎖反應，使得身體反應遲緩，結滯不靈，永遠無法斂氣而成就內勁。

鬆，分為身體上肌肉神經等組織系統的放鬆，以及心理上精神情感的舒解。我們打拳練功的時候，身心都要保持著鬆柔與愉悅的，這樣，我們的氣血才能順暢的循環流通。

鬆，不是鬆懈與怠忽，不是空無所有的頑鬆。很多名師都主張鬆要鬆到一無所有，甚至要達到空的境地，這是空口講白話，叫「白說」，這是胡人說話，叫「胡說」，是一種沒有透過實際驗證的空話，也是一種戲論，是一種憑空想像的虛幻語。

在鬆柔之中，要有緊緻的一面，你的筋膜不能懈怠頑空，而且相反的，在我們盤架練功時，筋膜都是需要拉拔伸展的，都要放長與擰轉的，筋膜在伸展拔放後，內氣才能注入其內，才能斂氣成勁。

所以，主張空無所有的頑鬆式的阿師，我是要站出來駁斥他的，也要為拳的正理來加以辨正的，這樣才不會使得初學者及不明拳理者，受到偽師的誤導，永遠無法成就內家拳的功夫。人若知一干邪師之言說錯謬，而不敢出而指正者，是為鄉愿之人，是為無勇氣、無膽識之人，成為一干偽師的共犯。

二、沉

鬆是沉的因，沉是鬆的果，有因始有果，因果不會錯亂。

鬆得極至，鬆得盡淨之後，沉的感覺就會慢慢的生出

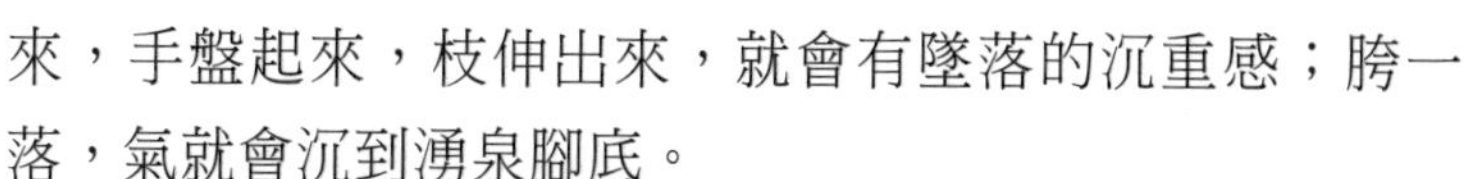

來，手盤起來，枝伸出來，就會有墜落的沉重感；胯一落，氣就會沉到湧泉腳底。

到了這個時節，打起拳來才有意思，打起拳來才有韻味，這時後，打起拳才有一個打拳的味道，才有一個打拳的樣態。此時再來反觀之前的打拳，都只不過是一個花拳繡腿罷了，都只是在打空拳而已，都只在做體操運動而已，對於內勁的培養都還在摸索的階段。

倘若有幸你能遇到一個明師，他會慢慢的指導你如何才是真鬆，如何才能達到沉的境地，使你的內勁慢慢的成就起來。但是如果你運氣不好，遇到一個偽師，成天教你鬆鬆鬆，教你空空空，最後你只能成為一個「空ㄟ」，成為一個「凍」之人。

沉之後的拳，架勢不同，腳底是沉穩而輕靈的，有二爭力暗勁的行使，手臂伸展出去，看得到阻力與掤勁，絕對不是頑鬆的空，絕對不是一種比手畫腳的模樣，絕對不是一種舞蹈的把式。

三、落

內勁成就以後，要懂得「落勁」。

什麼是落勁？落勁一詞是很少看到人家論說的。這個落是落實的落，把自己的內勁落實到對手的身上去，就叫做落勁，譬如把手臂的內勁落到對手的身上或胳膊上，會讓對手有如「千斤墜」落身的感覺。

內勁成就者，落勁到對手身上，他會有非常沉重的壓迫感覺；但是，如果沒有成就內勁，你用力的去施拙力，那種味道是截然不同的，那是一種笨重而滯怠的死力，意境是天差地別的。

我們的手臂剁下來，秤一秤，頂多五斤或十斤，放到人家身上的感覺，也就是五斤或十斤的重量，但是內勁成就者，落勁到人家身上，感覺似乎是百千斤那麼的沉，這種沉與重量的重，是兩種不同的質量，是完全不同的兩樣東西，這種沉勁的被感受，是因為已然成就了內勁功夫而且懂得落勁門道的竅訣之關係。

有些人雖然已成就內勁，但是不懂落勁門道，在施勁時，不免還是會不由然的施上拙力，這都是落勁功夫猶未嫻熟的關係。

所以，這個落勁的落，並不是刻意的去使拙力、僵力；而是在內勁成就時，微意的將內裏的勁道，輕輕地落放於人家的身上而已。或許你會懷疑的問，既然是輕輕地落放，為何會有很沉的感覺？因為在鬆淨時，那個沉的質量反而會更明顯的流露出來，這只有練到那個層次水準的人，才會信然的。

四、放

放，就是放勁，把勁道發放出去。

行功心解云：「發勁須沉著鬆淨，專主一方。」又說：「蓄勁如拉弓，發勁如放箭。」

這邊，行功心解告訴我們，在實戰格鬥，在發勁打擊敵人的時候，不可以慌亂，身心都要保持著鬆柔與沉著，這鬆柔要須鬆得乾乾淨淨的，不著一絲一毫的拙力，要鬆得心平氣和，心無罣礙，這樣我們的內氣才能沉落於丹田，心情才能鬆緩而沉著下來。在這種情形之下，精神才能專注，集中於一點一處，火力全開，命中要害，瞬間擊潰敵人。

行功心解又說，蓄勁的時候，好像拉滿弓一般；發勁打擊敵人的時候，要如放箭一般的疾速，不拖泥帶水，而且，發勁要如箭在弦上，一蹴而就，瞬間爆發。

發放勁，完全是意念的引導以及丹田氣的瞬間引爆，在同時同步中，打下暗樁，這個樁，起到反彈摺疊，把勁道回饋到手上，這才是完整一氣的發勁，才是真正的發勁；若是用雙手的局部力奮力一推，都是屬於不會發勁之人，都是裝模作樣之人。

鬆了才能沉，沉了才能成就內勁，內勁成就了才能落勁，然後才能放勁，這是勁的過程。沒有通過這個過程，而向人言說會發勁，乃是自欺欺人，唬弄不識者之流也。

第六十三章

拳架與衣架

「架」字，本來是一個盛放物品的器具，打拳為什麼也叫「拳架」？為什麼叫「盤架子」，或「走架」？因為身體本身就是一個架子，乘載著軀幹與四肢，我們這個活動的架子，藉著腳根而移動腿腰與雙手，經由拳招的變化，使得拳勢在不同的形態與方向中轉變，所以就稱之為「盤架子」，或「打拳架」。

你頭歪一邊，眼睛斜吊，人家就說你在擺「臭架子」，所以這個「架子」是涵蓋了支撐身體重量的身架，以及身架之外的表情神韻與情感的。

為什麼要把拳架與衣架拿來相提並論呢？因為衣架與我們的身架及拳架頗有類似的地方，所以把衣架拿來引喻拳架。

一支衣架，中間上突的掛鉤，就好像我們身體的中心軸，維持著平衡中定。掛鉤順延下來兩邊的平衡架，就好像我們的兩個肩膀，肩膀再延伸下來就是兩隻手臂。

我們練拳，這兩隻手臂是一個架子，在行拳走架當中，是要用些微意把它捧提著，用手臂的筋，把骨頭及肌肉提吊著。骨頭及肌肉的重量，在鬆淨的情況下，有著沉落的感覺，這個沉落的重量會牽扯到手臂的筋，使得筋也被拖曳牽扯與垂落。

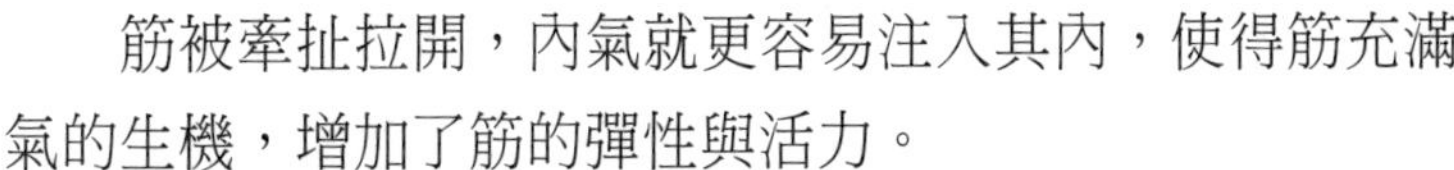

筋被牽扯拉開，內氣就更容易注入其內，使得筋充滿氣的生機，增加了筋的彈性與活力。

當筋的內氣逐日、逐年不斷的充填，筋脈逐漸的飽滿，這就是斂氣成勁，內勁隨著時日而俱增，這樣，手的掤勁就能逐年累月的成就起來。

所以，我們的手臂，要像衣架一樣，時常用意去捧提它，用筋去支撐它，使手臂的筋被伸展、拉拔、牽扯、擰轉。

平常人舉手提臂，都是用肌骨之力，這個力是笨拙而沒有彈性與機動性的。有智慧的拳家，善用筋的機動、彈性功能，透過這個捧提、伸展、拉拔、牽扯、擰轉等等機制，而成就內家拳的掤勁。

手的捧提，要連帶牽動肩胛及背膀，這個肩胛及背膀是手臂的根盤，是一個基座，有了著個基座的支撐，手臂的捧提才能發生作用，也就是說依靠了肩胛及背膀的支撐力道，手臂在捧提時，筋才有被伸展、拉開與牽動等等的感覺，所以，在輕輕的提起背膀與手臂時，它所延伸的整條筋會感覺微痠的，筋被拉開伸長，就會有微痠的感覺生出來；若沒有痠的感覺，就是用到了拙力。所以，盤架子之所以強調要鬆，就是這個原因，因為不鬆，用到拙力，就是出了肌肉與骨頭的僵直力，如果是這樣練，就永遠不能成就手的掤勁與內暗勁的，只能游走在硬拳系統的範疇之中。

在平常得空時，收集意念，手只要輕輕的提舉，有時也可不提舉，只要意到了，手有了捧意，筋感覺有提吊著一份重量，這個重量是手臂極度鬆沉的一種覺受，手臂的筋感覺到微痠，這個狀態下，已然就是在練掤勁了。

我們練拳盤架子，都要保持這個樣態，保持手臂的捧提，好像衣架一樣，時時的提舉著，鬆鬆的捧提著，藉由腳根之二爭力，拖曳腰胯，牽動背膀肩胛，手平舉或微舉，要被下盤的腳根及中盤的腰胯來牽引、拖曳而動，當手臂的筋有捧提、有伸展拉開或擰扭轉動，阻力就會自然而生；有了阻力，筋的動轉伸拉就會更明顯，氣血的流通循環功能就越佳，相對的，斂氣成勁的效果就會更好。

無事時，散步時，等人等車時，都可以利用這些空檔來練「盤枝」，這個「枝」就是我們的手臂，把這兩枝手臂帶意的微捧著。在公共場所，你不要提臂提得高高的，否則旁人會以為你腦筋有問題。手臂只須微有捧意，感覺手臂的筋有被提吊著，也有痠痠的一點感覺，這就達到了「盤枝」的效果了。

我們漢字是非常微妙的，這個「盤」字，有盤旋之意，好像老鷹在空中盤旋，張開大翅膀，因空氣的阻力而盤旋在天空，輕鬆悠遊的飛翔。「盤枝」就是張開手臂，伸展筋脈，放長臂膀，在盤架的運使中，因二爭力與阻力的營造，使得筋脈的牽運達到最佳的效果，也因此而使得我們的內功、內勁便利成就。

第六十四章 勢起於腳根與丹田

打拳是要借勢的，借勢才能借力；借力是省力的原則，所以，打拳要會借勢，這是很重要的。

勢起於腳根，由腳的根盤，打下暗勁，借這個入地反彈摺疊的回饋力道，來做勢。

在做勢時，需要丹田氣的引助，不僅要借助丹田氣的催運，把氣引入腳底去打暗樁，這樣才能借到地力來做勢；而且也要借助丹田氣的鼓蕩纏繞運轉，使得腰胯產生扭轉動力，有了這些連帶的貫串勢力，一個動作做起來，才能如順水推舟般的流暢，達到省力的原則。

譬如，我要做一個太極擺蓮腿的動作，在舉右腳之前，就要先運轉丹田氣到左腳底，同時打下暗樁，而且要深入地底，將借著打地的摺疊反彈回饋力道引至腰胯，順勢擰轉旋蕩腰力，進而牽動右腳之提舉。利用這種勢力，你在做擺蓮腿這個動作，就可不費吹灰之力，漂亮的完成整個招式動作。

又譬如我們打形意劈拳，在做下拔動作時，不宜直接下拔，要利用後腳根入地之暗樁先催動身子往前，透過一個下圓弧的旋轉，再往下拔。這樣，整個動作看起來就非常的圓順與流暢，不會顯得很呆板，也達到了省力與鬆沉的原則。

又譬如，八卦掌的預備掌或單換掌，在回身擺扣折返時，也是要將丹田氣引入腳底去運樁的，借著運樁入地暗勁來扭動旋轉腰胯，以及手臂的擰轉，這樣整個動作看起來，才能順當圓滑。

不僅打拳要如此，事實上許多運動，都是會都是依此原理而行的。譬如游泳比賽，要跳下水的剎那，雙腳用力一蹬，這一蹬也是要使到丹田力的，這是游泳的借勢。

又譬如跳遠跳高，先要預跑，等衝力足夠了，才會用力一蹬，這也是借勢與運丹田氣的簡單例子。跑百米，身體要蹲下來，後腳要踢一個固定板，借勢向前衝刺。

舉重，要先蹲下，丹田氣一蕩，兩腳借力一蹬，才能把百來斤以上的重量舉上來。

揮拳如何才能快呢？要借腳的入地暗樁去運樁，利用丹田氣去鼓盪腰胯，因腳樁二爭力，使腰胯產生快速的彈抖，這個彈抖，連帶引動肩胛的摺疊，這種摺疊所產生的彈抖，才是真正的唯快。沒有借勢的直拳，無論怎麼快，都不會比這種借勢所產生的摺疊彈抖勁還快的。所以，智者練拳，不是傻傻的練，而是應用智慧，採取巧力的借勢訣竅，這樣才能以無力打有力，以小搏大，以弱勝強。

能借勢才能省力，才能得到真正的鬆柔。在實戰的格鬥藝術中，借勢能增添力勢的快速，以及爆發力的貫串完整與集結。

借勢除了依靠腳根及腰胯的借地之力與回旋所產生的彈抖力之外，最重要的力引，乃是丹田氣的收縮、擠壓、驅策，也就是丹田的內轉、鼓盪所生起的整勁勢力。

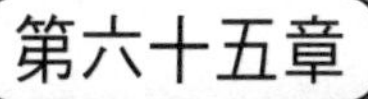

內家拳不能成就之要因

內家拳成就不易，練者千、萬，成就者一、二而已，為何會如此呢？其原因不外如下：

一、信心不足

往往聽人家說「十年太極不出門」或說「形意八卦十年始成」等語，腳就軟了半截，不想等那麼久才有成就，總是半信半疑的練，走走停停，觀觀望望，偶爾也會去涉獵他拳系統，滿足他的探望心。

二、不求精進

練內家拳並嘸撇步，精進二字而已。

形意名人李洛能，拜戴龍邦為師，時李已年三十七，起初二年，僅學一式劈拳及半套連環拳，李洛能精勤不輟，四十七歲終於大成。

齊公博，拜孫錄堂為師，三年只練一個站樁，三年後，齊公博形意拳的功夫大進，持續不斷，終於大成。

尚雲祥要拜李存義為師，李存義說：「學形意拳很容易，一學就會了，能練下去就難了，你能練下去嗎？」尚雲祥說：「能。」李存義只傳了劈拳與崩拳二法。尚雲祥日夜苦練，終於大成。

所以練內家拳，要自我精進，每天要撥出固定的時間，按時操練，才能有所成就。如果是隨興而練，喜愛攀緣，把時間浪費在結群嘻玩，泡茶聊天，躐等以求，無有是處。若能精進無懈，五年小成，十年可大成。不精進則虛度光陰，到老猶空。

三、沒有定力

心似猿猴，意念如馬，虛浮不定。今天看太極好，跑來練練，明天看詠春不錯，也去練一練，後天看形意好像蠻厲害的，也撮一腳，練了好多拳，卻沒有一樣精的，沒有一樣是有成的。

四、慧根未具

太極拳論云：「非有夙慧，不能悟也。」練太極拳，不只要勤練，還要求悟，求悟就得要有慧根，要有夙慧。何謂夙慧，夙是舊有的、早有的，是天生的，是與生具來的智慧。

練內家拳不宜傻傻的練，魯直的傻練不能成就內家拳，練了之後要去思維。

但是如果缺乏這個夙慧，是不是就不能練了，是不是就不要練了，非也。

所謂夙慧，是天生與具的，然而這個天生具有的夙慧，是有前提的，也就是說你可能上一輩子有練過，這個因子，留在我們的電腦庫裡隨著這一世帶過來，這是比較玄學的說法。

你上一輩子沒練過，沒有儲存這個因子夙慧，那麼是否就沒有成就內家拳的可能？不然。只要能精進練習，時時思維，今日累積的智慧即成明日的夙慧，今年所累積的智慧即成明年的夙慧，所以不要妄自菲薄，不要看輕自己，只要努力，沒有不成就的事務。

五、滿足於現狀

有人學太極，不學基本功，就從拳架入手。一套拳架，三兩個月學完，然後刀、劍、棍、棒一大堆，一一學完，之後去參加教練講習，拿到一個教練證書，就出來當教練，有的連推手都不會，也以教練自居自喜，滿於現況，不思百尺竿頭，更進一步去求取功體內勁的昇華，以及格鬥技的實踐。

練太極拳，多數人皆滿足於推手階段，不思再進，固步自封的囿於坐井觀天的狹隘世界，以為太極拳就是他所想像的如此這般，因此遇到格鬥場面，往往被秒殺而失去顏面，如現今的徐曉冬的約戰太極名師、宗師事件。現在的太極拳是否能真正的實戰，已然成為拳界的一項疑問。

推手不是功夫的全部，推手只是內家拳修學的一個階程與進程，透過推手的練習，達到聽勁與懂勁的階段，走到這個階程之後，就要往格鬥實戰的方向躍進，探求更深化的武功。

所以，不論是太極或形意或八卦等內家，不要滿足於拳架套路與推手，也不要以太極拳經的原註云：「欲天下豪傑延年益壽，不徒作技藝之末也。」這句話，而來迴避或搪塞自己不能成就太極及所有內家拳實戰功夫的一個下台階。

六、談玄道奇不務實

內家拳受道家思想的影響，喜歡說陰陽、八卦等玄學，喜歡說空無的幻想境界，沉醉於頑鬆的不實理念。

很多太極名家，非常愛說陰陽，好像離開陰陽就不是太極拳似的。更多的宗師喜歡談空，如空肩、空腰等等，把太極的實際武功邊緣化，成天講一些陰陽玄學，以為這樣就是有學問，以為這樣就能抬高自己的身價，讓人家覺得他的功夫高深莫測。

事實上，功夫是講求實際的，上了擂台才知道深淺，交手後才能顯現功夫的有無。口沫橫飛的說陰陽、說頑鬆空無，上了擂台之後，假面具就會被戳破。

七、自立宗門虛榮心太重

稍有成就則自立宗門，說自己才是太極正宗、詠春正宗、八卦正宗等等的，還有我是宗〇門、我是空性太極、我是水性太極等等，不然就是我是陳派、吳派、孫派的等等劃地自榮，孤傲自賞。

自立宗門、自成派系，都是虛榮心在作祟，練武最怕虛榮心搞怪，這會使得原本純淨的心境，染上不潔的污點。

第六十六章

神意也要分陰陽嗎？

神可驅意，意能傳神。神意是否可以分離？如今成了太極拳的話題。

太極名師關〇軍老師，在網路傳奇養生網發佈了一篇文章題名「神意不同處」，主張神意不可在同一處，神與意是要分開的，神、意是要分陰陽的。

關師說：在太極拳中，摟膝拗步一式對「神意不同處」表現得最為清晰。如右掌前按時，左手摟膝後，左腿成弓步，重心完全移到左腿，此時眼神注視身前的右手食指，而意念則集中在左胯旁的左手，想左手掌心朝下，中指找尺骨頭，有向後扒之意。但左右轉換時，身體重心還在左腿，意念在左手，左手上提到左耳旁，右腿向前邁出一步，眼神則慢慢離開右手食指，抬頭看正前方。當左掌前按時，右手摟膝，右腿成弓步，重心完全移到右腿時眼神注視在身前的左手食指，而意念則集中在右手，右手在右胯旁手心朝下，想中指找尺骨頭，有向後扒之意。此式中，眼神與意念分離十分清楚，好懂也好記。

此段關師是在表述，眼神與意念是要分離，也就是說，眼神在右手時，意念要放在左手；眼神在左手時，意念要放在右手。不知是否真的好懂也好記？

關師說：神意不同處是由太極拳的陰陽哲理決定的運

動規律。陰不離陽，陽不離陰，同性相斥，異性相吸。在太極拳運動中，人體的各個部位隨著身體重心的變化而承虛實之態勢，則有陰陽之區別。虛者為動為陽，實者為靜為陰。王宗岳《太極拳論》云：「左重則左虛，右重則右渺」。這是說當身體的重心落在左腿時，左手就為虛為動為陽，右手就為實為靜為陰；當身體重心落在右腿時，右手為虛為陽，而左手就為實為靜為陰。這是一對陰陽。另一對陰陽是人的神與意，眼神為陽，意念為陰。這兩對陰陽在運動中與身體的某些部位相交結合，屬於陽的眼神，必然要與運動中為實為靜為陰的部位相合；而屬陰的意念也必然要和運動中為虛為動為陽的部位相合。

運動中，人體各部位隨重心變化的虛實動靜，不停地轉換，眼神和意念活動也隨之不停地轉換位置。如果每一動作的技擊或健身意義不同，它與下一動作的銜接變化也不相同，所以運動中的眼神與意念活動變化是豐富多樣的。比如野馬分鬃的右肩打，意念在右肩頭，而回頭180度，就要眼看身後之左手食指。在王培生老師編的《太極拳的健身和技擊作用》一書中，對太極拳的每一動作的眼神和意念活動作了詳細說明。我們練拳時要細心體察，默視揣摩，而逐步達到熟練自如。

神意不同處並不是太極拳陰陽哲理決定的運動規律，綜觀所有的太極拳經論，只言陰不離陽，陽不離陰，陰陽相濟等，並未說眼神為陽，意念為陰，並未說眼神與意念是一對陰陽。

太極拳論是說，陰陽要相濟的，陰不可離開陽，陽也

不可離開陰的，懂得陰陽相濟之理才是懂勁之人。若是把神與意強行分開，就是陰陽不相濟，陰陽相背離了。

在此段中，關師謂：同性相斥，異性相吸。但他似乎又把神與意刻意的分開，把它們置於不同處，當作是一對異性。然而，若以「同性相斥，異性相吸」的理論邏輯，則應該是異性相吸，要相合在一起的，那麼關師怎麼又主張「神意不同處」，這顯然是有矛盾的。

而且，關師所說同性相斥，異性相吸時，前一句是陰不離陽，陽不離陰，顯然是有語病而且是前後矛盾的。因為關師已然把神與意分為陰陽不同處，也就是分開而相斥的，既然是分開而相斥的，就不應該再有陰不離陽，陽不離陰的矛盾說詞。

太極拳論說「左重則左虛，右重則右杳」，此舉是指推手或實戰格鬥而言的，也就是說，對方的力量著力點落在我左邊，我的左邊就要變化為虛，使其著力點落空，化去危機；右邊則反之，不再贅言。

這是很簡單的走化原理，似乎無須把它講得太複雜，反而容易使人搞混。如果練太極拳，還要去搞弄每一動作的眼神和意念活動的情形，這不是細心體察，而是鑽牛角尖；這也不是默識揣摩，而是胡思亂想，不僅無法逐步達到熟練自如的境地，有可能會得到精神分裂症。

關師說：掌握並運用「神意不同處」這個要訣，對於學好太極拳有極其重要的意義。

一、糾正偏差，提高太極拳修煉的效果。有些人練拳後出現頭暈腦脹現象，這是因為他們練拳時意念太重，而又違反了「神意不同處」的運動規律，產生了偏差。很多人做過這樣的試驗，打拳時故意把眼神與意念同時集中到一個食指頭上，這時全身氣血就會上湧到頭頂，引起血壓升高，產生頭暈等反應。掌握了神意不同處的要訣，就能避免偏差，使太及拳的修煉效果更好。

從來未曾聽到打拳時把眼神與意念同時集中到一處（食指），全身氣血就會上湧到頭頂，引起血壓升高，產生頭暈等反應。如果要把眼神與意念強行分化並去思維何者為陰？何者是陽？如果打拳時還要去分辨身體的重心落在左腿時，左手就為虛為動為陽，右手就為實為靜為陰；當身體重心落在右腿時，右手為虛為陽，而左手就為實為靜為陰等的想像中，才會真正把腦筋搞亂，引起精神緊張，血壓升高，產生頭暈等反應吧？

關師說：二、分清虛實，辨別陰陽，加強對太極拳用意的修煉。太極拳屬內家拳，是心意功夫。正如拳經所說，「運用在心」，「維以意行」，「先在心，後在身」。打太極拳要求人體的每一部位即使微小動作或整體運動都要通過思維有意義的進行，並且要有明確的感覺。初學者練拳往往是顧此失彼，動作極不協調，眼部的運動與意念活動不能達到高度統一。

對於「全憑心意用功夫」這句話往往如入雲海，感到無所適從。而從神意不同處入手修煉，從這方面對初學者進行嚴格訓練，則是解決「用意」的基本方法之一。

首先是認清重心的變化，由重心所在，確定兩手的陰與陽，再明確動與靜，而後決定眼神與意念的運轉。經過

一段時間的練習，逐步做到動作的準確協調。訓練「神意不同處」的過程就是練「意」的過程。隨著這個過程不斷深入，練習者對於「運用在心」的認識也就會不斷地加深。這樣訓練效果很好，長期堅持太極拳修煉，一定要嚴格虛實分清，陰陽分明，通過眼神與意念的交錯轉換鍛鍊，使大腦神經有序運動，可增強腦的敏感性，從而達到健體強身的作用。

太極拳是「心意功夫」沒錯，是「唯以意行」沒錯，是「運用在心」沒錯，但是對一個初學者而言，就誠如關師所說的「往往是顧此失彼，動作極不協調，眼部的運動與意念活動不能達到高度統一。

對於『全憑心意用功夫』這句話往往如入雲海，感到無所適從。」如果還要對一個初學者進行嚴格訓練，要求他去認清重心的變化，由重心所在確定兩手的陰與陽，再明確動與靜而後決定眼神與意念的運轉，這樣經過一段時間的練習，去訓練「神意不同處」的規矩與陰陽分明等過程，是會使大腦神經失序的，也不能達到健體強身的作用的。

關師說：三、運用「神意不同處」的運動規律，保證身體平衡，發揮太極拳的技擊特點。大家知道，太極拳盤架子是練知己功夫。說謂知己功夫，講通俗點就是如何把握自己的重心。究竟怎樣做才能保證自己不失去重心呢？很多拳師費盡口舌都難於講清這個問題，而王老師只用「神意不同處」這五個字指點迷津，學子們便頓開茅塞。比如翅腳（左右分腳），初學者大多站不穩。可是一用神

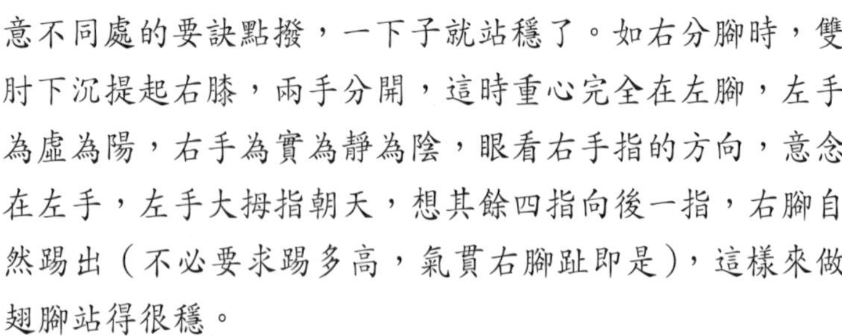

意不同處的要訣點撥，一下子就站穩了。如右分腳時，雙肘下沉提起右膝，兩手分開，這時重心完全在左腳，左手為虛為陽，右手為實為靜為陰，眼看右手指的方向，意念在左手，左手大拇指朝天，想其餘四指向後一指，右腳自然踢出（不必要求踢多高，氣貫右腳趾即是），這樣來做翅腳站得很穩。

在技擊中這樣用翅腳，或踢胸或點肋，眼看右手所指之處，就是右腳踢中之處，不會因攻擊而失重。在如搬攔捶，以右拳打擊對方。當搬攔兩動完成之後，身體成右坐步，左掌提於前方，右掌變拳落在右胯上。右拳前伸，伸到左掌右側，同時左腳逐步放平，左膝前移承弓步。右臂伸直右掌食指中節對鼻尖。這時重心完全移到左腿，左掌為虛為動，意念集中在左掌，右拳為實為靜，眼神經右拳上面遠看正前方。技擊中，這樣以拳打對方，全身一動無不動形成了一個整勁，右拳擊中對方是一個寸勁。自己的重心是很穩的。

打拳架或推手技擊等等，下盤重心的穩固，是端看你的基本功夫有沒有紮實，你的樁功有沒有練好，而不是靠「神意不同處」就能保證身體平衡，發揮太極拳的技擊特點。太極拳技擊的特點，在於聽勁與懂勁的功夫，不是在搞「神意不同處」。

你要做分腳、蹬腿，金雞獨立，單腳站立要很穩的，這是要由樁法來立基的，如果沒有從樁功中去用心修煉，只憑「神意不同處」這個方法而能達致者，乃是一種戲論，乃是胡人說話。

個人認為神意是要統一的，不能「一中各表」，而且神意是不分陰陽的，神中有意，意中藏神，這才是陰不離陽，陽不離陰，陰陽相濟。

分虛實，不是把神與意拿來區分，而謂之分陰陽。眼神也不一定要看哪隻手的食指，意到哪裡，氣就到哪裡，神也要隨到哪裡。有時眼神是內觀的，是往內凝視的，是若有所思的，是配合意念要去思維的，這才是真正的「默識揣摩」，而不是故意的將眼神與意念分開，去分哪邊是陰哪邊是陽，不是是拿眼睛去視，而謂之「默『視』揣摩」，一字之差，一意之別，是謂「差之毫釐，謬以千里」。

神與意如何作解？

意，是一種起心動念，一種內心的思緒、思維、想像、念頭等情感，也就是一種內心正在蘊釀或已完成的情素、情緒。這些種種的心念所呈現於外表而展露出的表徵，就謂之神。

所以這個神，有種種的稱謂，有時謂之神情或神韻或傳神等等，而這個神情或神韻或傳神等等的表徵，完全是由於內心的意想、意念而展現的。因此，這個神，不是侷限於眼神的觀視而已，它還涵蓋了種種的內心世界所牽伴的各種思緒、思維、想像、念頭等等的情感、情緒。若把這個神侷限於眼神，格局就太小了。

所以，神是含著意的，不能脫離意而有神；因此而說神意不相離，神中必有意，意中而展神，是故，關師所主張的「神意不同處」之論說，似乎是值得置喙與討論的。

故而看太極名師之說詞，不宜造照單全收，應透過自己的智慧去思維、篩釋。人云亦云，非是智者。

練太極拳有需要一直談論陰陽嗎？好像離開了陰陽就不是太極拳了嗎？有需要把所有的東西都往陰陽這個框框硬塞嗎？練拳講求實際理地，成天的論說陰陽，並不代表功夫深。論述拳理，當以經論為依據，談玄道奇，不足為奇。若錯說陰陽之理，為賦新辭，弄巧反拙，只為一時虛名，得不償失也。

導引養生功

全系列為彩色圖解附教學光碟

張廣德養生著作　每冊定價 350 元

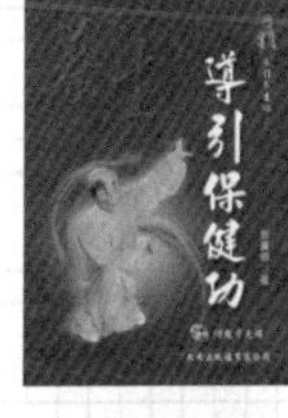

輕鬆學武術

太極跤

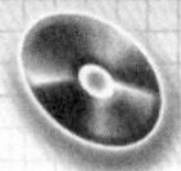

太極武術教學光碟

太極功夫扇
五十二式太極扇
演示：李德印 等
(2VCD)中國

夕陽美太極功夫扇
五十六式太極扇
演示：李德印 等
(2VCD)中國

陳氏太極拳及其技擊法
演示：馬虹(10VCD)中國
陳氏太極拳勁道釋秘
拆拳講勁
演示：馬虹(8DVD)中國
推手技巧及功力訓練
演示：馬虹(4VCD)中國

陳氏太極拳新架一路
演示：陳正雷(1DVD)中國
陳氏太極拳新架二路
演示：陳正雷(1DVD)中國
陳氏太極拳老架一路
演示：陳正雷(1DVD)中國
陳氏太極拳老架二路
演示：陳正雷(1DVD)中國
陳氏太極推手
演示：陳正雷(1DVD)中國
陳氏太極單刀・雙刀
演示：陳正雷(1DVD)中國

郭林新氣功
(8DVD)中國

本公司還有其他武術光碟
歡迎來電詢問或至網站查詢
電話：02-28236031
網址：www.dah-jaan.com.tw

原版教學光碟

歡迎至本公司購買書籍

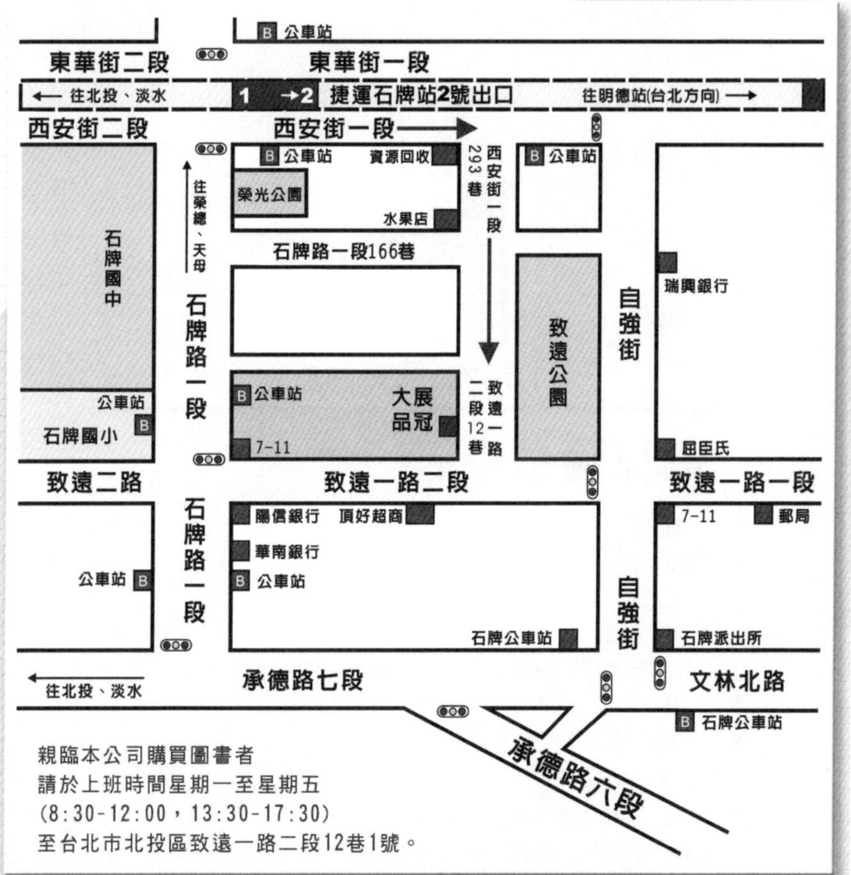

親臨本公司購買圖書者
請於上班時間星期一至星期五
(8:30-12:00，13:30-17:30)
至台北市北投區致遠一路二段12巷1號。

建議路線

1. 搭乘捷運

淡水信義線石牌站下車，由月台上二號出口出站，二號出口出站後靠右邊，沿著捷運高架往台北方向走(往明德站方向)，其街名為西安街，約80公尺後至西安街一段293巷進入(巷口有一公車站牌，站名為自強街口，勿超過紅綠燈)，再步行約200公尺可達本公司，本公司面對致遠公園。

2. 自行開車或騎車

由承德路接石牌路，看到陽信銀行右轉，此條即為致遠一路二段，在遇到自強街(紅綠燈)前的巷子左轉，即可看到本公司招牌。

國家圖書館出版品預行編目資料

二師兄論拳／蘇峰珍 著
－初版－臺北市，大展，2018[民107.03]
面；21公分－（武學釋典；30）
ISBN 978-986-346-199-9（平裝）
1.拳術 2.中國
528.972 106025453

二師兄論拳

著 者／蘇 峰 珍
責任編輯／孟 甫
發 行 人／蔡 森 明
出 版 者／大展出版社有限公司
社 址／台北市北投區（石牌）致遠一路2段12巷1號
電 話／(02) 28236031・28236033・28233123
傳 真／(02) 28272069
郵政劃撥／01669551
網 址／www.dah-jaan.com.tw
E-mail／service@dah-jaan.com.tw
登 記 證／局版臺業字第2171號
承 印 者／傳興印刷有限公司
裝 訂／眾友企業公司
排 版 者／千兵企業有限公司
初版1刷／2018年（民107）3 月

定 價／330 元

大展好書　好書大展

品嘗好書　冠群可期